LE CONGRÈS DE PARIS (1856)

UN ÉVÉNEMENT FONDATEUR

P.I.E. Peter Lang

Bruxelles · Bern · Berlin · Frankfurt am Main · New York · Oxford · Wien

LE CONGRÈS DE PARIS (1856)

UN ÉVÉNEMENT FONDATEUR

Gilbert AMEIL, Isabelle NATHAN
et Georges-Henri SOUTOU (dir.)

Collection « Diplomatie et Histoire »

Direction des Archives
Ministère des Affaires étrangères et européennes

Colloque international organisé par le ministère des Affaires étrangères et européennes, l'Université Paris IV et l'association des Amis de Napoléon III – Paris, musée d'Orsay, 24-25 mars 2006.

Illustration de couverture : Édouard Dubufe. Le Congrès de Paris. 1856 (détail). Huile sur toile. Versailles. Musée national du Château.

Tous droits réservés pour tous pays. Toute reproduction, intégrale ou partielle, par quelque procédé que ce soit, des documents publiés dans le présent ouvrage est interdite, sauf avec l'autorisation du ministère des Affaires étrangères. Seules sont autorisées, d'une part, les reproductions strictement réservées à l'usage du copiste et non destinées à une utilisation collective et, d'autre part, les courtes citations justifiées par le caractère scientifique ou d'information de l'œuvre dans laquelle elles sont incorporées (art. L. 122-4, L. 122-5 et L. 335-2 du Code de la propriété intellectuelle).

© Direction des Archives
   Ministère des Affaires étrangères et européennes, Paris, 2009
   Éditeur : P.I.E. PETER LANG S.A.
   Éditions scientifiques internationales
   Bruxelles, 2009
   1 avenue Maurice, B-1050 Bruxelles, Belgique
   info@peterlang.com ; www.peterlang.com

ISSN 1377-8765
ISBN 978-90-5201-538-5
D/2009/5678/29

Ouvrage imprimé en Belgique

Dépôt légal : Bibliothèque Nationale de France (2e trimestre 2009)

« Die Deutsche Bibliothek » répertorie cette publication dans la « Deutsche Nationalbibliografie » ; les données bibliographiques détaillées sont disponibles sur le site <http://dnb.ddb.de>.

Information bibliographique publiée par « Die Deutsche Bibliothek ».

Comité d'organisation

Mireille Musso, directeur des Archives du ministère des Affaires étrangères et européennes, Gilbert Ameil, président de l'association des Amis de Napoléon III, Isabelle Nathan, conservateur en chef du patrimoine à la direction des Archives, Georges-Henri Soutou, professeur à l'Université Paris IV.

Remerciements

Les organisateurs expriment leur gratitude à Serge Lemoine, directeur du musée d'Orsay pour la mise à disposition de l'auditorium, ainsi qu'à Pierre Korzilius, responsable de la programmation et à Sylvie Ananos, régisseur général.

Ils remercient également l'association des Amis des Archives diplomatiques pour sa contribution.

Présidents de séances

    Gilbert Ameil, président de l'association des Amis de Napoléon III, Mireille Musso, directeur des Archives du ministère des Affaires étrangères et européennes, Georges-Henri Soutou, professeur à l'Université Paris IV

Ouverture

    Jean-Pierre Lafon, Secrétaire général du ministère des Affaires étrangères et européennes

Conclusion des travaux

    Hélène Carrère d'Encausse, Secrétaire perpétuel de l'Académie française

Intervenants

    Dusan Batakovic, directeur de l'Institut d'histoire des Balkans, Belgrade

    Michèle Battesti, docteur en histoire

Winfried BAUMGART, professeur émérite à l'Université de Mayence

Jean-Paul BLED, professeur à l'Université Paris IV

Yves BRULEY, professeur agrégé d'histoire, chargé de mission à l'Académie des sciences morales et politiques

Alain GOUTTMAN, historien

Klaus KOCH, directeur de département à l'Institut autrichien de recherches sur l'Europe de l'Est et du Sud-Est

Mireille MUSSO, directeur des Archives au ministère français des Affaires étrangères et européennes

Emre ÖKTEM, maître de conférences à l'Université Galatasaray d'Istanbul

Gianni OLIVA, adjoint à la Culture de la Région Piémont

Florin PLATON, professeur à l'Université Alexandru Ioan Cuza de Iasi

Vadim ROGINSKY, membre de l'Académie des Sciences de la Fédération de Russie

John ROGISTER, professeur *FSA*, membre correspondant de l'Institut de France

Jacques-Alain DE SÉDOUY, historien, ancien ambassadeur

Georges-Henri SOUTOU, professeur à l'Université Paris IV

Jean-Claude YON, maître de conférences à l'Université de Versailles-Saint-Quentin-en-Yvelines

Jean-Pierre Lafon

ALLOCUTION D'OUVERTURE

Mesdames, Messieurs les Ministres,
Madame le Secrétaire perpétuel,
Mesdames, Messieurs les Académiciens,
Mesdames, Messieurs les Ambassadeurs,
Mesdames, Messieurs les Professeurs,
Mesdames, Messieurs, chers amis,

C'est un grand plaisir de me trouver parmi vous, dans l'auditorium du musée d'Orsay, et je remercie son président, M. Serge Lemoine, d'avoir bien voulu nous accueillir pour évoquer des évènements qui se sont produits il y a 150 ans mais dont il semble très pertinent de rappeler la mémoire aujourd'hui, après les bouleversements qui ont affecté le continent européen.

Un double anniversaire : la rencontre d'un bâtiment et d'une conférence

Que le colloque se tienne ici au musée d'Orsay, installé depuis 1987 dans l'ancienne gare d'Orsay, constitue un clin d'œil de l'histoire et un paradoxe.

En effet, avant la gare d'Orsay, s'élevait ici même un bâtiment dont Napoléon Ier avait entrepris l'édification et qu'il destinait au ministère des Relations extérieures.

Ce bâtiment fut finalement affecté à la Cour des comptes et au Conseil d'État. Vingt-huit ans plus tard, il brûla, tout comme le palais des Tuileries qui lui faisait face sur l'autre rive de la Seine, lors de l'insurrection de la Commune en 1871. Le ministère des Affaires étrangères dut attendre Napoléon III avant de pouvoir s'installer dans le palais qui l'abrite encore aujourd'hui et dont nous célébrons le cent cinquantième anniversaire. Le congrès de Paris fut la première conférence internationale à dérouler ses fastes dans les salons fraîchement décorés.

Un colloque utile pour une histoire oubliée

Ici, aujourd'hui et demain, historiens français et étrangers, représentants des pays qui participèrent à ce congrès, ou de ceux dont l'émergence en tant qu'entités nationales autonomes doit beaucoup au traité de Paris, vous allez débattre ensemble des conséquences de cette guerre de Crimée, qui est considérée comme la première guerre moderne.

L'Alma, Malakoff, Inkermann, Sébastopol… ces batailles ont laissé des traces dans la topographie parisienne mais les souffrances des soldats des nations qui y prirent part de 1853 à 1856 sont aujourd'hui bien oubliées.

Alfred de Vigny ou Victor Hugo ont pourtant évoqué, dans leurs écrits, les sanglants combats, le rude hiver russe, le choléra et le typhus qui décimèrent les troupes, l'enlisement du conflit. Le grand Tolstoï a retracé dans ses « Récits de Sébastopol » le combat qu'il y mena avec son régiment. Adam Mickiewicz, le patriote et poète polonais, qui fut professeur au Collège de France, tenta d'organiser – comme il l'avait fait en 1848 – une légion polonaise, depuis Constantinople où il mourut du choléra en novembre 1855. L'infirmière britannique Florence Nightingale y organisa, pour la première fois, des hôpitaux de campagne.

L'évocation de cette période, 150 ans après, paraît d'autant plus judicieuse que l'Europe réunifiée cherche aujourd'hui ses frontières, craint pour la pérennité de ses systèmes économiques et sociaux, doute de ses valeurs, s'interroge sur ses rapports avec ses voisins, s'inquiète de sa place dans un monde en profonde évolution.

Les pays européens ont imaginé des règles afin de procéder au règlement des litiges, celles notamment qui portent sur les Détroits, le statut de la mer Noire, la navigation sur le Danube ou sur le droit maritime et l'abolition de la guerre de course.

Au-delà du souvenir du congrès de Paris et de ses travaux, le colloque se doit d'apporter l'éclairage nécessaire à une meilleure appréhension des problèmes auxquels le continent européen est aujourd'hui confronté.

Mireille Musso

AVANT-PROPOS : LE QUAI D'ORSAY

Le Quai d'Orsay … Depuis 150 ans, cette adresse désigne le ministère français des Affaires étrangères, au même titre que, pour l'Autriche, le *Ballhausplatz*, ou pour l'Italie, la *Farnesina*, évoquent leur propre département des Affaires étrangères.

150 ans c'est un âge respectable mais c'est peu si on considère l'histoire de l'institution. Car dès le Moyen Âge, les rois de France ont eu une politique étrangère qu'ils menaient directement, avec un conseiller, quelques « notaires-secrétaires du roi » et ambassadeurs, temporaires pour la plupart. Et c'est au 1er janvier 1589 que remonte la mise en place d'un véritable ministère des Affaires étrangères : à cette date, en pleine tourmente des guerres de religion, Henri III, le dernier des Valois, confie le poste de secrétaire d'État du « département des Étrangers » au dauphinois Louis de Revol, un de ces grands commis de noblesse de robe qui s'attachaient toute leur vie au service du roi.

Mais même s'il voyait le roi tous les matins et s'il suivit, d'août 1589 à mars 1594, le nouveau roi Henri IV dans ses pérégrinations et les batailles menées pour conquérir son trône, ce ministre n'avait guère pour le seconder qu'un commis et six clercs et pas de lieu qui lui fût spécialement affecté.

En 1626 est créé le secrétariat d'État aux Affaires étrangères, mais c'est seulement sous le règne de Louis XIV qu'est mis en place un timide début d'administration. Secrétaire d'État aux Affaires étrangères depuis février 1680, Charles de Croissy, le frère de Colbert, puis son fils Torcy créent deux bureaux à compétence géographique, puis trois. Le souvenir de Charles de Croissy est particulièrement vivant aux Affaires étrangères car c'est lui qui, soucieux de conserver à la postérité le fruit de son labeur et de son expérience, fut le premier à faire relier, sous portefeuille orné des armes familiales, les correspondances relatives à ses négociations ainsi que celles menées par ses prédécesseurs Hugues de Lionne et Armand de Pomponne, assurant ainsi leur conservation jusqu'à nos jours.

Apparaissent ensuite les interprètes, le jurisconsulte, le bureau des fonds. À la veille de la Révolution, il y a, aux Affaires étrangères, trente-neuf commis, des bureaucrates souvent modestes qui ne vont jamais à l'étranger. Les ambassades ont souvent des prélats à leur tête ou bien des militaires de haut rang. Viennent ensuite de grands seigneurs, assez riches pour aller se ruiner dans des postes de prestige tels Londres ou Vienne, mais aussi des magistrats qui se spécialisent dans les Affaires étrangères. Chacun paye ses employés sur sa propre cassette. Il s'agit parfois de jeunes parents ambitieux, auxquels on met ainsi le pied à l'étrier.

Sous Louis XIV, le secrétaire d'État s'installe dans une des ailes de la cour des Ministres à Versailles.

En 1709, Torcy crée au vieux Louvre un dépôt d'archives qui, en 1762, à l'initiative de Choiseul, est transféré, avec l'ensemble des bureaux, dans les splendides locaux construits à Versailles par Berthier, chef des ingénieurs géographes et père du maréchal. L'hôtel était destiné à abriter le département des Affaires étrangères ainsi que le ministère de la Marine.

À la chute de la monarchie commence, pour les Affaires étrangères, une longue période d'errance à travers Paris. De 1789 à 1792, il s'installe successivement dans deux maisons, l'une rue de Bourbon, l'actuelle rue de Lille, l'autre, rue de l'Université. En 1792, les bureaux sont transférés rue d'Artois (actuelle rue Laffitte), puis dès février 1794, dans l'hôtel Galliffet rue du Bac.

C'est Napoléon qui, le premier, forme le projet de construire, quai Bonaparte, un hôtel des Relations extérieures. Champagny, qui a succédé à Talleyrand en 1807, confie en 1810 à son architecte Charles Bonnard le soin de dessiner l'édifice, sur le modèle d'un palais de la Renaissance italienne. À Bonnard, mort en 1818, succède son plus proche collaborateur, Jacques Lacornée, qui achève des travaux qui auront duré 28 ans. Finalement, le bâtiment sera affecté à la Cour des Comptes et au Conseil d'État. Brûlé en 1871 pendant les événements de la Commune, il restera en ruines jusqu'à la construction (de 1898 à 1900) de la gare d'Orsay (actuel musée d'Orsay).

En fait, dès 1834, la question d'un nouvel emplacement est posée.

En décembre 1841, François Guizot propose l'hôtel de la Reynière, à l'angle de la rue des Champs Élysées (actuelle rue Boissy d'Anglas) et de la place de la Concorde. Le projet ne se concrétisant pas, le Parlement vote finalement, en juillet 1845, les crédits pour la construction d'un bâtiment, le long du Quai d'Orsay, sur des terrains annexés à l'hôtel de Lassay et devenus en 1843 propriété de l'État. En août 1844, le rapporteur de la commission parlementaire chargé d'examiner le projet de loi, rappelle :

> « la Chambre a été souvent avertie, depuis plusieurs années, qu'il y avait nécessité et urgence de transférer le ministère des Affaires étrangères dans un nouvel emplacement. Les locaux occupés par les employés, même des premiers grades, sont étroits, mal distribués, d'un accès difficile, privés d'air et de lumière, et aussi insalubres pour ceux qui les habitent qu'insuffisants pour les besoins du service ; d'un autre côté, la collection des archives, ce précieux dépôt dont la perte serait à jamais regrettable, est conservée dans des salles exposées, par le voisinage des remises et des écuries, à des chances d'incendie que la surveillance la plus active ne saurait toujours prévenir. »

Le 29 novembre 1845, François Guizot, ministre des Affaires étrangères (1840-1848), pose la première pierre d'un bâtiment destiné, d'une part aux réceptions officielles d'hôtes étrangers (l'hôtel du Ministre), d'autre part à l'administration des Affaires étrangères et à la conservation de ses archives. C'est encore Jacques Lacornée, fils d'un tailleur de pierre bordelais, entré en 1800 dans l'atelier de Charles Bonnard, qui est choisi comme architecte du nouveau bâtiment, dont la décoration constitue un témoignage majeur, avec le Palais Garnier, du style Napoléon III. Le coût de l'opération s'éleva à 8 460 000 Francs au lieu des 5 millions initialement prévus, mais la vente des hôtels des Capucines rapporta 4 millions de Francs à l'administration des domaines.

Entre la construction, à partir de 1810, du Palais d'Orsay (actuel musée) et celle de l'actuel ministère des Affaires étrangères, l'architecte Jacques Lacornée à présenté de nombreux plans, qu'il a souvent dû retoucher à la demande du ministre des Relations extérieures lui-même, du ministère des Travaux publics et du ministère des Finances. Il aura ainsi consacré l'essentiel de sa carrière au ministère des Affaires étrangères.

Parallèlement à ces multiples soubresauts immobiliers, le ministère commence à s'organiser : Napoléon décide de recruter les diplomates parmi les auditeurs au Conseil d'État. Dans la carrière telle qu'organisée par Talleyrand, subsiste encore la séparation entre l'intérieur et l'étranger. La Restauration donne au ministère une forte structure mais c'est la révolution de 1848 qui donne le départ d'une période de mutation rapide marquée par les projets techniques (le télégraphe, la dactylographie et le téléphone, puis le chiffrage automatique). Il faudra attendre les années 1980 et l'informatique pour trouver l'équivalent.

Le recrutement était resté largement aristocratique pendant la majeure partie du XIXe siècle, mais en 1877, la République instaure le *concours*, aussi difficile que ceux des autres grands corps. Après 1945, l'ENA remplacera les concours spécifiques des administrations mais le Quai d'Orsay gardera une originalité, son « concours d'Orient » qui perdure encore aujourd'hui.

Si l'hôtel de la Reynière et les projets de bâtiments précédents ont permis de cerner les besoins du département, aucun programme rédigé n'est parvenu jusqu'à nous, mais on sait que la distribution des bureaux, préparée minutieusement, a été reprise dans le nouveau projet. Selon les instructions données par Guizot en 1844,

> « l'hôtel du Ministre doit être isolé, c'est-à-dire détaché des autres bâtiments, entre cour et jardin ; distant de la voie publique et à une exposition convenable pour l'habitation […]. Les écuries et les remises devront autant que possible être éloignées des archives. »

Chaque niveau est ensuite détaillé selon des dispositions qui, dans l'ensemble, restent encore valables aujourd'hui.

L'architecte a dû aussi s'adapter aux contraintes d'un terrain inondable. Le bâtiment s'élève de plusieurs mètres au-dessus du sol, formant soubassement, ce qui permet de l'isoler de l'humidité et de mieux aérer les cuisines qui se trouvent au sous-sol. Une grille sépare le ministère de la voie publique et respecte l'alignement avec l'hôtel de Lassay et le Palais Bourbon, voulu par le Conseil municipal.

À l'extérieur, l'hôtel du Ministre présente une façade dorique pour le rez-de-chaussée, ionique pour le premier étage et est couronné par une balustrade à l'italienne. Quinze médaillons de marbre blanc reproduisent les quinze puissances de l'Europe. De nombreux sculpteurs ont collaboré à la décoration des façades. Certains, qui ont déjà participé aux chantiers de la Monarchie de Juillet, tels les frères Derre qui réalisent la Rotonde (actuel bureau du Ministre) et le salon des Beauvais au 1er étage, ou bien Exetier, Chabraux, Libersac, Savreux et Henri de Triqueti. D'autres, qui en sont alors à leurs premiers pas.

À l'intérieur du Palais, la décoration est très homogène malgré le nombre et la variété des artistes. Les stucs, dorures, tapisseries, compositions monumentales des cheminées, sont les œuvres de Séchan, Nolau et Rubé, Molknecht, Lavigne, Michel-Joseph Liénard, Hippolyte Adam, les frères Huber, etc. qui ont peint et représenté abondance d'angelots, de *putti* à l'italienne, de figures féminines.

L'ameublement est entièrement nouveau et spécialement conçu pour l'hôtel du Ministre. Jeanselme, mis en compétition avec Grohé, enleva le marché et livra tous les meubles, alliant les styles de toutes les époques, selon la mode de son temps. On trouve aussi des fauteuils de Jacob Desmalter.

Victor Paillard et Marquis, fournisseurs de bronzes, lustres et pendules, alternent également le style Renaissance, riche en dragons et chimères, avec le style Empire, sans négliger le style Louis XVI, prisé et remis à l'honneur par l'impératrice Eugénie qui vouait un culte au souvenir de Marie-Antoinette.

La plupart des tapisseries proviennent de la manufacture des Gobelins. Dans le salon du congrès, la tenture, tissée entre 1828 et 1838, représente la vie de Marie de Médicis d'après le tableau de Rubens, peint au XVIIe siècle et conservé au musée du Louvre. Dans le salon des Ambassadeurs, *Janvier ou le jour de l'An* et *Février ou le Jeu* ont été tissées d'après Lucas de Leyde.

Lieu de représentation, à l'instar de la Comédie française réaménagée dans les années 1860 ou de l'Opéra de Paris commencé en 1856, le ministère des Affaires étrangères reflète avec faste et majesté le théâtre de la « fête impériale ». Après Sedan, il est encore le théâtre de bien des visites mémorables comme celle du Shah de Perse en 1889, de l'escadre russe en 1893 lors de la ratification de l'accord franco-russe, d'Alphonse XIII en 1905, des souverains britanniques Georges VI et Elisabeth, parents d'Elisabeth II, en 1938. En 1959, l'hôtel a servi de résidence à l'empereur d'Éthiopie Haïlé Sélassié puis au Président Eisenhower. Le futur roi d'Espagne Juan Carlos fut, en octobre 1973, le dernier hôte de marque du Palais.

En 1871, pendant la Commune, le caractère un peu excentré du ministère lui a évité de connaître le sort tragique du Palais des Tuileries. Mais le premier étage de l'hôtel du Ministre fut criblé de balles, des parties du mur s'effondrèrent, des pilastres furent abattus, et les ravages furent considérables à l'intérieur des appartements.

Le ministère, conçu pour 85 personnes en 1850 en abrite plus de 500 en 1934. Les directeurs doivent progressivement céder leurs appartements, transformés en bureaux, tandis que le ministre sort de son isolement en accueillant les bureaux du cabinet et du chiffre en 1916.

De nombreux projets se succèdent au tournant du siècle sans aboutir à un réaménagement complet du ministère. Les écuries sont transformées en garages à auto ; l'extension des deux pavillons latéraux de l'hôtel du Ministre est projetée, mais n'aboutit pas.

Dans les années 1930, les moindres dégagements sont utilisés. Dans le cadre du programme de grands travaux contre le chômage mené par le gouvernement, des crédits sont débloqués pour remanier les bâtiments. Un plan d'agrandissement est donc voté et réalisé en 1935 : il s'agit de doubler les bureaux sur toute la cour intérieure, de transformer le corridor latéral en corridor central, et de remplacer les combles par un étage supplémentaire, le tout dans le respect du style premier. C'est encore comme cela que le bâtiment qui longe la rue Esnault-Pelterie est organisé de nos jours.

En 1945, pour reconstruire le ministère gravement endommagé pendant la guerre, trois tranches de travaux sont votées. C'est l'architecte Jean Niermans qui prépare le projet de restructuration du dépôt d'archives. Celui-ci aboutit le 26 mai 1953 à l'inauguration de la salle des traités et d'une salle d'exposition, aujourd'hui la Bibliothèque, et à la transformation de l'ancienne galerie des Archives en dépôts plus modernes.

Dans les années 1970, de nombreuses opérations de modernisation sont entreprises : aménagement d'une salle de conférence au sous-sol de l'hôtel des Archives, d'un laboratoire de langues en 1974, d'un bâtiment protégé en sous-sol et destiné au service de transmission et du chiffre en 1978.

Dépendant du régime des bâtiments civils jusqu'au 30 décembre 1976, le ministère des Affaires étrangères change de statut avec la disparition de ce régime en 1977. Classé au titre de la loi sur les monuments historiques le 11 décembre 1979, il reste encore un certain temps sous la responsabilité des architectes des bâtiments civils et palais nationaux, avant d'être directement géré par le nouveau service des Immeubles et des Affaires générales du Département créé en 1978.

Au fil des décennies, le renforcement continu des missions et des responsabilités du ministère des Affaires étrangères a entraîné un accroissement du nombre d'agents, ce qui a nécessité plusieurs extensions des locaux du département, tant à Paris qu'à Nantes, où depuis 1967, plusieurs services (comptabilité, état-civil) ainsi que le Centre des archives diplomatiques et consulaires (en 1988) ont été installés au titre de la décentralisation. Aujourd'hui, le ministère des Affaires étrangères comprend près de 17 000 agents, titulaires, contractuels, recrutés locaux, dont 3 500 environ à l'administration centrale (Paris et Nantes). Pour une meilleure rationalisation de la gestion des espaces et des services, l'administration parisienne doit avant 2010 être regroupée sur trois implantations, au Quai d'Orsay, dans les locaux de l'ancienne Imprimerie nationale (XVe arrondissement) et dans un nouveau bâtiment à La Courneuve.

Il y aurait encore beaucoup de choses à dire sur le Quai d'Orsay, tant sur le bâtiment que sur l'organisation du ministère. Je m'en tiendrai seulement à rappeler que le congrès de Paris, fut la première conférence internationale à s'être déroulée dans ses salons en février-mars 1856. Le comte Walewski, fils de Napoléon et de Marie Walewska avait alors succédé, en mars 1855, à Drouyn de Lhuys, premier occupant des lieux auquel Napoléon III venant inspecter les travaux en 1853 avait déclaré « Mon cher Ministre, vous êtes mieux logé que moi ! »

Rendons à César ce qui est à César : cette communication repose intégralement sur les travaux menés par des conservateurs du Patrimoine, Marie Hamon et Catherine Oudin, qui ont publié, il y a quelques années aux éditions du Félin, un livre très complet sur l'histoire et la décoration du Quai d'Orsay, ainsi que sur l'article que Anne Georgeon-Liskenne, autre conservateur de la direction des Archives, a fait paraître en 2004 dans les Livraisons d'histoire de l'architecture et sur les informations et sur les conseils prodigués par Isabelle Richefort, chef du département historique de la direction des Archives du ministère des Affaires étrangères. Je ne veux pas manquer non plus de signaler ce que je dois à la brochure rédigée par l'ambassadeur Plaisant aux éditions Milan, notamment pour l'organisation du ministère des Affaires étrangères à travers les diverses époques.

Georges-Henri Soutou

LE SYSTÈME EUROPÉEN AU XIXᵉ SIÈCLE

Qu'est-ce que l'Europe au XIXᵉ siècle ? Certes, ce n'est pas l'actuelle Union européenne : elle est formée d'États très jaloux de leur souveraineté, sans autorité supranationale, sans même l'équivalent d'une organisation internationale permanente comme la SDN. Certes elle ne connaît plus, avant 1914, de grandes guerres comparables à celles de la Révolution et de l'Empire, mais elle subit plusieurs conflits localisés importants, souvent très violents, comme la guerre franco-prussienne de 1870. Et pourtant, les contemporains ont conscience que l'Europe existe, comme la lecture des écrits et des discours de l'époque le montre. Le traité de Paris de 1856 lui-même mentionne « l'intérêt européen », le « droit public européen », le « concert européen ».

Mais quelle est cette Europe, du point de vue de son organisation internationale ? Tentons tout d'abord une approche théorique. Incontestablement, toute l'histoire des relations internationales entre 1815 et 1914 montre que les considérations classiques d'équilibre des puissances, évidentes dès le XVIᵉ siècle et théorisées par les auteurs britanniques dès le XVIIIᵉ, ont toujours leur place en Europe. La *Paix par l'équilibre* paraît toujours être la seule façon d'échapper à la *Paix par l'empire*, imposée par une puissance dominant les autres, comme Napoléon Iᵉʳ avait tenté de l'établir. En même temps il est clair que l'Europe de l'époque ne repose pas seulement sur un simple équilibre mécanique entre les puissances. L'équilibre européen au XIXᵉ siècle est davantage que cela, c'est un équilibre vivant, organique, c'est un système. En effet ce système, malgré les transformations politiques, économiques et sociales du continent, reposa tout au long du siècle sur un ensemble de valeurs communes, sur le sentiment d'une *civilisation* partagée. Et de fait, jusqu'à la Première Guerre mondiale et la révolution russe, le continent connut un degré d'unité culturelle, économique, juridique, malgré toutes ses différences, qu'il ne commence à retrouver qu'aujourd'hui, après la fin de la guerre froide. Cette « civilisation » (mot employé à l'époque presque comme synonyme d'Europe) repose sur le christianisme (le traité de Paris commence, comme tous les traités avant 1919, par les mots « Au nom de Dieu tout-puissant ») mais aussi sur l'ensemble des valeurs de l'Europe depuis le XVIIIe siècle, sur les Lumières. C'est ainsi que l'article 9 du traité de Paris prend acte du fait que le sultan a décidé « d'améliorer le sort de ses sujets, sans distinction de religion ni de race », ce qui était une revendication d'égalité juridique essentielle depuis les Lumières. Au congrès de Paris, les droits de l'homme, en particulier, faisaient leur entrée dans l'ensemble des valeurs sur lesquelles repose l'Europe.

Outre le sentiment d'appartenance à une civilisation commune, l'Europe du XIXe siècle s'appuie sur un corpus de droit international développé depuis les traités de Westphalie au XVIIe siècle et considérablement enrichi par les traités de Vienne en 1815 : c'est le « droit public européen ». Cette Europe repose également sur une organisation informelle et souple, mais bien réelle. Certes, elle en reste largement aux pratiques de la diplomatie bilatérale, telles qu'elles s'étaient développées depuis le XVIe siècle. Cependant le congrès de Vienne a introduit et codifié une véritable diplomatie multilatérale (même si elle était dépourvue d'un organisme international permanent) baptisée « concert européen ». En outre, à partir du congrès de Paris de 1856, on alla encore au-delà des pratiques diplomatiques instaurées dès 1815, et on assista à l'apparition d'institutions internationales permanentes. Encore limitées, elles contribuèrent néanmoins à structurer l'ordre européen, annonçant de façon lointaine la construction européenne du XXe siècle. C'est ainsi que l'on vit apparaître dans le traité de Paris de 1856 une Commission européenne du Danube, tandis que les années suivantes se réunissaient une série de conférences sur les communications télégraphiques, et que la Conférence monétaire internationale de 1867 faisait suite à la création de l'Union latine en 1865.[1]

Ce mouvement se développa par la suite avec la multiplication d'« unions administratives » : Union générale des Postes en 1874,

---

[1] Yves Bruley, « Le concert européen à l'époque du Second Empire », *Relations internationales*, n° 90, été 1997.

Convention internationale du télégraphe de Saint-Pétersbourg en 1875, Bureau international des poids et mesures en 1875, Union internationale pour la protection de la propriété industrielle en 1883, Union internationale pour la protection de la propriété littéraire en 1886, par exemple.[1]

Cette évolution vers une organisation internationale (mais à l'époque bien sûr d'abord européenne) dépassant les pratiques diplomatiques classiques s'accéléra avec les conférences de La Haye de 1899 et 1907, qui instaurèrent le principe de l'arbitrage international, et créèrent une Cour permanente d'arbitrage.[2] Une ligne d'évolution régulière peut être tracée entre ces premières organisations et la SDN de 1919, et plus tard la construction européenne.

Le concert européen

Mais l'essentiel tout au long du XIXe siècle reste le concert européen, notion clé, qui évoque un système de concertation permanente, informelle mais très présente et ressentie comme obligatoire. Incontestablement, la reconstruction de l'Europe opérée en 1815 reposait sur une série d'équilibres croisés entre les cinq puis six grandes puissances (cinq à Vienne : Grande-Bretagne, Russie, Autriche, Prusse, France ; par la suite l'Italie s'y ajouta ; on remarquera que ce fut au congrès de Paris que pour la première fois se manifesta cette nouvelle constellation, avec la présence du Royaume de Piémont-Sardaigne). Mais le nouveau système européen ne reposait pas seulement sur une série d'équilibres de type mécanique. Le concert européen avait en effet une réalité et une structure juridiques, qui découlaient de l'Acte final du congrès de Vienne. Celui-ci impliquait une garantie implicite apportée par ses huit signataires à tous les traités territoriaux conclus lors du congrès de Vienne : les frontières établies en 1815 ne pouvaient en principe pas être modifiées sans l'accord de ses signataires. En effet l'Acte final réunissait tous les traités particuliers conclus à Vienne, les rassemblait en en faisant donc un ensemble juridique et affirmait ainsi que tous ses signataires étaient intéressés au maintien de l'ordre établi en Europe.

---

[1] Franz Knipping, ed., *Das System der Vereinten Nationen und seine Vorläufer*, Bd. II, *19. Jahrhundert und Völkerbundszeit*, Munich, Beck, 1996.

[2] William Langer, *The Diplomacy of Imperialism*, New-York, 1968, pp. 581 *et sq*. Cf. également Verdiana Grossi, *Le pacifisme européen 1889-1914*, Bruxelles, 1994.

Le concert européen reposait aussi sur une méthode nouvelle des relations internationales. Certes, cette méthode s'était développée à partir d'un ensemble de pratiques et de traditions diplomatiques mises au point depuis le XVIIe siècle.[1] Elle comportait néanmoins depuis 1815 des caractères fondamentalement novateurs. Cette méthode, qui bien sûr ne supprimait pas la négociation permanente par les voies diplomatiques bilatérales habituelles, fut proposée à l'origine par la Grande-Bretagne. Londres suggéra la réunion de congrès, ou, à un niveau plus modeste, de conférences d'ambassadeurs, au cours desquelles les négociateurs se rencontraient directement, ce qui permettait de dégager le consensus nécessaire en gagnant un temps considérable par rapport aux échanges de notes traditionnels. Et surtout on substituait ainsi à des négociations bilatérales un cadre multilatéral, permettant une délibération collective sur les intérêts généraux de l'Europe. C'était une innovation essentielle dans l'histoire des relations internationales[2]. Cette méthode fut réellement appliquée, même si on sait qu'un certain nombre de propositions de congrès échouèrent, faute de consensus au moment de certaines crises trop graves, comme 1839 ou 1870. On compte en effet sept congrès, entre celui de Vienne en 1815 et celui de Berlin en 1878, qui fut à bien des égards un prolongement du congrès de Paris, et une vingtaine de conférences d'ambassadeurs dans la même période[3]. Le congrès de Paris de 1856 est un parfait exemple de cette méthode.

Depuis le congrès de Vienne et jusqu'en 1914, la notion de « concert européen » signifie que les cinq, puis six grandes puissances gèrent ensemble les problèmes du continent. Affirmation d'une responsabilité commune envers l'Europe mais qui laisse subsister la pleine souveraineté des grandes puissances, le concert européen veut être une réaction aussi bien contre les excès de la « politique de cabinet » purement égoïste du XVIIIe siècle que contre les excès idéologiques de la Révolution et de l'Empire. Il repose sur la pratique d'une concertation permanente et sur la réunion de congrès ou conférences en cas de crise. Il est entendu que cette concertation ne concerne que les grandes puissances : les petites doivent s'incliner devant l'intérêt supérieur de l'Europe défini par les grandes capitales. On est parfaitement conscient que le concert européen participe de la substance juridique de l'Europe et représente un considérable progrès par

---

[1] Cf. le classique *The Evolution of Diplomatic Method* par Harold Nicolson, Londres, 1953.

[2] Maurice Bourquin, *Histoire de la Sainte Alliance*, Genève, 1954, p. 157.

[3] Je dois ces indications à Yves Bruley.

rapport à l'anarchie et au cynisme du XVIIIᵉ siècle : l'article 7 du traité de Paris du 30 mars 1856 proclame par exemple que l'Empire ottoman est admis « à participer aux avantages du droit public et du concert européens ».

Certes le concert européen a changé de nature après 1848 et surtout après la guerre de Crimée, voulue en particulier par Napoléon III pour bouleverser l'ordre établi en 1815[1]. Au départ, l'un des objectifs du concert européen était bien de maintenir le *statu quo* en Allemagne et en Italie, et donc la division de ces deux pays. On se méfiait en effet des aspirations à l'unification nationale, apparues à partir et largement à cause de l'épopée napoléonienne, et identifiées aux aspirations démocratiques que l'Europe de 1815 avait voulu justement contenir. Mais après les révolutions de 1848, le « printemps des peuples », et le bouleversement de l'équilibre européen provoqué par la défaite de la Russie dans la guerre de Crimée, on admit que l'Allemagne et l'Italie constituaient des cas à part. Le concert européen ne s'employa plus dès lors à empêcher des unifications qui apparaissaient désormais comme inéluctables, mais à limiter les crises inévitables qui allaient les accompagner : l'essentiel était désormais d'empêcher que ces crises ne dégénèrent en conflit général. Il ne pouvait plus être question de maintenir tel quel le règlement de 1815, celui d'une Europe reposant sur une légitimité monarchique et historique, mais tout au plus de canaliser les changements inévitables introduits par la progression du principe des nationalités et des idées libérales. Cependant le concert européen a continué à jouer son rôle : il n'a plus réussi à empêcher tout conflit important, comme dans sa première période avant la guerre de Crimée, mais il a souvent réussi à calmer une crise dans sa phase initiale, avant qu'elle ne dégénère en guerre européenne, comme dans le cas de la crise belge de 1830-1831[2], des crises marocaines de 1905 et 1911, de nombreuses crises balkaniques. Même lorsque la concertation européenne a échoué, et que la crise a débouché sur un conflit armé, le concert européen a toujours au moins pu localiser les guerres et éviter qu'elles n'impliquent l'ensemble du continent, comme dans le cas de la guerre austro-prussienne de 1866, de la guerre franco-prussienne de 1870 ou des guerres balkaniques de 1912-1913. Le concert européen a été

---

[1] Yves Bruley, « Le concert européen… ».

[2] Christophe Verneuil, « La Belgique entre la France et l'Allemagne de 1830 à 1914 : Diplomatie et stratégie », thèse soutenue sous ma direction à Paris-IV en 1996 ; du même, « La Belgique et l'ordre européen au XIXᵉ siècle », *Relations internationales*, n° 90, été 1997.

suffisamment souple pour absorber sans guerre générale l'unification italienne, l'unification allemande et la libération des Balkans de l'emprise turque. En règle générale le concert européen a réussi à gérer avec prudence l'explosif problème des nationalités, qui ne furent autorisées à se développer en États que dans la mesure où l'Europe le permettait. L'Europe de 1914 était très différente de celle de 1815, mais sans rupture de la continuité et sans drame majeur. Équilibre dynamique, accompagnant les mouvements nouveaux tout en préservant un certain nombre de valeurs communes, dans un climat intellectuel et moral de positivisme succédant au romantisme de la première moitié du siècle, le concert européen se maintint vaille que vaille jusqu'en 1914[1].

Sans insister ici, disons que l'échec du concert européen en 1914 s'explique par le délitement concomitant de toutes ses bases : le blocage de la diplomatie multilatérale, dû à l'antagonisme croissant entre les deux alliances opposées (Triplice et Triple Entente) et à l'exacerbation des tensions dans les Balkans qui touchaient directement ou indirectement les intérêts vitaux des grandes puissances ; la montée des nationalismes et des idéologies pré-racistes (pangermanisme et panslavisme), totalement incompatibles avec la philosophie du concert européen ; le recul du sentiment d'appartenance à une civilisation partagée.

Le congrès de Paris, point de départ d'un concert européen renouvelé et d'une Europe nouvelle

Le tableau d'ensemble une fois posé, qui reste pour l'essentiel valable jusqu'en 1914, il faut souligner cependant la profonde inflexion de 1856, qui sans rompre avec l'ordre traditionnel annonce néanmoins une Europe nouvelle. Le congrès de Paris de 1856 marque le point de passage de l'Europe de 1815, reposant sur la légitimité dynastique et historique d'États qui ne reposaient pas sur la volonté populaire, à une Europe qui commence à prendre en compte les mouvements de nationalités et la volonté populaire, et qui commence à se préoccuper des droits des minorités et de ce que nous appelons aujourd'hui les droits de l'homme.

---

[1] Georges-Henri Soutou, « Les grandes puissances et la question des nationalités en Europe centrale et orientale pendant et après la Première Guerre mondiale : actualité du passé ? », *Politique étrangère*, 3/93.

La conférence fut dominée par trois ordres de considérations, que l'on retrouvera régulièrement désormais jusqu'en 1914 : d'abord bien sûr, les intérêts des grandes puissances, la France et la Grande-Bretagne s'entendant pour maintenir l'intégrité de l'Empire ottoman face à la Russie et pour interdire à celle-ci l'accès à la Méditerranée orientale (neutralisation de la mer Noire et fermeture des Détroits aux navires de guerre) et pour empêcher Saint-Pétersbourg de dominer le Danube, qui se vit doté d'un régime international. Mais, second élément, la question des nationalités fut clairement posée et de nouveaux principes furent affirmés, et reçurent un début d'application en ce qui concerne les Balkans : la Serbie, la Moldavie et la Valachie devinrent autonomes sous la garantie de l'Europe ; en 1862 la Roumanie devait être formée à partir de ces deux dernières provinces ; même avec le maintien d'une suzeraineté turque nominale, c'était une évolution considérable des Balkans dans le sens des nationalités, très largement suscitée par Paris. En particulier dans le cas de la Roumanie la France appuya le principe de la consultation des populations, qui fut réalisé dans ce cas au moyen d'assemblées élues. Quant à la question italienne, on sait qu'elle fut posée pour la première fois dans un cadre international au congrès de Paris.

Troisième élément : la question de la protection des chrétiens et de toutes les minorités religieuses ou ethniques dans l'Empire ottoman fut posée. Les puissances, certes, n'exigèrent pas d'exercer un droit direct de contrôle, et il fut seulement entendu que le sultan publierait un édit accordant à tous ses sujets les mêmes droits « sans distinction de religion ni de race ». Mais il le communiqua aux gouvernements des grandes puissances qui déclarèrent « reconnaître la haute valeur de cette communication ». Cela leur permit par la suite des interventions officieuses en faveur des chrétiens tout en respectant la souveraineté ottomane : c'était malgré tout le début de la politique européenne de protection des minorités, politique que la France appliqua de façon particulièrement active en Syrie en 1860, avec un argumentaire qui ne s'appuyait pas uniquement sur la défense des intérêts du catholicisme mais annonçait en fait la notion actuelle de « droit d'intervention humanitaire ». Sur ces différents points, la démonstration serait facile à faire, le congrès de Berlin de 1878 et même le traité de Versailles de 1919, contrairement aux idées reçues, développèrent des orientations apparues en 1856[1].

---

[1] Jean Bérenger et Georges-Henri Soutou, dir., *L'Ordre européen du XVIᵉ au XXᵉ siècle*, Paris, PUPS, 1998 ; Claude Carlier et Georges-Henri Soutou, dir., *1918-1925 : Comment faire la paix ?*, Paris, Economica, 2001.

Napoléon III : remise en cause des traités de Vienne ou reconstruction du concert européen ?

Quel fut le rôle spécifique de la France dans l'évolution introduite par le congrès de Paris ? Certes, ce congrès fut pour les Français un peu la revanche du congrès de Vienne. Celui-ci en effet avait établi un système qui malgré tout était d'abord destiné à contrôler la France et à l'isoler. Cette volonté de mettre Paris à l'écart renaissait chaque fois que la France inquiétait les autres puissances : le soutien de celle-ci au pacha d'Égypte Méhemet Ali, et en général le redémarrage de la politique française en Méditerranée depuis la conquête de l'Algérie en 1830, inquiétèrent Londres et Saint-Pétersbourg et aboutirent à une grave crise internationale en 1840, que le Royaume-Uni utilisa pour susciter le traité quadripartite de Londres de juillet 1840. Ce traité ressuscitait l'entente des vainqueurs de 1815 contre la France. Cet épisode avait laissé des traces psychologiques et politiques profondes et réactivé l'opposition de nombreux Français au congrès de Vienne, opposition qui était un élément essentiel du programme au nom duquel Louis-Napoléon devait s'emparer du pouvoir et qui sans doute contribua beaucoup à son succès.

En particulier « Abolir pour jamais les traités de 1815 » était un objectif essentiel de Napoléon III, régulièrement proclamé par lui. Il leur reprochait d'avoir privé la France de « tout ce qu'il est juste qu'elle obtienne », et on pense évidemment aux territoires perdus à Vienne, Rive gauche du Rhin, Belgique, Savoie, encore que l'empereur n'aie jamais formulé publiquement de revendications territoriales précises s'appuyant explicitement sur les conquêtes de la Révolution et de l'Empire ou sur la notion de « frontières naturelles ». Cela dit, Napoléon III a effectivement apporté une contribution décisive à la destruction du système de 1815, en battant la Russie en Crimée et en l'écartant de la Méditerranée orientale par le congrès de Paris de 1856, et en chassant l'Autriche d'Italie en 1859. Les traités de 1815 étaient sinon abolis, du moins dépassés dans les faits, car les deux puissances qui s'étaient le plus engagées dans le maintien de l'ordre européen de 1815 étaient écartées. Cela correspondait au premier objectif de Napoléon III, en rendant à la France sa liberté d'action, en modifiant une organisation géopolitique de l'Europe établie justement pour la contrôler.

Que l'empereur comptait-il faire de cette liberté d'action retrouvée ? Sa pensée sur ce pont a sans doute évolué dans le détail et dans les modalités d'application, mais les grandes lignes sont restées assez constantes. Dans un manuscrit rédigé en prison à Ham en 1841, intitulé « Rôle que doit jouer la France en Europe », il expliquait que celle-ci devait prendre la tête du mouvement des nationalités (Allemagne, Italie, Pologne) et récupérer la Rive gauche du Rhin.

Le programme d'ensemble qui paraît se dégager est le suivant : la France prendrait la tête d'un mouvement général de révision des frontières, ce qui lui assurerait un rôle prééminent. En effet la réorganisation territoriale de l'Europe permettrait à la France d'obtenir des compensations, justifiées par le principe des nationalités : Savoie, Nice, Belgique, Luxembourg, et éventuellement, mais là l'empereur était plus prudent que la plupart de ses conseillers, la Rive gauche du Rhin. Les nouveaux principes correspondraient à une nouvelle constellation internationale : l'Autriche et la Russie, défenseurs de l'ordre de 1815, seraient marginalisées. L'ordre nouveau serait fondé sur une étroite collaboration franco-britannique, et sur la protection intéressée que la France accorderait au Piémont et à la Prusse[1].

En même temps il y a un acquis capital de 1815 que Napoléon III ne remet pas totalement en cause : le *concert européen*, c'est-à-dire ce système de consultations multilatérales permanentes entre les grandes puissances établi de façon informel en 1815. Dès son ouvrage de 1839, *Les Idées napoléoniennes*, Louis-Napoléon avait clairement indiqué qu'il rejetait une politique révolutionnaire de défi aux rois autant qu'il s'opposait au maintien du système de 1815. Il souhaitait collaborer avec les gouvernements qui y seraient disposés, en vue d'« intérêts communs ». Une porte restait donc ouverte à la poursuite du concert européen[2]. Certes Napoléon III eut recours à la guerre à plusieurs reprises (Crimée, Italie, guerre de 1870) ce qui évoquait plutôt les méthodes de son oncle. Mais il suscita l'un de ces grands congrès européens du XIXe siècle qui étaient l'expression la plus achevée du concert des puissances, celui de Paris en 1856. Il ne se résolut à l'action isolée et n'entra en guerre contre l'Autriche à propos de l'Italie en 1859 qu'après que ses différentes tentatives pour amener certaines puissances européennes, en particulier la Grande-Bretagne et la Russie, à s'engager en faveur de l'indépendance italienne, afin de régler le problème au niveau européen, aient échoué. Il déclara au Sénat en novembre 1863 : « je souhaite qu'un jour vienne où les

---

[1] Adrien Dansette, *Du 2 décembre au 4 septembre*, Hachette, 1972. Sur le Luxembourg cf. Fréderic Laux, « Bismarck et l'affaire du Luxembourg à la lumière des archives britanniques », *Revue d'Histoire diplomatique*, 2001, pp. 183-202.

[2] William E. Echard, *Napoleon III and the concert of Europe*, Baton Rouge and London, Louisiana State University Press, 1983.

grandes questions qui divisent les gouvernements et les peuples pourront être réglées dans la paix par un tribunal européen ».

Le congrès de Paris de 1856 est un bel exemple de la façon dont Napoléon III concevait un concert européen renouvelé. D'un certain point de vue, il s'inscrit dans la série des congrès qui ont réuni à différentes reprises réuni les grandes puissances depuis Vienne. En même temps, il innove : la France y joue le premier rôle, la Russie se retrouve marginalisée, la question des nationalités est clairement posée et de nouveaux principes sont affirmés, on l'a vu. Un autre bon exemple de l'équilibre que Napoléon III cherche à maintenir entre les principes nouveaux dont il se réclame, et d'abord celui des nationalités, et les règles du système européen établi en 1815 nous est fourni par le rattachement de la Savoie en 1860. Certes, les Savoyards furent appelés à ratifier par référendum l'annexion, et c'était le symbole de l'adhésion populaire et du principe des nationalités. Mais le rattachement de la Savoie avait été conclu au préalable par le traité de cession conclu en mars 1860 avec Victor-Emmanuel, de façon tout à fait classique. Et il fut notifié aux puissances, ce qui revenait, d'une certaine façon, à reconnaître que les traités de 1815 leur donnaient un droit de regard sur les modifications de frontières en Europe[1]. Napoléon III a constamment cherché à concilier le principe des nationalités et de la volonté populaire, les droits des souverains, le concert européen.

L'interaction fort complexe entre le programme de remise en cause de 1815 et le souci, à première vue contradictoire, de maintenir, voire de perfectionner le concert européen issu lui aussi de 1815 est au cœur des ambiguïtés de Napoléon III, et même plus largement de son régime. Certains de ses ministres des affaires étrangères, comme Drouyn de Lhuys ou Thouvenel, sont partisans du concert européen et fort peu de la politique des nationalités. Mais le Prince Napoléon et les milieux bonapartistes tenaient la position inverse. Et l'empereur est en porte-à-faux : la partie conservatrice de l'opinion, qui le soutient en politique intérieure, souhaite le maintien du système de 1815, à ses yeux garantie contre la Révolution et base d'un équilibre qui au fond n'est pas défavorable à la France, et qui en outre conforte le pouvoir temporel du Pape, grande question de l'époque. Alors que l'opposition républicaine, elle, croit aux nationalités et souhaite ardemment la fin des traités de 1815. Les objectifs de

---

[1] Paul Guichonnet, *Histoire de l'annexion de la Savoie à la France. « 1860 et nous »*, Montmélian, La Fontaine de Siloé, 1999.

politique extérieure et de politique intérieure des différents secteurs de l'opinion s'entrecroisent de façon complexe et placent constamment le régime devant d'insurmontables contradictions. Ajoutons que l'empereur, homme d'État mais aussi conspirateur, a deux politiques extérieures, dont lui seul peut faire la synthèse : une politique officielle, exécutée par le ministère des Affaires étrangères, qui dans l'ensemble joue le jeu du concert européen, et une politique secrète, avec des émissaires et des rouages, au sein des Tuileries et de la Maison impériale, qu'en fait on connaît mal, politique qui appuie plutôt la transformation de l'Europe selon les nationalités.[1]

La question des Nationalités dans une nouvelle Europe.

C'est sans doute dans le domaine de la politique des nationalités et de la politique européenne que Napoléon III a été le plus original, dépassant de loin les idées que son oncle avait entr'aperçues dans son *Mémorial de Sainte-Hélène*. Napoléon III, qui parlait quatre langues et connaissait bien l'Europe, avait en effet une véritable conception de l'avenir du continent, conception dans laquelle s'inscrivait sa vision des nationalités. La brochure *Les Idées napoléoniennes*, de 1839, reprend le *Mémorial de Sainte-Hélène* :

« La politique de l'empereur, écrit Napoléon III à propos de son oncle, consistait à fonder une association européenne solide en faisant reposer son système sur des nationalités complètes et sur des intérêts généraux satisfaits ».

Mais ce qui était sans doute chez Napoléon Ier une rationalisation après coup, ou tout au plus une aspiration compromise à l'époque par l'enchaînement des guerres et par la politique dynastique de l'empereur, était chez le neveu un programme sincère.

Ce programme reposait, d'autre part, sur une notion de la nationalité qui préfigurait la conception française classique, telle qu'exprimée par Renan lors de sa fameuse controverse avec Strauss en 1871, et qui restait compatible avec le maintien d'un équilibre des grandes puissances en Europe. Comme l'écrit Napoléon III à Émile Ollivier en 1869 :

---

[1] Sur la question de l'organisation de la politique extérieure de Napoléon III, on attend la thèse d'Yves Bruley.

« Je suis, comme vous, partisan des nationalités, mais les nationalités ne se reconnaissent pas seulement par l'identité des idiomes et la conformité des races ; elles dépendent surtout de la configuration géographique et de la conformité d'idées qui naît d'intérêts et de souvenirs communs ».

Le principe des nationalités ainsi conçu concernait en fait de « grandes nationalités » unies par une civilisation commune, il ne conduisait pas au morcellement ethnique de l'Europe. Il ne s'agissait nullement de l'ethnicisme d'origine romantique apparu à la même époque en Europe centrale. Ces grandes nationalités étaient volontaristes et très construites.

On a reproché à l'époque à cette conception de rompre avec les traités de 1815, ce qui pour les milieux conservateurs était dangereux, car cela remettait en cause la stabilité de l'Europe et donc la sécurité de la France. Et on lui a reproché son parti pris idéologique en faveur des nationalités au mépris des intérêts français, et d'avoir abouti ainsi à faire surgir deux pays rivaux de la France : l'Italie et l'Allemagne unifiées. En fait les choses sont plus complexes : même si Napoléon III a souvent critiqué les traités de 1815, dans la pratique, il fait dépendre les changements territoriaux d'un ensemble de conditions : certes du principe des nationalités et du droit des peuples mais aussi, on l'a vu, de l'accord du souverain légitime et dans toute la mesure du possible de l'acceptation par les grandes puissances, éventuellement dans le cadre d'un congrès européen. Et bien entendu, Napoléon III était aussi conscient des intérêts français : il s'agit d'abord de remodeler l'Europe de 1815, et de développer ainsi l'influence française, pas d'appliquer mécaniquement le principe des nationalités. C'est ainsi qu'à propos de l'Italie, Louis-Napoléon, certes, appuie le Piémont mais, initialement, il préfère à l'unité pure et simple telle ou telle formule plus complexe, comme par exemple une confédération à trois éléments : le Piémont au nord, Naples au sud, et le Pape, président de la confédération. En ce qui concerne l'Allemagne, c'est une formule trialiste qui a sa préférence (Prusse au nord du Main, États au sud du Main regroupés autour de la Bavière, Autriche). La France influencerait l'Italie par son alliance avec le Piémont et par sa pénétration économique de la Péninsule, elle contrôlerait l'équilibre des Allemagne par l'Allemagne du Sud, où, historiquement, son influence avait toujours été importante. Proche de la Grande-Bretagne, appuyée sur l'Italie et l'Espagne (elle aussi pénétrée économiquement) la France resterait maîtresse du jeu. En outre, elle ferait jouer le principe des nationalités à son profit, en obtenant, pour prix de son appui au Piémont, la Savoie, et pour prix de son appui à la Prusse, le Luxembourg, la Belgique ou même la Rive Gauche du Rhin.

Cela dit, on le vit dans le cas italien, on aurait pu le voir dans le cas allemand si Napoléon III n'avait pas été forcé par son entourage et son opinion publique de s'écarter de ses convictions fondamentales, l'empereur était prêt à prendre acte d'une unification nationale totale des voisins de la France, il était même prêt à renoncer aux « compensations territoriales » qu'il souhaitait : l'essentiel était à ses yeux que la France soit en bons termes avec les nouveaux États-Nations voisins en ne cherchant pas à bloquer à toute force des évolutions irrésistibles. Pour lui en effet la réorganisation nationale de l'Europe était une nécessité inéluctable et qui, par ailleurs, stabiliserait et renforcerait le continent.

D'autre part, ce concept des grandes nationalités ne se séparait pas d'une vision d'ensemble de l'évolution de l'Europe dans un sens confédéral. Dans son discours d'ouverture de la session devant le Corps Législatif en janvier 1867, Napoléon III déclara par exemple :

> « Les transformations qui ont eu lieu en Italie et en Allemagne préparent la réalisation de ce vaste programme de l'union des États de l'Europe dans une seule confédération ».

L'empereur avait une idée assez précise de ce qu'aurait pu être une confédération européenne qui, dans son esprit, devrait permettre aux Européens de faire jeu égal avec la Russie et les États-Unis, dont il prévoyait l'ascension. Dans *Les Idées napoléoniennes*, il met dans les projets de son oncle l'unification monétaire, législative, juridique du continent, avec un code européen et une cour de cassation européenne. Il réalisera d'ailleurs l'« Union latine » (prévoyant des valeurs semblables, sous des dénominations nationales, pour les pièces et billets de divers États européens) et l'unification des poids et mesures. En ce qui concerne l'Union latine, première forme d'union monétaire, elle se limitait à la France, la Belgique, la Suisse, l'Italie, la Grèce, mais pour l'empereur elle avait vocation à s'étendre à l'échelle du continent[1].

* * *

---

[1] Marc Flandreau, *L'or du monde. La France et la stabilité du système monétaire international 1848-1873*, Paris, L'Harmattan, 1995.

On voit donc la place du congrès de Paris dans l'évolution de l'Europe au XIXᵉ siècle : il poursuit le concert européen introduit à Vienne, mais en même temps il l'infléchit en commençant à faire entrer le principe de nationalités et les Droits de l'homme dans le « droit public européen ». Sur le plan donc des valeurs fondamentales et du droit des gens, sur celui du droit international (par exemple l'importante évolution du droit maritime), sur celui de l'organisation (Commission européenne du Danube), le congrès de Paris annonce l'entrée de l'Europe dans la modernité : ce fut vraiment un événement fondateur.

Alain Gouttman

DE LA GUERRE DE CRIMÉE AU CONGRÈS DE PARIS

Le congrès de Paris de mars 1856 n'a pas seulement marqué de son empreinte la diplomatie européenne des temps qui allaient suivre : il a eu pour premier objet de mettre un terme à une guerre cruelle, la première que l'Europe ait connue après quarante années de paix, qu'on l'appelait alors *guerre d'Orient* avant qu'elle ne devienne *guerre de Crimée.*

Mon propos, aujourd'hui, n'est pas de vous raconter en détail la guerre de Crimée. Résumons-là en quelques mots. Disons que cette guerre fut un des soubresauts, une des convulsions auxquelles donna lieu la fameuse « question d'Orient », qui était, comme chacun sait, la question du maintien en l'état ou du dépeçage de l'Empire ottoman.

En 1852, le tsar estima que le moment du dépeçage était venu. Il plaça le problème sur le plan religieux, celui de la croisade orthodoxe, et, pendant l'été 1853, il mit en marche ses armées vers Constantinople. C'est-à-dire vers les détroits du Bosphore et des Dardanelles et vers la Méditerranée orientale.

Paris et Londres ne pouvaient admettre cette perspective d'expansion de la Russie, d'autant qu'il existait un traité entre les puissances pour garantir aux Turcs la propriété des Détroits. Ils apportèrent donc leur soutien à la Sublime Porte, déclarèrent la guerre à la Russie en mars 1854 et envoyèrent aussitôt des troupes en Bulgarie pour protéger la capitale du sultan.

Mais le temps passait et les Russes ne se décidaient pas à prendre franchement l'offensive. On ne pouvait laisser des dizaines de milliers d'hommes mourir du choléra en Bulgarie, il fallait en finir.

Où et comment frapper la Russie ? On s'embarqua pour la Crimée avec pour objectif la grande base navale de Sébastopol. On se battit à l'Alma, à Inkerman, à Balaklava, et on s'empara de Sébastopol, le 9 septembre 1855, après un siège extrêmement difficile qui avait duré près d'un an.

La Russie, ce « colosse aux pieds d'argile », avait usé toutes ses forces dans une défense héroïque à la périphérie de son immense empire – ce qui fut une grave erreur stratégique – et elle finit par demander la paix.

Le traité fut signé à Paris, en mars 1856, à l'occasion de ce congrès dont nous commémorons le 150e anniversaire.

Je ne voudrais pas vous en dire beaucoup plus sur la guerre elle-même. Ce que je souhaite, c'est vous la présenter plutôt sous un angle particulier : je voudrais vous parler de la place que la guerre de Crimée occupe dans l'histoire de France et dans la mémoire collective des Français. Car c'est une étrange période de l'histoire de France que cette guerre de Crimée ! Combien de Français ont entendu un seul de leurs professeurs leur en parler vraiment, tout au long de leurs études primaires et secondaires ?

Étrange période, vraiment !

Et c'est de la présence – ou plutôt de l'absence – de la guerre de Crimée dans la mémoire collective française, que je voudrais vous dire quelques mots.

Car, tout de même, cet affrontement, à l'échelle européenne eut ses grandeurs – à côté de ses horreurs, naturellement – et il s'acheva par une incontestable victoire, qui fut, il faut bien le dire, et sans que nos alliés aient le moins du monde démérité, d'abord et essentiellement une victoire française.

D'où vient, alors, que cette guerre, cette victoire, ce triomphe soient aujourd'hui totalement oubliés des Français ?

Alors que les Russes, ou les Anglais, par exemple, célèbrent leurs héros de Crimée, le plus souvent malheureux, il faut bien le dire, la France a oublié – a *voulu* oublier – les siens.

Dans une large mesure parce que la victoire qu'ils avaient remportée gênait ceux qui se firent, par la suite, les détracteurs du Second Empire et voulurent jeter le bébé – tous les bébés – avec l'eau du bain. Bien sûr, il reste à Paris un pont de l'Alma et un boulevard de Sébastopol, une petite rue d'Inkerman et une – plus petite encore – rue de Traktir, mais combien de Parisiens savent ce que ces noms désignent ?

Je disais « guerre oubliée ». J'aurais dû dire « guerre effacée ». Car c'est bien la légende noire du second Empire qui est passée par là. Victor Hugo, décidément, immortel inventeur de « Napoléon le Petit », s'est montré aussi expert en désinformation que la plus efficace de nos actuelles agences spécialisées.

Avec le Père Hugo comme flamboyant porte-drapeau, les hommes de la IIIe République ont bel et bien entrepris, dès après la défaite de 1871, d'effacer de la mémoire collective le souvenir d'un régime qui, de leur point de vue, n'avait pas seulement conduit à un désastre national, mais avait constitué un anachronisme, une sorte d'anomalie incompréhensible, un obstacle au progrès, un ennemi de la démocratie. Et ce sont d'abord les instituteurs de l'époque, les fameux « hussards noirs de la république », qui se sont chargés de la besogne, dès l'école primaire, auprès des petits Français.

Ils y ont largement réussi puisqu'ils ont réduit dix-huit années de grande histoire à une poignée de légendes et autant de clichés.

Heureusement, les choses ont changé, il y a une vingtaine d'années, lorsqu'un certain nombre d'historiens ont entrepris de rompre avec certains conformismes et avec quelques idées toutes faites promues vérités historiques, pour se pencher, avec un regard neuf, sur cette période particulièrement foisonnante de l'histoire de France.

La guerre de Crimée avait en fait tout pour que la postérité se souvînt d'elle :

Elle fut la première guerre moderne – avant la guerre de Sécession, à laquelle on fait généralement porter ce titre.

Elle déplaça des centaines de milliers d'hommes et un matériel colossal à des milliers de kilomètres de distance, avec des embarquements et des débarquements qui annonçaient les concepts très actuels de projection de forces ou d'opérations combinées. On n'avait jamais connu cela, à l'exception de l'expédition d'Alger, en 1830, qui ne fut qu'une excursion, en comparaison, si l'on tient compte de l'ampleur limité de cette opération et, surtout, de sa brièveté dans le temps et de sa proximité dans l'espace.

Elle ne fut pas une guerre de conquête, mais une guerre d'influence, une guerre d'idées. On pourrait presque dire d'*idéologies*. Ce qui n'empêcha pas l'hécatombe : à la France, puisque mon propos est aujourd'hui de parler d'elle, elle coûta 95 000 hommes, soldats et marins, dont 20 000 furent victimes du feu de l'ennemi tandis que 75 000 succombèrent à la maladie.

Hélas, on le sait, et même le grand Chateaubriand l'a dit : « *À force d'être répété, un mensonge finit par devenir vérité* ».

Aujourd'hui, tout de même, à propos de la guerre de Crimée, on peut en finir avec quelques idées toutes faites.

On a dit que Napoléon III avait voulu cette guerre parce qu'il avait besoin de gloire militaire pour consolider un trône mal assuré. Il est pourtant facile de constater que le chef d'orchestre de la marche au conflit a été le tsar de Russie, et non l'empereur des Français. Que celui-ci a tout fait pour éviter la guerre. Et que, même s'il l'avait voulue, le meilleur moyen de consolider « un trône mal assuré » n'était certainement pas d'envoyer à 4 000 kilomètres des Tuileries la fine fleur de son armée.

On a dit que Napoléon III avait voulu défendre les prétentions des moines de Terre sainte. Comme si l'empereur, au fond parfaitement agnostique, et le peuple français avec lui, avaient été prêts à partir en guerre pour des questions religieuses. Comme si l'impératrice Eugénie avait alors exercé la moindre influence sur un homme sur lequel à peu près personne, jamais, sauf lorsque la maladie a été la plus forte, n'a vraiment exercé d'influence.

On a dit que Napoléon III s'était mis à la remorque des Anglais et que c'est Londres qui l'avait entraîné dans le conflit. En réalité, c'est plutôt le contraire qui s'est produit. Lorsqu'il a fallu prendre les premières mesures militaires pour dissuader le tsar de s'avancer plus avant, l'empereur a envoyé la flotte française à Salamine, d'abord, à l'entrée du Bosphore, ensuite. Les Anglais n'ont pas seulement refusé d'en faire autant : ils ont qualifié le gouvernement impérial d'« aventurier » et déclaré qu'ils n'étaient pas prêts à s'associer aux « folies » des Français. De même, à la fin du conflit, après que Sébastopol ait été pris, Napoléon III a considéré que son principal but de guerre était atteint : l'existence – sinon l'intégrité parfaite – de l'Empire ottoman était préservée. Il a donc pris la décision d'arrêter les hostilités. Ce fut au grand dépit de nos alliés anglais, dont les buts de guerre, n'étaient pas atteints : la puissance russe n'était pas détruite autant qu'ils l'auraient voulu.

Mais, à l'automne de 1855, pour Napoléon III, le temps était venu de faire la paix. Il décida donc de faire la paix. Je ne dis pas « de négocier », car la négociation – c'est là encore une des étrangetés de cette guerre – avait commencé avant le début de la guerre et elle n'avait pratiquement jamais cessé, tout au long du conflit. Cette réunion des représentants des puissances, qui se tenait dans la capitale d'un pays à la neutralité ambiguë – l'Autriche – et qui se nommait sans surprise « la conférence de Vienne » ne fit, en fin de compte, que se déplacer ensuite vers la capitale du vainqueur. La conférence de Vienne, au fond, aurait pu – et dû – empêcher la guerre de Crimée si la négociation ne s'était heurtée, comme souvent dans l'histoire, au tempérament d'un homme, d'un seul homme, dont l'exercice du pouvoir absolu avait malheureusement altéré les capacités de jugement.

Mais je ne parle pas de Napoléon III ! Le temps de la « légende noire » est terminé… Je parle, bien sûr, du tsar Nicolas Ier, qui avait derrière lui trente ans d'exercice d'un pouvoir quasi-divin, ce qui n'est pas pour affiner le sens critique : il considérait l'empereur des Français comme un médiocre et se disait persuadé que jamais les petits-fils de Napoléon Ier ne feraient cause commune avec ceux de Wellington. De toutes façons, il était persuadé, avant même que cette question ne se pose, que les Turcs céderaient à la menace et lui accorderaient en tremblant les privilèges exorbitants qu'il exigeait d'eux.

Nicolas, malheureusement pour lui, avait tout faux.

Je conclurai par un constat : cette guerre – du moins en ce qui concerne les relations entre Français et Russes – fut une guerre sans haine. Au point qu'elle a permis paradoxalement à deux grands peuples, le français et le russe, qui se cherchaient, en tâtonnant, depuis Louis XIV et Pierre le Grand, de se rencontrer enfin, et d'éprouver l'un pour l'autre admiration, respect et sympathie. Grâce aux suspensions d'armes, pendant lesquelles on faisait connaissance, grâce à la manière exemplaire dont furent traités, dans chaque camp, les blessés et les prisonniers de l'autre camp, le rapprochement franco-russe s'annonçait et se préparait. Et cette alliance franco-russe, dont on avait si souvent parlé depuis un siècle et demi sans jamais la voir, allait cesser de jouer l'Arlésienne des chancelleries pour devenir une réalité.

Le congrès de Paris entérina ce rapprochement. Il célébra également une victoire militaire française qui fut vécue par l'opinion comme une revanche de Waterloo. Même si, malheureusement, on ne sut pas remédier aux graves lacunes que le conflit avait révélées au sein de l'institution militaire française et qui perdurèrent jusqu'à la catastrophe finale de 1870.

Le congrès consacra surtout un triomphe politique et diplomatique, celui de cette France du Second Empire, qui semblait s'être élevée au-dessus de toutes les puissances européennes, jusqu'à se poser, en cette année 1856, en arbitre des nations. Il devait laisser sa marque, nous l'avons dit, sur la diplomatie européenne des temps à venir.

Mais, paradoxalement, pour le régime qui l'avait réuni, et qui semblait devoir en tirer le plus grand profit, il ne tint pas toutes ses promesses, loin de là…

Sans doute parce que la politique étrangère de l'empereur Napoléon III a soulevé des problèmes si complexes qu'ils ont fini par échapper à tout contrôle…

Mais ceci est une autre histoire…

Yves Bruley

L'ORGANISATION ET LE DÉROULEMENT DU CONGRÈS

L'organisation et le déroulement du congrès ne présentent pas seulement un intérêt anecdotique ou narratif. Si le congrès a été considéré *a posteriori* comme un acte fondateur – la « première pierre d'un nouvel édifice » pour reprendre le mot d'un diplomate français de l'époque – c'est aussi parce qu'il expérimentait une manière nouvelle de faire de la diplomatie, ou à tout le moins une manière perçue comme telle. Certes, la diplomatie multilatérale n'a pas été inventée en 1856 et il y avait eu des congrès dans le passé. Mais la portée de l'événement n'échappa pas aux acteurs comme aux spectateurs de cette grande réunion. Ce qui était en jeu, à Paris au printemps de 1856, c'était la capacité des représentants des puissances européennes à inventer une diplomatie multilatérale qui ne soit pas seulement apte à traiter des questions techniques ou à régler des crises ponctuelles, mais qui permette de traiter les principaux problèmes de l'Europe et du monde.

Lorsqu'un congrès de cette importance se réunit, il apparaît plus que jamais que la diplomatie est affaire d'hommes. La solidité de la paix future ne dépendrait donc pas seulement de la pertinence des solutions trouvées et des accords négociés. La qualité des rapports entre les négociateurs, le déroulement des négociations elles-mêmes, et la sociabilité des diplomates devaient être comme le miroir, ou la préfiguration, ou le laboratoire – on ne sait quelle métaphore choisir – des relations internationales futures.

À la vérité, le congrès de Paris n'ouvre pas une négociation générale, il poursuit en l'amplifiant et en la solennisant celle commencée à Vienne en 1855 et poursuivie jusqu'à la signature des préliminaires de paix. À tel point que la question s'est posée d'emblée : ne serait-il pas naturel de réunir le congrès à Vienne ? Mais on jugea que l'Autriche n'ayant pas participé militairement à la guerre, elle ne pouvait accueillir le congrès de la paix. Les villes situées en pays neutres n'ont pas été retenues. Il semble que la proposition de Paris soit venue des Anglais, comme une marque de confiance à l'égard de la politique de l'empereur. Elle est aussitôt approuvée par les Russes et par les autres puissances. On se donne trois semaines pour se retrouver à Paris et pour nommer des plénipotentiaires.

Une même règle s'impose à presque tous les pays : celle d'envoyer les ministres des Affaires étrangères en qualité de premiers plénipotentiaires, et de nommer les représentants à Paris en qualité de seconds : pour la Grande-Bretagne, Clarendon et Cowley ; pour l'Autriche, Buol et Hübner ; pour le Piémont, Cavour et Villamarina ; pour la Turquie, le grand vizir Aali pacha et Djemil bey. La Prusse, qui rejoindra le congrès plus tard, suivra la même règle et enverra Manteuffel rejoindre à Paris Hatzfeld. La Russie fait un choix différent. Le tsar envoie le comte Orlov, haut personnage investi de toute la confiance d'Alexandre II, et Brunnow, ancien ambassadeur à Londres.

Du côté français, c'est le ministre lui-même qui sera premier plénipotentiaire. Alexandre Walewski est ministre depuis mai 1855. Il était auparavant ambassadeur à Londres où il avait conclu l'alliance anglaise. C'était une raison suffisante pour le placer à la tête de la diplomatie française, lorsque Drouyn de Lhuys démissionna brutalement en mai 1855, après un différend avec Napoléon III où l'amour-propre de l'ombrageux ministre avait été, semble-t-il, froissé. Devenir ministre était l'ambition de Walewski depuis l'avènement de Louis-Napoléon, mais sa nomination suscita, dit-on, « plus d'un sourire ironique »[1]. Certains, en effet, jugeaient Walewski inférieur à sa fonction, et des critiques s'élèveront même pendant la congrès contre son insuffisance. Aussi, peut-être, contre sa suffisance ? L'un de ses collaborateurs au Quai d'Orsay écrit à son sujet, qu'il avait « un certain air de magnificence qui n'était peut-être plus beaucoup de notre temps, mais qui trouvera encore sa place aux Affaires

---

[1] Archives du ministère des Affaires étrangères, Papiers Desprez, vol. 19, fasc. 4, fol. 3.

étrangères, quand il ne sera plus de mise ailleurs[1] ». Le fait est que pendant le congrès même, il y eut des rumeurs de remplacement. Parmi les noms alors cités, était celui du second plénipotentiaire français, le baron de Bourqueney.

Bourqueney n'est pas le premier venu. On peut même dire qu'il est alors le diplomate français le plus expérimenté et le plus éminent. Né en 1799, ami de Chateaubriand sous la Restauration, proche des libéraux du *Journal des Débats* au début de la Monarchie de Juillet, chargé d'affaires puis ambassadeur à Constantinople sous Guizot, il a été l'un des acteurs de la crise orientale de 1840-1841. Révoqué en 1848, il est recruté en février 1853 par le ministre Drouyn de Lhuys, qui le fait nommer à Vienne, où il fait merveille. Bourqueney a donc participé à toutes les négociations à Vienne en 1854 et 1855, et c'est la raison pour laquelle il est nommé second plénipotentiaire. Pour Desprez,

> « on pensait [à Paris] que l'on aurait plus de prise sur les plénipotentiaires autrichiens si on leur donnait pour collègue l'envoyé accrédité auprès de leur souverain et cette raison eût suffi à assurer le suffrage de gouvernement au baron de Bourqueney, car on attachait un intérêt de premier ordre à pouvoir compter sur l'Autriche dans les efforts qui restaient encore à faire pour la conclusion de la paix[2] ».

Au cours du congrès de Paris, il ne cesse de prendre de l'importance, jusqu'à en devenir, comme on le verra, l'un des acteurs les plus décisifs.

Walewski et Bourqueney sont secondés, dans l'ombre, par plusieurs collaborateurs de très bon niveau. Le directeur des Affaires politiques du ministère, Vincent Benedetti, devient secrétaire du congrès. Benedetti avait été le chargé d'affaires français à Constantinople pendant toute la guerre de Crimée. Il sera plus tard ambassadeur à Berlin. Pour l'heure, il est incontestablement l'un des meilleurs spécialistes des affaires orientales. Dans le congrès, il assiste aux séances plénières, dont il rédige les protocoles, et cette fonction le met en rapports constants avec les plénipotentiaires. Cela lui permet de jouer un rôle officieux essentiel, pour faire prévaloir des solutions de compromis ou des formulations habiles.

Parmi les collaborateurs de second rang, l'un attire notre attention : Hippolyte Desprez, depuis peu sous-directeur, qui s'est fait remarquer

---

[1] *Ibid.*, fol. 5.
[2] *Ibid.*, fol. 60.

comme spécialiste de la Roumanie – ce qui n'est pas dénué d'intérêt pour comprendre la politique française en ce domaine. Il a donné dans ses mémoires inédits des éléments narratifs et interprétatifs intéressants sur le congrès de Paris.

Un autre fonctionnaire a, lui, publié un récit détaillé du congrès : il s'agit d'Édouard Gourdon, « chargé des affaires étrangères à la division de la Presse au ministère de l'Intérieur ». Il est en quelque sorte le porte-parole officiel de la diplomatie française dans cette circonstance et a publié à ce titre en 1857 un ouvrage intitulé *Histoire du congrès de Paris*, que l'éditeur annonce ainsi : « Ce livre restera comme l'histoire vraie et pour ainsi dire officielle du congrès de Paris. » Certes, l'historien ne peut assimiler aussi facilement le caractère officiel de l'œuvre avec sa véracité. Mais il doit reconnaître que la description du fonctionnement du congrès que donne Gourdon, bien qu'assez irénique, est tout de même très utile.

Un autre personnage ne doit pas être oublié, et bien qu'il ne joue pas de rôle politique dans le congrès, il en est un des acteurs important, c'est le chef du Protocole au Quai d'Orsay, « l'introducteur des ambassadeurs », Feuillet de Conches. Personnalité peu banale, collectionneur d'autographes et d'objets d'art, il ne tarde pas à se vanter d'avoir lui-même arraché, sur l'aile de l'aigle du Jardin des Plantes, la plume qui servira à tous les plénipotentiaires pour la signature du traité de paix. Feuillet de Conches est alors le meilleur connaisseur de tout le protocole européen. Entré au ministère des Affaires étrangères avant 1815, il ne le quittera qu'en 1874, au terme d'une carrière de soixante années. Le secret de cette longévité est qu'il ne révélait sa science à personne, de peur de former des concurrents qui n'auraient pas tardé à le supplanter. Il tirait toute son importance de ce que, seul, il était au courant des moindres prescriptions de l'étiquette.

La première conférence du congrès se tient le 25 février. Gourdon raconte :

> « La nouvelle de l'ouverture des séances du congrès avait attiré, le 25 février au matin, une foule considérable sur le quai, depuis le pont de la Concorde jusqu'à la rue d'Iéna. (…) Les plénipotentiaires arrivèrent successivement de midi et demi à une heure. À une heure et demie, ils étaient tous réunis dans le salon des Ambassadeurs, où devaient se tenir leurs séances[1]. »

---

[1] Édouard Gourdon, *Histoire du Congrès de Paris*, Paris, Librairie nouvelle, 1857, p. 479.

Au centre, une grande table ronde recouverte d'un tapis de velours vert fabriquée pour la circonstance. Les plénipotentiaires prennent place autour d'elle dans l'ordre alphabétique du pays qu'ils représentent : Autriche, France, Grande-Bretagne, Russie, Sardaigne et Turquie.

Comme prévu, Walewski est nommé président et Benedetti chargé de rédiger les protocoles.

> « Les fonctions du rédacteur des protocoles consistaient à prendre des notes dans le cours de la discussion, à résumer par écrit les opinions émises, à les rédiger en protocole, dans son cabinet, après la séance, et à donner lecture de sa rédaction à l'ouverture de la séance suivante[1]. »

Le premier acte est de proclamer un armistice qui cessera le 31 mars : le congrès se donne donc au moins un mois pour conclure un traité de paix. Pendant les trois premières semaines, les onze premières séances ont lieu tous les deux ou trois jours. Puis, à partir du 24 mars, on voit le rythme s'accélérer : une conférence par jour, afin de terminer le traité avant la fin du mois. Les séances, qui duraient plusieurs heures, sont évoquées en ces termes par Édouard Gourdon :

> « Les choses se passaient à peu près comme elles se passent au Conseil des ministres ; il n'y avait, à vrai dire, pas de discours. On échangeait librement ses idées, et on n'était pas astreint à l'obligation de demander la parole pour répondre à une argumentation ou exprimer ses idées. C'était une conversation, souvent animée, quelquefois un peu vive, mais qui ne rappelait en rien les discussions réglées et méthodiques de certaines assemblées. Une fois l'ordre du jour indiqué, tout membre était libre de parler quand il jugeait le moment venu. Il va sans dire que cette liberté d'allures, réglée par la conscience de chacun et le sentiment d'une considération réciproque, ne conduisit jamais la grave assemblée à la confusion. (…)
>
> Les séances étaient d'ordinaire interrompues par quelques instants de distraction ; je pourrais presque dire de récréation. Les plénipotentiaires passaient dans le salon de la Rotonde ou descendaient au jardin. On goûtait, on se promenait, on fumait. C'était, d'habitude, le moment que le comte Orlov choisissait pour donner l'essor à sa gaieté franche et souvent communicative[2]. »

Toutefois, la lecture attentive des protocoles montre que le congrès ne se déroule pas comme un scénario totalement convenu à l'avance. Souvent, les questions qui ne font pas l'unanimité sont ajournées aussitôt et renvoyées à une séance prochaine. Les grandes questions

---

[1] *Ibid.*, p. 483.
[2] *Ibid.*, p. 485-487.

à régler sont introduites au fur et à mesure des séances, mais sans attendre que les questions précédentes aient donné lieu à un accord. Ainsi, très rapidement, chaque séance doit aborder successivement plusieurs sujets différents, en faisant le point de l'avancement des discussions : la neutralisation de la mer Noire, le futur statut des principautés danubiennes, le sort des sujets chrétiens de l'Empire ottoman, la navigation du Danube, le sort de la Serbie ou du Monténégro, les rectifications de frontières en Bessarabie, etc.

Il faut parfois attendre que les plénipotentiaires, dont les instructions ne pouvaient tout prévoir, interrogent leurs gouvernements respectifs – notamment les Turcs et les Russes. Même par le télégraphe, ces allers-retours prennent plusieurs jours. Mais à aucun moment un gouvernement n'a infirmé la position de ses représentants au congrès en les obligeant à revenir sur une négociation et sur les termes d'un accord sur lesquels ils s'étaient avancés sous réserve de l'approbation de leur gouvernement.

Les discussions suivent, ainsi qu'il arrive dans toutes les grandes réunions diplomatiques deux formes différentes, officieusement et officiellement. Dans l'intervalle des séances, les plénipotentiaires se communiquent leurs observations, les débattent, transigent et l'accord est presque toujours fait lorsqu'ils se réunissent *in pleno*. Aussi est-il très peu de séances qui aient agité le congrès. Il n'en est aucune qui ait remis la paix en question. Gourdon écrit à ce sujet :

« Les plénipotentiaires se réunissaient souvent par groupes avant l'ouverture de la séance, soit dans le salon de la Rotonde, soit dans le jardin. Ces réunions avaient toujours lieu quand l'ordre du jour faisait pressentir quelques difficultés sérieuses. C'était la petite séance avant la grande, et il arrivait parfois que la petite séance durait *(sic)* beaucoup plus longtemps que l'autre. Généralement, les plénipotentiaires qui se savaient du même avis sur la question dont on allait s'occuper formaient un groupe, tandis que leurs adversaires en formaient un autre. On causait d'abord à voix basse, puis sur un mot, sur une interpellation, sur une demande de renseignements, les hommes se rapprochaient, les deux groupes se confondaient et les idées s'échangeaient. (…)

On eût dit un cercle de bon ton et d'illustrations politiques, où les plus hautes questions d'équilibre européen et de droit international étaient traitées. Après une controverse plus ou moins longue, souvent ardente et orageuse, mais toujours savante, le débat se calmait peu à peu, des concessions réciproques étaient faites, et quand le moment paraissait venu de mettre la main à l'œuvre définitive, on abandonnait l'ébauche, et le congrès entrait en séance[1]. »

---

[1] *Ibid.*, p. 486-487.

À de nombreuses reprises, pour résoudre un différend, la congrès décide de désigner une commission afin d'y travailler. C'est ainsi que de jour en jour, au cours du mois de mars, le fonctionnement du congrès devient de plus en plus complexe. Plusieurs « chantiers » se déroulent en parallèle, et l'on voit ceux des plénipotentiaires qui sont le plus sollicités. En réalité, la charge de travail la plus importante revient aux seconds plénipotentiaires, qui sont généralement chargés de préparer et de négocier des rédactions nouvelles entre deux séances. On finit même par constituer une commission de rédaction dont le rapporteur est Bourqueney.

Cette commission fait parfois des prouesses. Ainsi, sur le sujet délicat du sort des chrétiens de Turquie. Avant le congrès, le 1er février, le sultan avait pris un décret, un firman, relatif aux sujets non musulmans de l'Empire turc. Or, il était essentiel

> « que cet acte fût considéré comme émanant de la souveraineté du sultan, et non plus d'un arrangement conventionnel donnant droit à l'autre partie contractante d'en réclamer l'exécution, c'est-à-dire d'intervenir dans les affaires intérieures de la Turquie. »

Mais il fallait aussi que l'acte contenant les réformes octroyées obligeât moralement le sultan et il fallait pour cela que le firman fût communiqué officiellement aux puissances. La formule trouvée était que le congrès « constatait la haute valeur de la communication qui était faite du firman » par le sultan : on aura noté qu'il s'agissait de la haute valeur de la communication et non du firman lui-même, car le congrès ne voulait pas donner l'impression qu'il portait un avis sur le contenu du firman au moment où il posait pour principe intangible l'indépendance et l'intégrité de l'Empire ottoman...

Desprez écrit à ce sujet :

> « Jamais on ne comprit mieux le service que rend, dans les cas difficiles, cette phraséologie vague et contournée qui donne parfois au style des documents diplomatiques une allure si prétentieuse et si lourde. On ne put se mettre d'accord sur la portée du firman que grâce à une rédaction confuse dans laquelle les puissances occidentales ont fait prévaloir certainement leurs vues, mais sans les affirmer avec clarté et franchise[1]. »

Ainsi armé, le congrès avance assez vite. Le 18 mars, Bourqueney peut présenter une vision d'ensemble du futur traité – et même proposer un projet de préambule, qui n'eut d'ailleurs pas de suite. On

---

[1] Archives du ministère des Affaires étrangères, Papiers Desprez, vol. 19, fasc. 5, fol. 12.

tient ce jour-là deux séances successives, pour procéder à l'admission des plénipotentiaires prussiens dans le sein du congrès.

Le royaume de Prusse s'étant tenu à l'écart des alliances et des combats de la guerre de Crimée, il se retrouvait isolé à la fin de la guerre et n'avait pas été invité au congrès, alors qu'un plus petit pays, le royaume de Sardaigne, y siégeait en raison de son ralliement à la coalition franco-anglaise. Mais le gouvernement français fit valoir au congrès qu'il n'était pas bon qu'un grand pays européen restât en dehors des arrangements, et que la participation de la Prusse à la paix pourrait accroître les garanties de l'œuvre du congrès. Dès la deuxième conférence (28 février), la décision fut prise d'inviter les Prussiens, mais cette invitation ne fut officialisée que lors de la septième conférence (10 mars), et leur admission n'eut lieu qu'à la onzième (18 mars). Pourquoi ce délai ? Il semble que les Anglais aient insisté pour que la Prusse ne fût admise que lorsque les principales clauses du traité seraient arrêtées. D'où la séance dédoublée du 18 mars. Pendant la première séance, Manteuffel et Hatzfeldt attendirent dans les jardins du Quai d'Orsay que le congrès fût prêt à les recevoir. Hippolyte Desprez raconte ainsi l'épisode :

> « Les plénipotentiaires réunis à ce moment écoutaient la lecture des articles les plus importants du traité général préparés par la commission de rédaction et avaient tenu rigoureusement à en terminer l'examen avant l'introduction des nouveaux membres du congrès. On ne leur fit pas grâce d'une syllabe[1]. »

Les trois dernières séances sont consacrées à une lecture complète et attentive de l'ensemble du traité et des conventions qui lui seront jointes. Le traité est paraphé le 29 mars et c'est le dimanche 30 mars, à midi, dans la salle habituelle des délibérations, que les plénipotentiaires apposent leur signature et le sceau de leurs armes sur le texte. Clarendon propose alors de se rendre aux Tuileries pour informer l'empereur de la fin des travaux du congrès et lui témoigner de la reconnaissance pour son hospitalité.

Il reste à régler la levée des blocus et le retour des troupes qui sont encore en Crimée. En théorie, il faudrait attendre l'échange des ratifications du traité. Mais Walewski propose de déroger à cette règle en raison « de l'esprit de libéralité qui exerce, de nos jours, une si heureuse influence sur les rapports internationaux ».

---

[1] *Ibid.*, fol. 35.

C'est dans cette atmosphère qu'on peut dire non seulement irénique – c'est de circonstance lorsque la paix est conclue – mais excessivement optimiste, que le congrès entre dans une deuxième phase. Celle-ci n'était pas prévue à l'origine et elle n'a d'ailleurs pas de rapport direct avec le traité de paix. Non contents d'avoir pacifié l'Orient, les organisateurs du congrès désiraient aborder les questions qui pesaient sur la situation générale de l'Europe occidentale. Walewski prend la parole et tient un exposé en trois points : il fait une longue diatribe contre la presse belge qui, à l'abri d'une législation très libérale, multiplie les attaques contre l'Empire français ; il dit un mot de la situation politique et financière de la Grèce, source d'inquiétude très vive ; et il parle enfin de l'Italie, exprimant le souhait de voir prendre fin la double occupation des États pontificaux (autrichienne au nord, française au sud), et appelant le roi de Naples à faire preuve de clémence et de modération. Un débat s'ensuit, portant surtout sur l'Italie.

Cette séance du 8 avril est restée célèbre. Elle était une victoire incontestable pour Cavour, qui, avec l'appui des Anglais, avait obtenu de Napoléon III que le congrès parlerait d'une manière ou d'une autre de l'Italie.

Il convient tout de même de se demander pourquoi Walewski n'aborda point la question de son pays natal, la Pologne. À la vérité, si les protocoles sont muets au sujet de la question polonaise, il ne faut pas en conclure que les diplomates soient demeurés complètement inactifs. Pendant la guerre de Crimée, Français et Anglais avaient évoqué la Pologne, mais avaient estimé que c'était prématuré. Le congrès pouvait-il donner l'occasion d'en parler ? Walewski et Clarendon attendirent que le traité soit signé pour aborder la question avec Orlov. L'entretien eut lieu le 9 avril. Clarendon demanda si la Russie pourrait donner quelques assurances relativement à l'amélioration du sort des Polonais. Orlov répondit qu'il valait mieux ne pas aborder la question dans le congrès, car les intentions du tsar était de faire des avancées à l'occasion de son couronnement. Une déclaration du congrès lui donnerait l'impression de céder à une pression internationale, ce qui détruirait tout l'effet de ces actes. Walewski et Clarendon jugèrent préférable dans ces conditions de ne pas saisir le congrès de l'affaire de Pologne.

La discussion sur l'Italie se poursuit lors de la conférence du 14 avril, mais cette séance et la suivante, le 16 avril, qui devait être la dernière, portent essentiellement sur le droit maritime. À l'initiative de la France, une déclaration réformant le droit maritime en temps de guerre est adoptée par tous, ce qui constitue une véritable révolution.

Dès cette séance du 16 avril achevée, les premiers plénipotentiaires commencent à quitter Paris. Les seconds restent encore, pour quelques jours encore, jusqu'à l'échange des ratifications.

> « Elle est belle, elle est grande cette paix que nous venons de signer : durera-t-elle quarante ans comme l'autre ? Ne demandons pas à la Providence ses secrets ; contentons-nous de ses bienfaits. Quant à l'acteur principal, il n'a jamais eu plus de sang-froid et de calme : l'Europe s'en va enivrée de lui. »

Ainsi s'exprime Bourqueney, dans une lettre particulière à son collègue Thouvenel, ambassadeur à Constantinople, lettre pleine d'exaltation sur l'ensemble de l'œuvre accomplie.

Le congrès a-t-il réalisé son ambition, telle que le chroniqueur politique de la *Revue des deux mondes* la définissait dès le 14 février 1856, lorsqu'il écrivait : « le congrès doit satisfaire les vainqueurs sans humilier les vaincus », et offrir donc « une transaction élevée propre à sauvegarder la dignité des peuples, en devenant une règle nouvelle des relations européennes » ? Si l'on en croit la plupart des réactions que nous pouvons trouver dans les archives, la réponse est positive. Dans le petit monde des diplomates français, en tout cas, le temps est à l'enthousiasme. L'un parle « d'une paix honorable qui replace d'un bond la France à la tête de l'Europe civilisée ! » et s'extasie sur le peu d'années passées depuis 1848. Un autre écrit : « Le traité est un grand pas de fait dans la voie de la vraie civilisation. Il fait honneur à l'humanité. »

Mais à cette date – à la mi-avril – l'humanité ne connaît pas encore le dit traité.

« On n'avait dans le public absolument aucun indice sur la marche des travaux » écrit Gourdon non sans gourmandise : la « communication », c'est-à-dire en fait le secret, dépendait de lui. Et c'est comme un véritable titre de gloire personnelle qu'il cite dans son ouvrage cet extrait d'un article paru dans *L'Indépendance belge* le 19 mars :

> «Je crois que l'on trouverait peu d'exemples d'un secret aussi bien gardé. Les plénipotentiaires ont la conviction que personne, absolument personne, en dehors de ceux qui devaient nécessairement en avoir connaissance, ne sait rien de positif sur ce qu'ils ont fait ou dit dans le sein du congrès[1]. »

---

[1] Édouard Gourdon, *Histoire...*, *op. cit.*, p. 518.

En effet, le texte du traité ne sera publié qu'après l'échange des ratifications, dans *Le Moniteur* du 29 avril, puis lu aux assemblées au début du mois de mai. Pendant le congrès lui-même, le *Moniteur* se contentait de publier de très sobres informations, et avait, le 30 mars, fait une édition spéciale pour annoncer la conclusion de la paix, édition dans laquelle le contenu du traité n'était pas dévoilé : le peuple était seulement invité à fêter la paix, mais sans la connaître.

Une fois le traité, ses annexes et aussi les protocoles connus enfin dans le public, il reste à en donner un commentaire officieux. Walewski décide alors de faire paraître un opuscule anonyme expliquant le déroulement du congrès et ses conclusions. Et comme on n'est jamais mieux servi que par soi-même, le travail sera rédigé au Quai d'Orsay par le sous-directeur H. Desprez. L'ouvrage paraît quelques semaines après le congrès sous le titre *Le traité de Paris par un ancien diplomate*[1]. C'est un bel exercice de pédagogie diplomatique, qui donne la vision officielle des événements, ce qui en fait, indépendamment des données factuelles qu'il contient, un document historique du plus grand intérêt. Pour cette plume autorisée – officielle même – le congrès de Paris a une portée historique, car il rétablit la France à sa véritable place dans le concert des puissances, et met fin à un déséquilibre né avec la Révolution et l'Empire.

> « La guerre n'a pas seulement pour résultat de rattacher étroitement l'avenir de l'Empire ottoman au système fédératif de l'Europe ; elle a eu sur la politique générale et sur la situation respective des puissances des effets aussi importants qu'imprévus.
>
> Les révolutions du dernier siècle ont jeté une profonde perturbation dans les rapports internationaux et bouleversé tout le système européen. Depuis lors, en effet, aux questions d'intérêt, qui décidaient auparavant des alliances, se sont substituées des questions de principe qui, après avoir présidé aux premières coalitions, ont survécu même aux luttes de l'Empire, et établi sur le continent une sorte de concert de défiance contre nous.
>
> La Restauration avait espéré s'y soustraire en s'appuyant sur la puissance même qui en était le principal soutien. (...) La révolution de 1848 n'a eu, du point de vue international, d'autre résultat que de rendre la Russie utile aux gouvernements du continent, et de porter sa puissance au plus haut degré d'ascendant auquel elle eût encore atteint. (...) Il semblait qu'il n'y eût plus en Europe que deux grands gouvernements, ceux d'Angleterre et de Russie ; le monde entier paraissait graviter fatalement autour d'eux ; dans l'opinion de bien des gens, l'Angleterre elle-même n'était pas la voie du progrès ; la domination universelle était providentiellement réservée à la Russie.

---

[1] Desprez révèle lui-même le fait dans ses mémoires inédits (vol. 19, fasc. 5, fol. 142).

> La guerre a profondément modifié cet état de choses : la France sort de cette crise avec des alliances qui replacent respectivement les grandes puissances dans leur assiette naturelle, et forment les éléments d'un système politique véritablement conforme aux intérêts essentiels de l'Europe[1]. »

On ne trouve pas dans cet écrit la rhétorique simpliste sur la revanche de la France contre le congrès de Vienne, mais plutôt la valorisation d'une manière nouvelle de faire de la diplomatie, dans un équilibre des puissances plus justes et dégagés des vieilles défiances, dans un concert européen mis enfin à l'heure du vrai progrès, où la France occupe une place d'honneur.

Bien loin de là, aux antipodes de cette vision lumineuse, Victor Hugo préparait sa réplique. Il écrivit au sujet du congrès de Paris un texte virulent, à la demande de Mazzini. Ce texte prit la forme d'une « déclaration aux Italiens », pour les appeler à se méfier des apparences et à ne pas croire à la bonne volonté du congrès en faveur de l'Italie :

> « Italiens : Défiez-vous de ce que les congrès, les cabinets et les diplomaties semblent préparer pour vous en ce moment. Refusez l'offre des princes Quelle que soit l'apparence, ne perdez pas de vue la réalité. Diplomatie, c'est nuit. Ce qui se fait pour vous se trame contre vous[2]. »

« Diplomatie, c'est nuit ! » On comprend que la République française, qui a canonisé Victor Hugo et lui a voué jusqu'à nos jours un véritable culte, ait eu quelque hésitation à commémorer le congrès de Paris, comble de la diplomatie et donc, aux yeux d'Hugo, comble de la nuit, heure effrayante où Napoléon le Petit était devenu grand.

---

[1] *Le Traité de Paris par un ancien diplomate*, Paris, Firmin Didot frères, fils et Cie, 1856, p. 43-47.

[2] « L'Italie », *Actes et paroles*, dans Victor Hugo, *Œuvres complètes*, Paris, Albin Michel et l'Imprimerie nationale, p. 134. Qu'on m'autorise à renvoyer à mon article : « Des *Châtiments* à *L'Année terrible* : Victor Hugo et la politique étrangère de Napoléon III », *Rivista italiana di Studi Napoleonici*, Rome, 2003.

JOHN ROGISTER

LE TRAITÉ DE PARIS ET LA GRANDE-BRETAGNE

Qu'il ait été au pouvoir ou non, Lord Palmerston a profondément marqué la politique étrangère de son pays[1]. Il en avait défini les deux bases : la méfiance à l'égard d'une France issue de la Révolution et toujours menaçante, et l'hostilité envers la Russie qui grignotait l'Empire ottoman et pouvait couper la route des Indes. Néanmoins, lors de la guerre de Crimée, il s'était allié avec l'une de ces puissances contre l'autre. Il est vrai que l'entrée en guerre fut décidée par son rival politique Lord Aberdeen, mais, devenu Premier ministre en février 1855, Lord Palmerston en revendiquait hautement les buts :

« Si nous sommes entrés en guerre », déclarait-il, « ce n'était pas tellement pour maintenir le sultan et ses musulmans en Turquie, que pour exclure la Russie de la Turquie. »[2]

Ces principes ont déterminé la conduite de la Grande-Bretagne pendant les négociations du traité de Paris, mais il serait peut-être utile d'approfondir leurs origines.

Ayant vécu – tout comme Lord Aberdeen d'ailleurs – l'expérience des guerres de la Révolution française et de l'Empire, Palmerston restait attaché à l'idée que l'objet de la France était l'humiliation de la Grande-Bretagne, rivale traditionnelle. Pour lui, cette rivale visait

---

[1] Sur l'ensemble de la carrière et les idées de Palmerston, voir en particulier l'ouvrage classique de Donald Southgate, *The Most English Minister. The Politics and Policies of Palmerston*, London, 1966, *passim*.

[2] Mémoire de Palmerston envoyé par Clarendon à Cowley le 26 septembre 1855 cité par W.E. Mosse, *The rise and fall of the Crimean System, 1855-1871. The Story of a Peace Settlement*, London, 1963, p. 1.

à établir sa domination en Europe et dans le monde. Pendant la première moitié du XIXe siècle, l'influence anglaise s'exerçait surtout dans la Méditerranée, où la France la menaçait. Des alliances militaires avec la France avaient été conclues en Espagne en 1830 et en Orient à la veille de la guerre de Crimée, autant pour empêcher la France d'étendre son influence dans ces régions que pour contenir celle, grandissante, de la Russie, alliée au Royaume des Deux-Siciles[1]. De même, une menace française sur l'Italie, perçue déjà à l'époque du passage de Lamartine au ministère des Affaires étrangères, autant que la présence autrichienne, indésirable dans la péninsule italienne, étaient des éléments qui influençaient la politique de la Grande-Bretagne. On n'écartait pas, au Foreign Office et dans les cercles politiques anglais, la crainte d'une invasion française, vieux rappel de la propagande anti-napoléonienne du début du siècle. Comme on le craignait en 1803, une invasion française détruirait la propriété privée, la liberté individuelle, et la religion protestante « dans une orgie de criminalité et de passion animale »[2].

Mais, d'un autre côté, et là, nous touchons à un paradoxe de cette situation, la Grande-Bretagne avait besoin de la France si elle voulait jouer un rôle. Palmerston avait besoin de la France s'il voulait jouer un rôle. Palmerston disait que la Grande-Bretagne devait choisir ses alliés en fonction du danger qu'ils pouvaient lui faire courir en temps de guerre, et qu'une alliance avec la France était le meilleur moyen de contenir son ambition « effrénée ». En même temps, une alliance avec la France aurait l'effet salutaire de contrecarrer l'influence des « autocraties du Nord », la Russie, l'Autriche et la Prusse, qui, autrement, domineraient le continent européen diplomatiquement, militairement et idéologiquement. Palmerston était animé par le désir de favoriser le libéralisme politique en Europe. Du côté pratique, il fallait donc éviter que la flotte anglaise se trouve jamais aux prises avec les flottes française et russe en même temps.[3]

Pour la Grande-Bretagne, la question était de voir comment elle pouvait concilier ces buts et sentiments contradictoires sans que sa politique étrangère en fût paralysée. Ici, elle était aidée par le consensus qui existait entre les partis politiques. Pour les Tories, Disraeli déclarait aussi que l'entente franco-britannique était « la pierre

---

[1] J.P. Parry, « The Impact of Napoleon III on British Politics, 1851-1880 », *Transactions of the Royal Historical Society*, 6th series, XI (2001), pp. 148-149.

[2] *Ibid.*, p. 149.

[3] *Ibid.*

d'achoppement de la civilisation moderne ».[1] Les bases d'une politique étrangère commune aux deux grands partis politiques étaient en place, même si des divergences pouvaient parfois apparaître de temps en temps.

Dans les circonstances du moment, le soutien que Palmerston avait apporté au Prince Président à l'époque du 2 décembre s'inscrivait dans sa croyance que, la France étant en général ingouvernable, mieux valait soutenir un dirigeant qui empêcherait les débordements révolutionnaires qui auraient pu bouleverser l'Europe entière. De son côté, Napoléon III n'avait aucun désir de se faire un ennemi de la Grande-Bretagne, et, par la suite, il ne voulut jamais sacrifier l'alliance qu'il avait forgée avec elle. Le rapprochement entre les deux pays s'opéra à l'époque de la guerre de Crimée. L'alliance fonctionna aussi dans le cadre des nuances de la politique gouvernementale de chaque pays. En Angleterre, la reine Victoria et le prince Albert avaient perdu toute confiance en Lord Aberdeen dès 1854. Tandis qu'Aberdeen voulait œuvrer pour une paix de compromis grâce à une éventuelle médiation de la Prusse ou de l'Autriche, la Cour voulait poursuivre la guerre d'une manière vigoureuse et efficace. Cela la poussait inévitablement dans le giron de l'« implacable » Palmerston[2]. Mais, en même temps, le couple royal craignait les écarts de Palmerston, et il espérait qu'Aberdeen, resté au gouvernement, et Lord Granville, arriveraient à contenir ses « excès », si besoin était. Ils fondèrent les mêmes espoirs sur le ministre des Affaires étrangères, le très capable Lord Clarendon, qui devait négocier le traité à Paris avec l'assistance de Lord Cowley, ambassadeur de la reine auprès de l'empereur des Français.

Pour Palmerston donc, le traité avait surtout comme but d'exclure les Russes de la Turquie, visant à contenir la Russie partout dans les limites de ses frontières. Avec des garanties matérielles comme la neutralisation de la mer Noire (articles 11, 13 et 14) et l'exclusion de la Russie de tout contact avec les portions navigables du Danube et de ses tributaires (articles 15 et 20), auxquelles on pouvait ajouter le retrait de la Russie de la Moldavie (article 21), Palmerston

---

[1] *Ibid.*
[2] Brian Connell, *Regina V. Palmerston, The Correspondence between Queen Victoria and her Foreign and Prime Minister 1837-1865*, London, 1962, pp. 153-154. Sur la politique étrangère de Napoléon III et ses rapports avec la Grande-Bretagne, voir le résumé des travaux récents donné par Pierre Milza, *Napoléon III*, Paris, 2004, pp. 305-333.

avait largement atteint son but en dépit du désir de la France de terminer la guerre et de se rapprocher le plus rapidement possible de la Russie. Palmerston réussit non sans difficulté à faire accepter par Napoléon III le traité d'alliance du 15 avril 1856, unissant la France, l'Autriche et la Grande-Bretagne dans le but de maintenir vivante la coalition de ces trois puissances, afin de renforcer et d'appliquer, par l'usage de la force si besoin était, les dispositions du traité de Paris. À cette alliance se joignirent par la suite la Sardaigne et la Suède. De cette manière est né ce que l'on a pu appeler le « système de Crimée », dont le but était de verrouiller la Russie dans ses frontières.[1]

Lors des négociations, Clarendon tâcha d'aplanir les obstacles qui se présentaient à tout moment entre la France et la Grande-Bretagne à propos des dispositions du traité de Paris et de leur application. Il insista auprès de Walewski pour que fût respecté le nombre de six avisos que chaque puissance contractante entretiendrait dans la mer Noire (article 2 de la convention séparée), une stipulation qui visait tout particulièrement la Russie[2]. La question la plus grave qu'il eut à soulever avec Walewski concernait la participation de la Prusse au congrès. Il avait été convenu entre les deux puissances que la Prusse, en tant que signataire de la convention des Détroits de 1841, serait invitée à participer à la révision de cette convention contenue dans le nouveau traité de paix. Mais la France voulait admettre la Prusse au congrès avant que ne soient réglés les autres aspects du traité. Clarendon s'y opposa avec fermeté et obtint gain de cause, après avoir menacé de ne pas assister à la prochaine séance des plénipotentiaires si les Prussiens étaient présents[3]. Une formule fut trouvée pour introduire la participation de la Prusse au traité sans qu'elle soit mise sur le même pied que les autres puissances contractantes. Clarendon invoquait, soit l'opposition de Palmerston, soit le mécontentement probable en Angleterre pour appuyer ses positions. Après la signature du traité le 30 mars par toutes les puissances contractantes (sauf la Prusse, qui ne signa que l'acte « additionnel et transitoire » concernant la convention des Détroits et l'annexe concernant

---

[1] W.E. Mosse, *The Rise and Fall* ..., *op. cit.*, pp. 34-43.

[2] Archives Walewski : Clarendon à Walewski, 14 mars 1856. Je remercie le comte Walewski et le baron G. Ameil d'avoir mis à ma disposition des photocopies des lettres inédites de Clarendon à Walewski écrites à Paris en mars-avril 1856.

[3] *Ibid*, Clarendon à Walewski, Hôtel du Louvre, 21 mars 1856 (avec annotation, sans doute de la main de Walewski, « Reçue le 22 à 10 heures »).

le renouvellement de cette convention), Clarendon demanda à Walewski de bien vouloir dire à Napoléon III que Palmerston était satisfait du traité[1].

Ce n'était guère là le sentiment de la reine Victoria. Écrivant à Palmerston le jour même de la signature du traité, elle lui déclarait :

> « Ce qui réconcilie la reine à la paix, qui n'est pas de son goût, est la conviction que la France n'aurait pas continué avec nous, et, qu'entravés ainsi, nous n'aurions obtenu aucun des succès que nous avions tant de raisons d'espérer obtenir. La reine est convaincue que la guerre n'aurait pas été continuée par la France, et ainsi nous devons être heureux d'avoir obtenu une paix comme celle-ci. »[2]

Tout en étant satisfait en général du traité auquel il avait eu une si grande part, Palmerston était sans illusion sur sa durée. À Clarendon il déclarait que la Russie n'avait fait la paix qu'afin de faire la guerre par la suite. La Russie restait à ses yeux une puissance redoutable, et, lorsqu'elle aurait prudemment développé ses immenses ressources naturelles, elle serait en état de nouveau « de mettre en danger les grands intérêts de l'Europe[3] ». « La Russie se recueille », aurait dit Gortchakov après le rétablissement de la paix. Palmerston voyait au-delà de cette période de « recueillement » nécessaire.

Ensuite, Palmerston s'était bien aperçu, et il n'était pas le seul parmi les diplomates anglais, au cours des négociations du traité de paix et de celui du 15 avril 1856, que Napoléon III était loin de partager son désir de mettre en place une coalition anti-russe permanente. La diplomatie britannique savait que l'empereur tentait de se rapprocher le plus rapidement possible de la Russie, l'ennemie de la veille, dans l'intérêt de sa politique italienne dirigée contre l'Autriche, dont la médiation avait pourtant fait pencher la balance en faveur de la France et de la Grande-Bretagne dans la guerre de Crimée. Face à ces considérations, Palmerston exprimait ses doutes sur la durée du « système de Crimée ». Selon certains, il aurait même déclaré que le système ne durerait que sept ans[4].

À Londres, la proclamation de la paix fut huée à Temple Bar. Pourtant, l'opinion publique commençait à changer au sujet de la

---

[1] *Ibid*, Clarendon à Walewski, 1er avril 1856.

[2] Traduction par l'auteur du texte de la lettre de la reine publiée par Brian Connell, *Regina v ; Palmerston ...*, *op. cit.*, pp. 192-193.

[3] W.E. Mosse, *op. cit.*, p. 2.

[4] *Ibid.*, p. 3.

guerre. L'Empire ottoman était de plus en plus déconsidéré, car il condamnait des terres riches et utiles à l'ignorance et au déclin économique. En 1870, le *Daily News* déclarait que « les guerres pour le maintien de l'équilibre des puissances, pour restreindre le développement d'un pays fort et pour raffermir les infirmités d'un État faible, nous semblent anachroniques »[1]. Cette attitude devait changer de nouveau en 1870, lorsque, profitant de la guerre franco-allemande, la Russie abrogea unilatéralement les clauses du traité de 1856 neutralisant la mer Noire. Sans effacer le sentiment anti-russe, les massacres turcs en Bulgarie en 1876 détruisirent ce qui restait de sympathie pour l'Empire ottoman. En 1907, la Grande-Bretagne s'allia avec la Russie de Nicolas II, et la Turquie passa du côté de l'Allemagne et de l'Autriche-Hongrie. Ironie du sort, qui aurait fait retourner Palmerston dans sa tombe, les traités secrets de 1915 accordaient Constantinople aux Russes. La politique anglaise avait bien changé en l'espace d'un demi-siècle. Mais n'était-ce pas Palmerston qui disait que les États « n'ont point d'amis permanents, seulement des intérêts permanents ? »

---

[1] *Ibid.*, pp. 3-4.

Vadim Roginsky

LA RUSSIE ET LES RÉSULTATS DU TRAITÉ DE PARIS

Les événements qui se sont déroulés de 1853 à 1856 ont eu, il est inutile d'insister sur ce point, une portée considérable sur le développement de la Russie au XIXe siècle. Aujourd'hui, 150 ans après ces événements et grâce au travail de nombreux historiens dans le monde, beaucoup de documents, militaires et diplomatiques, ont été publiés et nous savons presque tout sur la guerre de Crimée et sur le congrès de Paris. Il faut cependant constater, en ce qui concerne la Russie, un fait peu compréhensible : le dernier ouvrage fondamental scientifique sur la guerre de Crimée et sur le traité de Paris fondé sur une étude scrupuleuse des sources, archives incluses, remonte à la seconde guerre mondiale. Il s'agit de deux gros volumes, publiés par l'éminent spécialiste soviétique Eugène Tarlé en 1941-1943[1], puis réédités jusqu'en 2002 et 2004-2005 (dates des dernières éditions à Moscou). Outre cet ouvrage de référence, nous ne pouvons compter sur le sujet qu'une douzaine de livres et quelques articles, y compris les nouvelles biographies de l'empereur Nicolas Ier[2].

Si nous savons presque tout sur la guerre de Crimée, le déroulement des hostilités et les négociations diplomatiques, restées actives

---

[1] Тарле Е.В., *Крымская война*, t. 1-2, Moscou-Léningrad, 1941-43. Тарле Е.В., *Крымская война*, t. 1-2, Moscou-Léningrad, 2e édition, 1950.

[2] Cf. la traduction du livre d'Henri Troyat (Troyat, Henri, *Nicolas Ier*, Perrin, 2000) : Труайя, Анри, *Николая I*, Moscou, 2002. En 2003 (2e édition en 2006), une biographie de Nicolas Ier fut publiée dans la série populaire « La vie des hommes remarquables », écrite par Leonid Vyskotchkov : Выскочков, Леонид. *Николай I. Издание второе, исправленное*, Moscou, 694 p.

pendant le conflit, ainsi que sur le traité de 1856, il nous reste à apprendre beaucoup sur des détails qui peuvent, non pas changer les notions générales que nous avons de cette guerre, mais parfois corriger ou préciser certains faits et mieux comprendre leur corrélation.

Je citerai par exemple – notons que les historiens des grands puissances ignorent parfois les résultats des recherches de collègues de pays plus petits – le problème complexe en ce temps-là de la région de la mer Baltique et du Nord de l'Europe, qui constituait l'un des champs de bataille de cette guerre, situé géographiquement et stratégiquement très près du centre politique, culturel et économique de l'Empire russe, de sa capitale, Saint-Pétersbourg.

Je voudrais ici essayer d'analyser la signification pour la Russie de la guerre de Crimée, du congrès et du traité de Paris. Ces événements sur une grande échelle ont influencé considérablement l'histoire de la Russie, ont changé le paradigme de sa voie historique.

J'aborderai les questions suivantes :

– Pourquoi la guerre de Crimée a t'elle eu lieu ?
– Quelle était la caractéristique de cette guerre ?
– Pourquoi la Russie a-t-elle perdu la guerre ?
– *Le plus important pour nous aujourd'hui* : quels ont été les résultats et les conséquences de la guerre, du congrès et du traité de Paris ?
– Quelle a été la signification pour la Russie du théâtre baltique, ou plus généralement du théâtre des hostilités au nord de l'Europe ?

Les causes de la guerre de Crimée sont nombreuses. C'est, d'une part, l'expansionnisme de Nicolas Ier, qui, suivant la politique traditionnelle de l'Empire russe, voulait agrandir l'influence, voire le territoire russe aux dépens de l'Empire ottoman, « l'homme malade de l'Europe », selon sa propre expression. D'autre part, c'est l'intention ferme des pays occidentaux, la Grande Bretagne et la France, de préserver l'intégrité de l'Empire ottoman, comme rempart contre la Russie et aussi dans leur propre intérêt. Mais les plans d'hégémonie mondiale ou, du moins, européenne, imputés à la Russie, n'ont existé que dans l'imagination de quelques publicistes d'Europe occidentale. Aussi les occidentaux et les Turcs ont-ils essayé d'exploiter, dans leurs visées contre la Russie, la guerre de Caucase, la lutte des peuples du nord de Caucase contre la domination russe.

Nous ne devons pas ignorer l'aspect religieux de cette question d'Orient, le désir traditionnel de la Russie orthodoxe d'aider ses coreligionnaires, non seulement slaves, grecs, moldaves et valaques de la région du Danube et des Balkans, mais aussi arméniens de Transcaucasie. Dans cette dernière direction, la Russie avait obtenu certains succès, car vers le milieu du XIXe siècle la Géorgie et le nord de l'Arménie étaient déjà annexés par l'Empire russe. Le prétexte de la guerre rappelle le prétexte des guerres religieuses du Moyen Âge. Naturellement, un conflit a bien éclaté entre les églises orthodoxes et catholiques pour l'accès aux « Lieux saints », mais il ne s'agissait là que d'un prétexte et non de la cause décisive de la guerre, parce que tout était beaucoup plus complexe.

Cette guerre qui a reçu le nom de *guerre d'Orient* ou de *guerre de Crimée* a été en réalité une guerre « normale », dont les buts, pour les parties belligérantes, n'étaient pas idéologiques. On ne doit pas en faire la guerre de l'orthodoxie contre l'islam et le catholicisme, comme le prétendent certains historiens modernes en Russie et en Ukraine.

La cause immédiate de la guerre déclarée par la Grande Bretagne et la France à la Russie est la destruction par la marine russe de la flotte turque près de Sinope, d'où les Turcs préparaient une descente vers la région d'Anapa pour porter secours aux Caucasiens.

La guerre de Crimée a été presque une guerre mondiale. Les quatre puissances les plus développées y ont pris part : d'un côté, l'Empire russe, le plus grand pays du monde, de l'autre, les deux plus grandes puissances de l'Europe, la Grande-Bretagne et l'Empire français, avec l'Empire ottoman qui, nonobstant un état de crise permanent, était aussi, en ce temps-là, une grande puissance avec des ressources énormes. Puis la Sardaigne est entrée dans la coalition antirusse pour ses propres intérêts. Deux autres grands pays d'Europe, au centre l'Autriche, au nord « les royaumes unis de Suède et de Norvège » étaient prêts à abandonner leur politique de neutralité. L'Autriche, non seulement inclinait du côté des alliés, mais encore menaçait la Russie d'entrer en guerre, à la grande déception de Nicolas Ier, qui avait sincèrement foi en la cour de Vienne qu'il croyait son alliée. C'est cet aveuglement de l'empereur qui a conduit la Russie à l'impasse. Parmi les puissances européennes, la Prusse est restée neutre. Ainsi, cas unique dans l'histoire moderne de la Russie, l'empire des tsars est entré en guerre contre presque toute l'Europe. Les hostilités ont eu lieu dans la région de la mer Noire, en Crimée, dans la région de la mer Baltique, la mer Blanche, en Transcaucasie et même dans le lointain Kamtchatka. Mais toutes ces hostilités sont restées assez locales, très loin des centres politiques, économiques et culturels de la Russie. La campagne principale autour de Sébastopol, elle-même – la chute de la ville a auguré de la fin du conflit – n'aurait pas dû avoir, d'un point de vue stratégique, la signification qu'elle a reçue pour l'issue de la guerre.

Les causes de la défaite de la Russie

La politique aveugle de Nicolas Ier est l'une des causes essentielles des défaites de la Russie. L'empereur était comme ensorcelé par l'illusion de la puissance russe, par la brillante façade de l'empire, par son armée considérable, par les victoires remportées contre Napoléon le Grand puis contre les Turcs, les Perses, le Polonais et les Hongrois révoltés. Ensuite, il se croyait un grand diplomate et pensait qu'en s'appuyant sur la force, il ruinerait, par la voie diplomatique, les intrigues des pays occidentaux. Enfin, il croyait que l'alliance entre Napoléon III et la Grande-Bretagne était une chose entièrement impossible.

Le pouvoir absolu a joué à Nicolas Ier un mauvais tour. Le tsar n'était pas corrompu, il continuait à être le premier serviteur de l'État, mais sa vue s'était obscurcie. Tout l'organisme étatique, toute la société, il les concevait comme une armée dont il aurait été le commandant en chef. Il croyait sincèrement qu'une colonne militaire fermement dirigée marche d'un pas plus rapide qu'une foule chaotique, non dirigée d'une main sévère. Il ne comprenait pas les ressorts du développement économique et social d'une société moderne et n'admettait pas que l'économie, l'État et les personnes puissent être dirigés autrement que par les principes du pouvoir direct.

L'empereur a, de plus en plus, pris ses désirs pour la réalité. Vers la fin, nous le savons, il n'évaluait pas bien le rapport des forces en Europe et dans le monde. Quant aux problèmes internes de la Russie, il sentait la nécessité de transformations sérieuses et avait même tenté de réaliser, notamment, une réforme des finances et du code de lois. Il comprenait l'avilissement que représentait le servage, il créa des commissions pour étudier son abolition, dans le secret le plus absolu, mais sans aboutir à une décision. Il ne comprenait pas cependant le mouvement de modernisation qui a embrasé l'Europe occidentale au XIXe siècle en matière économique et politique.

Il faut dire que la Russie n'a pas eu de chance, car la révolte avortée des décembristes en 1825 l'avait menée dans une impasse pendant presque trente ans en bloquant toutes les réformes profondes, même si une partie de l'élite russe, y compris l'empereur lui-même, comprenait la nécessité des changements. Mais pour Nicolas Ier, ces changements passaient par l'instauration d'un ordre quasi militaire, comme la création du système des ordres dans l'administration. Sa mentalité militaire ne lui permettait pas de chercher l'issue dans la voie de la modernisation. La corruption, la spéculation et la dilapidation des fonds de l'État, alors florissants, Nicolas Ier croyait pouvoir les réparer aussi par des méthodes militaires et policières.

La défaite de la Russie s'explique avant tout par le fait que, derrière la brillante façade de l'empire, régnait la corruption. D'un point de vues social, politique, mais avant tout, économique ou plutôt technologique, les trente ans du règne de Nicolas Ier ont fait stagner la Russie. La différence technologique entre la Russie et les pays développés d'Europe occidentale s'est creusée, ce qui, fatalement, s'est reflété sur l'état de l'armée et de la marine. Les armes, l'artillerie étaient vieillies. La force principale de la marine résidait encore dans les navires à voiles. Et ce retard technologique ne pouvait pas être compensé par la très haute qualité au combat des soldats et des matelots russes.

La campagne autour de Sébastopol a été placée au centre des hostilités. Les autres champs de bataille – la mer Baltique, la Transcaucasie, la mer Blanche, le Kamtchatka – sont restés à la deuxième place, même si les attaques de la marine britannique et française contre les Aland et les côtes de la Finlande se déroulaient non loin de la capitale de l'Empire russe. Mais ces attaques n'étaient que des piqûres d'épingles : ni en 1854, ni en 1855, les alliés n'ont fait de tentative sérieuse d'organiser une descente sur le territoire proche de Saint-Pétersbourg, ce qui aurait pu entièrement changer le caractère de la guerre. L'activité des alliés dans le Nord de l'Europe avait pour but de faire renoncer à sa politique de neutralité l'État que l'opinion de l'Europe occidentale considérait comme l'ennemi naturel de la Russie et dont l'intervention aurait pu être décisive sur l'issue de la guerre – la Suède, où, plus exactement, « les Royaumes unis de la Suède et de la Norvège », selon la désignation officielle à la suite de l'union des deux royaumes en 1814-1815.

L'opinion publique en Suède (pas en Norvège) était alors hostile à la Russie. En Suède, on suivait très attentivement les évènements de la guerre orientale. Le jour où la nouvelle de la prise de Sébastopol est arrivée à Stockholm, les habitants de la ville se sont livrés à des démonstrations de joie. Les activistes suédois rêvaient d'une revanche contre la Russie et de reprendre la Finlande, et ils tentèrent de faire pression sur le roi Oscar Ier et le gouvernement, qui n'étaient guère disposés à abandonner la politique de neutralité et à risquer une nouvelle guerre contre le voisin oriental. Compromis entre la position circonspecte du gouvernement suédois et la pression des alliés, un traité fut signé le 21 novembre 1855 à Stockholm entre la France, la Grande-Bretagne et « les Royaumes unis de Suède et de la Norvège ». Ce traité était appelé « traité d'alliance », et l'on peut penser, non sans raison, que cette alliance était dirigée contre la Russie. Mais, l'analyse du contenu du texte montre que cette alliance était assez étrange et qu'elle ne supposait pas l'accession immédiate des Royaumes unis à la coalition contre la Russie et leur entrée dans la guerre.

Du côté de la France et de la Grande Bretagne, les signataires du traité sont les représentants de ces puissances à Stockholm, Charles Victor Lobstein et Arthur Charles Magenis, du côté de la Suède et de la Norvège, leur ministre des Affaires étrangères, le baron Stierneld. Le traité est très court et ne comporte qu'un préambule assez vague et trois articles. Les parties contractantes « désirant prévenir toute complication de nature à troubler l'équilibre européen, ont résolu de s'entendre dans le but d'assurer l'intégrité des Royaumes unis de Suède et de Norvège » : pas un seul mot sur la Russie et la guerre ! Dans l'article premier, les Royaumes unis s'engagent unilatéralement à ne pas céder de territoire à la Russie :

« S.M. le roi de Suède et de Norvège s'engage à ne céder à la Russie, ni à échanger avec elle, ni à lui permettre d'occuper aucune partie des territoires appartenant aux couronnes de Suède et de Norvège. S.M. le roi de Suède et de Norvège s'engage en outre à ne céder à la Russie aucun droit de pâturage, de pêche ou de quelque autre nature que ce soit, tant sur les dits territoires que sur les côtes de Suède et de Norvège et à repousser toute prétention que pourrait élever la Russie à établir l'existence d'aucun des droits précités. »

L'article 2 précisait les conditions de d'application du traité :

« Dans le cas où la Russie ferait à S.M le roi de Suède et de Norvège quelque proposition ou demande, ayant pour objet d'obtenir, soit la cession ou l'échange d'une partie quelconque des territoires appartenant aux couronnes de Suède et de Norvège, soit la faculté d'occuper certains points des dits territoires, soit la cession de droit de pêche, de pâturage ou tout autre sur ces mêmes territoires et sur les côtes de Suède et de Norvège, S.M. le roi de Suède et de Norvège s'engage à communiquer immédiatement cette proposition ou demande à S.M. l'empereur des Français et à S.M. britannique, et Leurs dites Majestés prennent de Leur côté l'engagement de fournir à S.M. le roi de Suède et de Norvège des forces navales et militaires suffisantes pour coopérer avec des forces navales et militaires de Sa dite Majesté dans le but de résister aux prétentions ou aux agressions de la Russie. La nature, l'importance et la destination des forces dont il s'agit seront, le cas échéant, arrêtées d'un commun accord entre les trois puissances. »

Le troisième article n'indique que l'échange des ratifications[1]. Et c'est tout. Nous savons maintenant, grâce aux recherches de l'historien suédois Carl Fredrik Palmstierna dans des archives russes clandestines en 1928-1930, que l'idée des plans russes d'annexion du Nord de la Norvège n'est qu'un mythe[2].

Ce mythe a une longue et intéressante histoire. Il a été lancé par les Anglais dans les années 1830 et a été repris en Suède pendant la guerre de Crimée, avec la critique acharnée de la « politique de 1812 » du prince royal de Suède Charles-Jean, allusion à Bernadotte, qui, en 1812, au lieu de jouer le rôle de lieutenant de Napoléon au Nord de l'Europe et de prendre part à la campagne contre la Russie, avait préféré ouvrir la voie – fait tout à fait nouveau dans la politique extérieure de la Suède – à l'alliance avec la Russie. La critique de la « politique de 1812 » était étroitement liée à la propagation de la menace de l'annexion par la Russie de la province de Finnmark au nord de la Norvège. Le but de cette annexion aurait été d'établir une base navale dans un port norvégien qui avait la particularité de ne jamais geler, dirigée contre la Grande-Bretagne. Ce fait a eu une grande répercussion sur l'opinion publique suédoise et sur le gouvernement d'Oscar Ier, fils de Bernadotte et deuxième roi de cette maison[3]. Outre les brochures et les articles de journaux suédois, ce mythe a reçu un nouvel élan grâce aux écrits, nombreux dans la presse européenne, du publiciste, diplomate et politicien suédois Sven Gustav Lallerstedt, dont l'ouvrage principal, écrit en français et

---

[1]   *Sveriges och Norges Traktater med främmande magter jemte andra ditt hörande handlingar*, édité par O.S. Rydberg, Stockholm, 1898, pp. 307-310.

[2]   Palmstierna, Carl Fredrik, *Sverige, Ryssland och England 1833-1855. Kring novembertraktatens förutsättningar* (*La Suède, la Russie et l'Angleterre. Sur les prémisses du traité de novembre*), Stockholm, Akademisk avhandling, 1932, 408 p.

[3]   Une des recherches les plus approfondies sur les liens entre la propagande, la presse et la politique extérieure de la Suède pendant la guerre de Crimée se trouve dans la thèse de doctorat d'un historien suédois, Sven Ericsson : Eriksson, Sven, *Svensk diplomati och tidningspress under Krimkriget* (*La diplomatie suédoise et la presse des journaux quotidiens pendant la guerre de Crimée*), Stockholm, P.A. Norstedt & Söner Förlag, 1939, 423 p.

publié en France, *La Scandinavie, ses craintes et ses espérances*, fut traduit en anglais et publié aussi en suédois et danois[1]. Ce livre présente pour le public européen un tableau général de la situation au Nord de l'Europe et ce n'est pas un hasard si, dès les premiers chapitres, Lallerstedt évoque les plans russes d'annexion du Finnmark.

Pendant la guerre de Crimée, l'opinion publique suédoise était favorable à la revanche contre la Russie. Les Suédois rêvaient de récupérer les territoires perdus au XVIIIe et au commencement du XIXe siècles, au moins la Finlande, envahie par les troupes russes en 1808-1809 et devenue un grand-duché autonome de l'empire (les tsars depuis Alexandre Ier jusqu'à Nicolas II portèrent le titre de grands-ducs de Finlande). Les Suédois croyaient que les Finlandais souhaitaient revenir sous la tutelle suédoise. L'opinion publique en Europe le croyait aussi, et même Palmerston, dans une déclaration fameuse, qui ne reflétait que ses rêves et non les plans réels du gouvernement britannique envers la Russie, croyait qu'un des résultats de la guerre victorieuse contre la Russie serait le retour de la Finlande à la Suède. Mais la vérité était tout autre. La politique sage et prévoyante, dès 1808, d'Alexandre Ier[2] puis de Nicolas Ier, envers la Finlande, la situation privilégiée de la Finlande et des Finlandais sous la domination russe, avaient eu pour effet que cette partie de l'empire était devenue l'une des plus calmes, et, pendant la guerre de Crimée, la population finlandaise se montra tout à fait loyale envers la Russie. Les attaques des flottes britannique et française contre le territoire finnois restèrent sans effet[3]. Un des seuls résultats de l'activité alliée dans la mer Baltique fut la destruction de la petite forteresse russe de Bomarsund dans les îles d'Aland, qui ne jouait aucun rôle stratégique pour la défense de l'Empire russe, mais pouvait servir une attaque russe contre la Suède, quelque improbable qu'elle ait été à ce moment là. Cela explique la signature à Paris d'une convention spéciale sur les îles d'Aland.

---

[1] Lallerstedt, Gustav, *La Scandinavie, ses craintes et ses espérances*, Paris, 1856, 404 p. *Idem* : *Skandinaviens, dess farhågor och förhoppningar. Efter franska hufvudupplagan med ändringar och tilläg*, Stockholm, 1856, 360 p. *Idem*, *Scandinavia ; its hopes and fears*, London, 1856, 216 p.

[2] Tommila, Päiviö, *La Finlande dans la politique européenne en 1809-1815*, Helsinki, 1962, 478 p.

[3] Runeberg, Carl Michael, *Finland under Orientaliska kriget* (*La Finlande pendant la guerre d'Orient*, en suédois), Helsingfors, 1962, 367 p.

Le traité de Paris prévoyait une disposition sans grande portée pour les parties en guerre contre la Russie, mais très importante pour les pays du Nord, la Suède avant tout. Il s'agit de la démilitarisation des îles d'Aland, qui fait l'objet de la troisième convention, jointe au traité principal. Selon le préambule de cette convention, cette démilitarisation était motivée par le fait que les parties contractantes voulaient « étendre à la mer Baltique l'accord si heureusement rétabli entre elles en Orient, et consolider par là les bienfaits de la paix générale ». L'article unique spécifiait que

« S.M. l'empereur de toutes les Russies, pour répondre au désir qui Lui a été exprimé par L.M. l'empereur des Français et la reine du Royaume-Uni de Grande Bretagne et d'Irlande, déclare que les Îles d'Aland ne seront pas fortifiées, et qu'il n'y sera maintenu ni créé aucun établissement militaire ou naval. ».

Il est évident que, pour l'Angleterre et pour la France, l'archipel, situé assez loin de leurs territoires, n'avait qu'un rôle militaire ou naval assez médiocre, et qu'en cas d'une nouvelle guerre entre ces deux puissances occidentales et la Russie, il ne représentait qu'un intérêt limité, voire n'avait aucune signification. Mais dans ce cas-là, pourquoi les alliés ont-ils proposé et la Russie a-t-elle consenti à cette clause, qui rappelle la démilitarisation de la mer Noire, à un degré moindre naturellement ? De mon point de vue, on cherchait à améliorer la situation au Nord de l'Europe, assez tendue après le traité de novembre. Cette convention sur les Aland a, en tout cas, contribué à la consolidation de la politique de neutralité de la Suède, qui après la guerre de Crimée, est devenu une tradition. Le statut démilitarisé des îles d'Aland, qui appartiennent maintenant à la Finlande, s'est conservé jusqu'à nos jours.

Pour la Russie vaincue, le bilan est, *a priori*, négatif. Mais le traité de paix n'impose pas des conditions aussi rudes qu'on pourrait le penser. Ce qui est humiliant pour l'opinion russe, avant tout, c'est la démilitarisation de la mer Noire et les concessions territoriales en Moldavie et Transcaucasie, non seulement parce que cette opinion est alors assez patriote, ou plutôt nationaliste et même fondamentaliste, mais aussi parce c'est la première défaite sérieuse de l'Empire russe dans une grande guerre.

Mais la défaite a eu un effet positif : elle a forcé la Russie à prendre la voie de la modernisation dans tous les branches de la vie économique et politique. Par exemple, on sait le rôle immense qu'ont joué, pour le développement, les progrès dans les transports, particulièrement ferroviaires. L'essor des chemins de fer a eu, pour la Russie et ses immenses espaces, une très grande importance, non seulement sur le plan économique, mais aussi militaire et stratégique. Les décennies après la guerre sont caractérisées par la croissance rapide du réseau, qui passa de 1500 verstes, en 1861, à 28 000 verstes en 1891. Les chemins de fer ont assuré la liaison entre les centres industriels les plus importants de la Russie et, par suite, leur développement.

Après le traité de Paris, la Russie a donc su se recueillir et faire des pas assez sérieux dans le sens de la modernisation. Elle devait rattraper le temps perdu pendant le règne de Nicolas Ier. Le principal a été l'abolition du servage en 1861 mais bien d'autres réformes ont été entreprises après 1856. La conclusion de la paix de Paris a donné aussi la possibilité de restaurer la paix au Caucase, de terminer cette guerre presque éternelle contre les peuples caucasiens. Par ailleurs, la démilitarisation des Aland a joué un rôle positif pour la détente au nord de l'Europe. Il n'a pas fallu beaucoup de temps à la Russie pour réparer ses pertes et la blessure nationale infligée par la défaite. Elle a su rattraper le temps perdu pendant le règne de Nicolas Ier. La défaite de Crimée et le traité de Paris ont été pour elle, paradoxalement, un médicament amer mais utile, comme le montre l'analyse du développement de l'empire dans les années suivant la fin du conflit.

Klaus Koch

L'AUTRICHE AU CONGRÈS DE PARIS

Encore aujourd'hui, il est probable que la politique autrichienne durant la guerre de Crimée sera considérée comme un grand échec, comme le grand échec du XIXe siècle. Cette image déformée est le résultat de l'impression qu'ont donnée l'évolution de la situation politique et l'isolement de l'Autriche durant les années qui ont suivi la guerre. Pour ma part, je considère au contraire que la politique autrichienne durant la guerre de Crimée et durant la conférence de paix de Paris a été couronnée de succès, et ce d'autant plus qu'aucune puissance n'est vraiment sortie vainqueur de la conférence de Paris et que l'Autriche n'avait pas participé activement à la guerre. La Prusse, qui se trouvait dans une situation comparable, s'en est beaucoup moins bien sortie. Et ce n'est que grâce à l'influence de l'Autriche qu'elle était représentée à Paris.

La politique de l'Autriche durant la guerre de Crimée a deux grandes caractéristiques : premièrement, l'expansion de sa puissance dans les Balkans et deuxièmement, sa volonté anxieuse de résister à toutes les revendications constitutionnelles et nationales, en Moldavie et Valachie et en Italie.

Le premier point explique l'opposition avec la Russie, l'adversaire naturel de l'Autriche dans les Balkans. D'un point de vue idéologique, tout un pan du gouvernement et du cabinet autrichiens, notamment la clique militaire conservatrice et l'empereur lui-même, se sentait plus proche de l'empire tsariste que des puissances occidentales libérales. Étaient favorables à une coalition avec l'Angleterre et la France, essentiellement le ministre autrichien des Affaires étrangères, Buol-Schauenstein, et son influent ambassadeur à Paris le baron Hübner qui, sans être anti-russes, étaient pro-occidentaux, favorables à l'orientation européenne. Ce dualisme de la politique autrichienne durant la guerre se manifestait également dans les conceptions de l'attaché militaire nommé à Paris aux côtés de Hübner. L'envoi à Paris de cet officier de haut rang, décidé sur la demande de Napoléon III, renforça le groupe qui, à Vienne, s'opposait à ce que l'Autriche jouât un rôle aux côtés des puissances occidentales. Cet attaché militaire n'était même pas autorisé à informer Hübner et la Ballhausplatz. Cela met en évidence le rôle joué par la toute puissante chancellerie militaire viennoise à l'époque. En effet la chancellerie militaire, qui était sous l'autorité du général Grünne, était l'organe principal à Vienne, à cette époque où régnait un quasi-absolutisme.

Le deuxième aspect principal de la politique autrichienne s'est manifesté pour la première fois lors de la conférence de Paris. C'était la volonté anxieuse d'empêcher toutes les tentatives constitutionnelles et nationales. Ainsi, l'Autriche ne souhaitait aucune discussion sur la question italienne, ce qui constituait un problème du fait de la présence de Cavour, représentant du Piémont-Sardaigne. En outre, l'Autriche a tout fait, durant la conférence, pour empêcher l'unification de la Moldavie et de la Valachie, qui, selon elle, devaient rester séparées, sous la supervision de l'Empire ottoman, et de l'Autriche. Cette approche était plutôt anachronique pour le milieu du XIXe siècle.

Avant l'ouverture de la conférence de paix de Paris, l'Autriche avait réussi à devenir une sorte de médiateur entre les puissances belligérantes, ce qui n'a pas manqué d'étonner certains à Vienne, l'Autriche n'ayant pas participé activement à la guerre, et ayant même, durant les derniers mois, procédé à un désarmement de ses forces, entraînant le mécontentement de la France. Les préliminaires du 14 novembre 1855, portaient clairement la marque de Vienne : premièrement, aucune modification de l'ordre interne des principautés du Danube ; deuxièmement, la cession de la Bessarabie par la Russie ; troisièmement, la neutralisation de la mer Noire ; quatrièmement, la solution de toutes les questions religieuses dans les Balkans sans la Russie tsariste.

À l'origine, l'Angleterre était opposée à ce que l'Autriche joue ce rôle moteur. Elle finit par l'accepter en insistant sur le cinquième point, les « conditions particulières » dans lesquelles Napoléon III avait supprimé les plans révisionnistes en Pologne et en Italie, ce qui allait dans le sens des intérêts autrichiens. Parallèlement, Buol a essayé d'obtenir la participation de la Prusse à la conférence, en dépit du veto de l'Angleterre qui était toujours furieuse de la neutralité de Berlin pendant la guerre. Finalement, Vienne a demandé à la Russie d'accepter les préliminaires sans aucun changement. Ce faisant, Vienne utilisait le seul outil à sa disposition, les pressions diplomatiques, l'option militaire n'étant plus envisageable du fait de la réduction de l'armée au cours du mois écoulé. La Russie a cependant accepté les préliminaires. Dans ces conditions, la négociation du traité de paix de Paris pouvait commencer.

Au même moment, l'Autriche essayait de mettre en place une alliance occidentale durable avec l'Angleterre et la France, plus ou moins pour remplacer l'alliance orientale qui avait été brisée après l'ultimatum lancé à la Russie. Plus que jamais auparavant et plus que jamais par la suite, l'empereur des Français avait opté en faveur de l'Autriche, et était impliqué dans la formulation des objectifs des négociations à Paris. Jamais auparavant ni par la suite, Napoléon III ne s'est autant impliqué dans la politique étrangère autrichienne. Les délégués de l'Autriche étaient le comte Buol et Hübner, l'ambassadeur à Paris. Le premier objectif était le suivant : les principautés devaient rester séparées et dans l'avenir, toutes les institutions modernes, libérales et démocratiques devaient en être exclues. Contrairement à la Russie, l'Autriche a essayé de faire valoir son influence, de l'élargir, notamment en stationnant des troupes autrichiennes dans le delta du Danube. Le deuxième objectif était d'accorder différents droits à l'Autriche afin d'éviter la crise de l'Empire ottoman. Le troisième était de ne pas discuter de la question italienne et de se limiter complètement à l'ultimatum et aux préliminaires. Le quatrième objectif consistait à renforcer l'alliance occidentale et éventuellement, à signer un traité à trois, faisant suite au traité de paix, par lequel l'Angleterre, la France et l'Autriche devraient garantir pour l'avenir l'intégrité de l'Empire ottoman. L'aspect le plus dangereux se révéla être l'activité diplomatique dynamique de Cavour durant la conférence.

La Conférence elle-même fut la plus grande conférence depuis 1815. Bien souvent, notre littérature en Allemagne et en Autriche souligne le fait que cette conférence a été très simple et professionnelle par opposition à l'éblouissante conférence de Vienne. De fait, les participants sont rapidement arrivés à un résultat permettant de satisfaire toutes les parties. Malgré toute la détermination de l'Autriche, la Prusse a été plus ou moins exclue de la conférence, ce qui fut avant tout le résultat de l'attitude de Londres. Vienne a considéré l'absence de la Prusse comme le premier échec de la conférence.

Comme les diplomates autrichiens s'y attendaient, ce fut la France, et surtout Napoléon III, qui essayèrent à plusieurs reprises de lier l'avenir des principautés du Danube à la question italienne. Ce fut véritablement le point qui compliqua la position autrichienne durant les négociations. Le deuxième point, encore plus dangereux, était que l'Angleterre et la France firent valoir le désir national des populations à l'occasion de la conférence. C'était une véritable catastrophe pour l'empire autrichien pluriethnique. Cela ne s'était jamais produit auparavant et il est aisé de concevoir ce que cela signifiait pour l'Autriche. Après des négociations longues et difficiles, l'Autriche ne put réussir qu'à contenir l'influence russe. En outre, Vienne devait accepter pour la première fois l'idée du nationalisme comme principe d'une conférence internationale. De manière indirecte, c'était une victoire manifeste de Napoléon III en personne. Il n'y eut pas non plus d'effort réel de la part de l'Autriche concernant son souhait de stationner des troupes dans la région du Danube. L'Autriche ne put obtenir un certain succès qu'au sujet de la délimitation de la frontière et du maintien de la Russie sur la rive gauche du Danube. Un renforcement de son propre pouvoir dans les Balkans n'était pas possible. Au contraire, l'Autriche fut contrainte de mettre un terme à son occupation des principautés du Danube et de retirer ses troupes immédiatement. Les négociations concernant cette question furent très dures et elles durèrent plus longtemps que la conférence dans son ensemble.

Durant la conférence, il est apparu clairement que Buol et Hübner n'ont pas réussi à interdire toute discussion sur la question italienne. Comme je l'ai déjà dit plus tôt, Napoléon était personnellement très ouvert aux demandes de Cavour. Ainsi, Napoléon a essayé de suggérer une transaction frontalière impliquant le retrait autrichien de l'Italie en échange des principautés danubiennes. L'Autriche refusa que ce point soit mis à l'ordre du jour de la conférence. Elle était consciente du fait qu'il s'agissait là d'une bombe à retardement.

En outre, un rapprochement entre la France et la Russie s'est très vite opéré au détriment de l'Autriche. Ce danger, ainsi que le risque d'isolement de l'Autriche, ont semblé écartés grâce à la signature du traité à trois entre la France, l'Angleterre et l'Autriche. François-Joseph considérait le traité de Paris comme un bon compromis et il écrivit qu'il avait toutes les raisons d'être satisfait. En fait, le traité n'était pas, et de loin, à la hauteur des attentes et des exigences de l'Autriche. L'opinion de Buol était donc plus réticente. Le traité ne réussit pas à empêcher l'isolement de l'Autriche. Comme l'avenir le montrera, le nouveau système européen n'a jamais été mis en œuvre, il est resté un simple document sans véritable conséquence politique.

La révolution politique et diplomatique n'a donc guère duré plus longtemps que la guerre de Crimée et n'a eu aucun effet sur l'avenir. Pour l'Autriche, il en est résulté de mauvaises relations avec la Prusse et ce fut Bismarck qui, après la guerre de Crimée, après la politique viennoise, écrivit que l'Allemagne était trop petite pour les deux pays. En fin de compte, le traité de Paris a entraîné une coopération à court terme entre l'Autriche et l'Angleterre sur la question orientale, sans apporter de changement fondamental dans la position de l'Autriche sur l'échiquier européen.

Winfried Baumgart

LE RÔLE DE LA PRUSSE
AU CONGRÈS DE PARIS

Au XIXe siècle, la Prusse n'a jamais eu – contrairement aux autres grandes puissances – un intérêt direct dans la question d'Orient. Mais elle y a toujours eu un intérêt indirect très marqué. La Prusse a utilisé les contradictions des autres puissances pour offrir ses bons offices et son arbitrage – voir le Général Müffling, pendant les négociations de la paix d'Andrinople en 1829 ou Bismarck au congrès de Berlin en 1878. Mais elle a eu intérêt à ce que ces contradictions s'endormissent pour qu'elle pût se faire payer ses bons offices par des gains au centre de l'Europe.

À première vue, la politique de la Prusse pendant la guerre de Crimée est chaotique et presque incompréhensible[1]. D'abord, une politique uniforme n'était pas possible pour des raisons structurelles, parce que la politique étrangère était conduite par beaucoup de personnes : par le roi Frédéric Guillaume, par le ministre des affaires étrangères Otto von Manteuffel ; par la *camarilla* (un petit groupe de conseillers autour du roi qui s'orientait vers la Russie) ; par le prince royal Guillaume et le parti appelé « Wochenblatt » (du nom du journal hebdomadaire qui portait ce titre).

Dans ce parallélogramme, les forces se neutralisaient les unes les autres, ce qui était justement l'intention du roi. Mais une telle politique était dangereuse dans une grande crise européenne parce qu'elle

---

[1] Kurt Borries, *Preußen im Krimkrieg*, Stuttgart, 1930. *Akten zur Geschichte des Krimkriegs*, Serie 2, *Preußische Akten zur Geschichte des Krimkriegs*, publiés sous la direction de Winfried Baumgart : vol. 1, Winfried Baumgart et Ana Maria Schop Soler, eds., Munich, 1991. – vol. 2. Winfried Baumgart *et al.*, eds., Munich, 1990.

ne pouvait être conduite *ad libitum* et *ad infinitum*. Tôt ou tard, des pressions extérieures pouvaient avoir des conséquences néfastes sur cette politique indécise et irrésolue et mettre la Prusse à la remorque d'une autre puissance. Les documents que j'ai publiés ces dernières années montrent clairement que la Prusse en était arrivée à ce point-là au tournant de l'année 1855/56. L'ultimatum autrichien de décembre 1855 à Saint-Pétersbourg ; le traité entre la Suède et les puissances occidentales en novembre 1855 ; les menaces françaises de transférer le théâtre de la guerre de la Crimée aux bords du Rhin ; les menaces anglaises très nettes de débarquer des troupes le long des côtes prussiennes dans la mer Baltique – tous ces indices faisaient comprendre au gouvernement de Berlin qu'on devait mettre un terme, une fois pour toutes, à la politique de l'autruche. Déjà plusieurs fois depuis le printemps de 1854, la Prusse s'était mise dans une impasse d'où elle avait toujours pu sortir. Mais au commencement de janvier 1856, ce n'était plus possible. D'après l'opinion contemporaine, la Prusse s'était exclue elle-même du concert européen. Il y a d'ailleurs une analogie avec la crise orientale de l'année 1840, lorsque la France était sciemment sortie du concert européen.

Comment s'est effectuée « la rentrée » – c'est l'expression des documents – dans ce concert ? Dans le mémorandum franco-autrichien du 14 novembre 1855 la façon de procéder des alliés envers la Prusse est déjà tracée[1] : « Le degré d'appui que la Cour de Berlin leur prêterait par ses démarches, pourrait lui rendre une place dans les négociations générales. » C'était ainsi que l'admission de la Prusse fut envisagée – assez vaguement – pour le cas où l'ultimatum des alliés serait accepté par la Russie. Dans le cas d'un refus, les alliés voulaient se concerter sur les mesures à prendre, et la Prusse aurait été admise à ces délibérations « dès qu'elle aurait rompu elle-même ses rapports avec la Russie. »

Après bien des tergiversations, la Russie accepta l'ultimatum des alliés le 16 janvier 1856. Ainsi la porte était ouverte pour des préliminaires et des négociations de paix. Les préliminaires furent conclus à Vienne le 1er février sans que la Prusse y prît part. Les négociations de paix commencèrent à Paris le 25 février sans que la Prusse y fût invitée. Mais dans les coulisses, la question fut discutée de savoir si la Prusse devait prendre part aux négociations européennes. L'Autriche,

---

[1] *Akten zur Geschichte des Krimkriegs*, Serie 1, *Österreichische Akten zur Geschichte des Krimkriegs*, sous la direction de Winfried Baumgart, vol. 3, Winfried Baumgart ed., Munich/Vienne, 1978, p. 105.

en tant que puissance allemande et voisine, s'exprima en faveur d'une participation. La réponse de Londres fut résolument négative : selon l'opinion du gouvernement britannique, la Prusse n'avait que mollement soutenu l'ultimatum ; sa politique, pour ce qui est de ses relations commerciales avec la Russie pendant la guerre, ne devait pas être récompensée ; dans les négociations à venir elle serait l'avocat de la Russie ; elle ne pourrait être invitée qu'au moment de la conclusion du traité de paix. Cependant, il était clair que la paix ne pourrait être conclue sans la signature de la Prusse qui en tant que grande puissance – c'est une loi générale des relations internationales du XIXe siècle – avait le droit de confirmer les changements intervenus dans les traités européens – en cette circonstance, la convention de Londres de 1841 concernant le statut des détroits, qui devraient être modifiée à Paris.

Entre ces positions opposées de Vienne d'une part, et de Londres, de l'autre, Napoléon III se posait comme intermédiaire. Il était à craindre que l'exclusion de la Prusse ne la jette dans les bras de la Russie. Ainsi, deux des membres de l'ancienne « alliance du Nord » se réuniraient et l'influence russe à Berlin serait consolidée. Le résultat suprême de la guerre, la destruction de la Sainte Alliance qui, pendant des décennies, avait isolé la France, serait remis en question. Napoléon était accessible à de tels raisonnements. Il s'exprima en faveur de l'admission de la Prusse, à la condition que celle-ci soutînt les revendications spéciales de l'Angleterre et qu'elle tînt, dans le cas d'une rupture des négociations, la même position que l'Autriche, c'est-à-dire une position ouvertement antirusse.

Les négociations commencèrent et la Prusse en était encore absente. Les négociateurs en vinrent à la décision suivante : toutes les questions non abordées par la convention de Londres de 1841 – c'est-à-dire la navigation sur le Danube, l'organisation des principautés danubiennes, le statut de la mer Noire, le sort des chrétiens en Turquie, les conditions spéciales de l'Angleterre (établissement de consulats dans les ports russes de la mer Noire, neutralisation des îles d'Aland) – devaient être réglées au préalable. Ceci fait, quand les questions des Détroits et de la neutralisation de la mer Noire seraient mises sur le tapis, le moment serait venu d'inviter la Prusse. Ce fut le cas vers le 10 mars : sitôt résolues les questions susmentionnées, le comte Walewski, président du congrès de Paris, proposa formellement l'admission de la Prusse.

C'est donc dans la séance du 18 mars que les deux délégués prussiens, le ministre-président comte Manteuffel et l'envoyé prussien à

Paris, comte Hatzfeldt, furent introduits, d'après un rapport autrichien[1] « au milieu d'un profond silence et sans que leur apparition » donne « lieu à aucune démonstration de part et d'autre ». Clarendon (le plénipotentiaire anglais) rapporte les choses ainsi[2] : Manteuffel est « comme un méchant petit notaire de campagne » ou, comme un Français l'observait, « comme un marchand d'allumettes ». Le rôle que les plénipotentiaires prussiens jouèrent dans cette phase avancée du congrès fut évidemment fort restreint. Il fut inférieur à celui de la Sardaigne et de la Turquie, deux puissances jusque là en dehors du concert européen. Malgré cela, la présence des négociateurs prussiens pour la signature du traité de paix le 30 mars était la confirmation formelle de la rentrée de la Prusse dans le concert européen.

Le résultat le plus précieux de la politique de la Prusse pendant la guerre de Crimée est le maintien de bons rapports avec son puissant voisin à l'est. Dans ce sens, le tsar Alexandre écrivait dans une lettre à Frédéric Guillaume[3] : « Soyez persuadé, cher oncle, que je Vous serai éternellement reconnaissant pour la position si belle que Vous avez su faire garder à la Russie pendant toute cette crise et qui nous a été si utile. Que Dieu Vous en récompense ».

Notons, si on jette un regard sur la situation internationale des années 1860, que les succès de la politique prussienne sous Bismarck en ce qui concerne le processus de l'unification allemande ne furent rendus possibles que par la réserve, la réticence et l'effacement de la politique russe après la paix de Paris – effacement qui était inimaginable sous le règne du tsar Nicolas jusqu'à sa mort en mars 1855.

---

[1] *Ibid.*, p. 535.

[2] *Akten zur Geschichte des Krimkriegs. Englische Akten zur Geschichte des Krimkriegs*, sous la direction de Winfried Baumgart, vol. 4, Winfried Baumgart éd., Munich/Vienne, 1988, p. 898.

[3] Borries, p. 337.

Gianni Oliva

LE POINT DE VUE ITALIEN

La question du congrès de Paris, du point de vue italien, peut être posée à deux niveaux différents, historique et mystique. C'est-à-dire, d'un côté, les faits, les résultats, les conséquences et de l'autre, la pénétration du congrès de Paris dans l'imaginaire collectif des Italiens et son rôle dans la création d'une mémoire, voire même d'une haute identité italienne après la réalisation de l'unité.

Il faut donc rappeler en premier lieu qu'en 1855-1856, c'est à dire à l'époque de la guerre de Crimée et du congrès de Paris, l'Italie a une tradition intellectuelle. Elle a été depuis le XIVe siècle nourrie par ses grands poètes (Pétrarque, Machiavel, Alfieri, Foscolo), inspiration renouvelée à la fin du XVIIIe siècle par les expériences des républiques napoléoniennes à Turin, à Milan, à Gênes, à Rome. Et une tradition politique et économique, venant d'une bourgeoisie industrielle qui a besoin des assurances de l'État national pour son développement. Un projet révolutionnaire a vu le jour, imaginé par des démocrates qui se retrouvent autour de la figure de Mazzini et qui se sont formés, au point de vue institutionnel, dans l'organisation d'un journal italien, *Giovine Italia*. Au point de vue pratique, l'Italie est encore ce que Metternich appelait « une expression géographique » autrement dit, un territoire divisé en plusieurs États, dont le royaume de Sardaigne – donc le Piémont – a un régime parlementaire.

Dans les autres États, il y a des régimes restaurés très conservateurs, très durs, faibles au point de vue économique et politique comme le royaume de Naples ou les États de l'Église, des royaumes, des duchés ou encore des territoires plus développés au point de vue économique mais strictement contrôlés par l'Autriche, directement comme Milan et Venise ou indirectement, avec une présence militaire, comme les duchés de Parme, Plaisance, Modène qui se trouvent aux limites orientales du royaume de Sardaigne, ou les Légations, territoires de l'État de l'Église situés dans l'extrémité orientale de la plaine du Pô, placés sous sa souveraineté mais contrôlés militairement par l'Autriche parce que le Pape n'avait pas la possibilité militaire de maintenir l'ordre dans ces régions lointaines de Rome. De ce fait, le seul État qui a une tradition historique et du charisme aux yeux des démocrates et des libéraux italiens est le royaume de Sardaigne, avec un statut fixé en 1848 par le roi sarde Roberto, confirmé par son fils Victor Emmanuel II. C'est pour cette raison que plusieurs intellectuels viennent de Naples, de Bologne, de Florence, des autres lieux d'Italie pour s'installer au Piémont. En général, les libéraux arrivent à Turin, les démocrates vont plutôt à Gênes. Le Piémont devient dans les années 1850, c'est-à-dire de 1848 jusqu'à l'unité, le centre de référence pour tous les intellectuels qui travaillent à la construction de l'unité nationale italienne.

C'est dans cette atmosphère que mûrit la décision du comte de Cavour et du roi Victor Emmanuel II de participer à la guerre de Crimée. Cette participation, limitée du point de vue militaire, s'est soldée par une seule bataille à laquelle aient participé les Piémontais, celle de la Tchernaïa. Il s'agit là d'un fait très significatif dans le tableau complexe de la guerre. Cette participation a plusieurs objectifs : le plus ambitieux est que la guerre pourrait remettre en cause le système des relations internationales établies et donc ouvrir des espaces permettant de poser la question de l'unité italienne ; et puis, il y a une raison liée à l'histoire du royaume de Sardaigne, c'est-à-dire l'ambition de renouer avec le dynamisme diplomatique et militaire caractéristique depuis plusieurs siècles de l'histoire de la dynastie de Savoie.

La dynastie des Savoie est apparue sur la scène historique au début du XIe siècle, avec le titre de comte de Maurienne, devenu comte puis duc de Savoie, puis roi de Sardaigne après août 1713. C'est un territoire particulier, très pauvre, sans débouché important, sans activités productives particulièrement riches, mais avec une grande importance stratégique parce qu'il s'étend sur les deux côtés des Alpes, de part et d'autre des deux routes qui relient l'Italie à la France, le col du Mont Cenis et le col du Saint-Bernard. Ces routes étaient celles des pèlerins qui allaient à Rome ou à Gênes, ou encore par Venise vers Jérusalem. Elles étaient aussi celles des marchands qui partaient des villages ou des villes de l'Italie du centre pour aller sur les marchés de la Flandre ou de Champagne ; et elles étaient surtout les routes empruntées par les armées.

Il faut dire que les armées, au Moyen Âge, représentaient des unités modestes. Contrôler le Mont Cenis et le Saint-Bernard était au point de vue stratégique très important. Celui qui avait la Savoie comme alliée dans une guerre pouvait commencer la campagne sans problème de passage entre le Mont Cenis et le Saint-Bernard, contrairement à celui qui l'avait comme ennemie avant de commencer la campagne, la vraie.

Ainsi les comtes, ducs de Savoie puis rois de Sardaigne ont été amenés à participer à toutes les guerres du Moyen Âge jusqu'au XVIIIe siècle, et, en changeant d'alliances plusieurs fois au cours de la guerre, ils ont réussi, en général, à terminer du côté des vainqueurs. On l'a fait aussi plus tard – mais c'est différent de le faire avec Hitler ou contre Hitler, car à l'âge moderne, il était plus simple de changer de camp. Quand il y avait des guerres de rois, les ducs de Savoie ont, à la fin, toujours obtenu quelques petits élargissements de leurs territoires. Ils ne sont jamais devenus trop importants sur la scène européenne mais ont tout de même maintenu leur contrôle sur le territoire de façon continue.

Toute cette tradition se termine à la fin du XVIIIe siècle avec l'invasion napoléonienne. Ce que Cavour et le roi Victor Emmanuel II se devaient de faire, c'était de repositionner le Piémont comme un des sujets de la politique européenne ; et c'est la deuxième raison objective de leur participation à la guerre de Crimée.

La troisième est la possibilité d'obtenir quelques territoires à la fin de la guerre, quelques compensations de territoires pour l'Italie, les duchés de Plaisance, de Parme et de Modène. Le dessein est de déplacer les princes qui gouvernent les duchés de Parme et Plaisance et le duc de Modène dans les principautés danubiennes, pour donner à l'Autriche une compensation et obtenir une réduction de l'influence autrichienne en Italie. C'était le projet qu'avait nourri en 1848 le président du conseil Cesare Balbo, lors du soulèvement de la Lombardie contre l'Autriche, et que reproposa Cavour pendant la guerre de Crimée.

Également, il y a une ambition toute piémontaise, celle de confirmer le leadership de la Savoie et du Piémont dans le panorama italien ; et de confirmer ainsi le rôle de la dynastie de Savoie en tant que guide pour la future réalisation de l'unité nationale.

De ce point de vue, le congrès de Paris est un échec, parce que le système des relations internationales ne vient pas bouleverser la question italienne, qui ne trouve pas d'espaces concrets dans les résolutions du congrès de Paris. La compensation territoriale à laquelle Cavour pensait, à savoir Parme et Plaisance, n'est pas obtenue. La seule chose qu'il obtienne, est la possibilité de poser le problème de la question italienne dans la séance du 8 avril 1856 à la fin du congrès, séance au cours de laquelle il y eut surtout des interventions contre le régime peu libéral du royaume de Naples. À vrai dire, on ne pose pas la question de l'unification italienne. On parle des difficultés rencontrées par certaines régions d'Italie et on se préoccupe de limiter l'espace de liberté laissé au courant révolutionnaire et d'encourager les idées pragmatiques. La perspective de Cavour a toujours été de dire : *Ou on réalise l'unité nationale sous la direction du Piémont et donc avec une inspiration modérée, libérale modérée, ou il y a risque d'une dérive révolutionnaire et jacobine de la situation italienne.* Donc le seul résultat concret est celui d'avoir pu parler une fois de la question italienne et surtout d'avoir légitimé aux yeux de Napoléon III, de l'Angleterre et de la Prusse, l'existence d'une classe dirigeante piémontaise capable, sérieuse et qui peut devenir le guide de la révolution italienne.

Ces résultats sont certains mais modestes au point de vue pratique. Ils se concrétiseront seulement deux ans plus tard en 1858, lors des accords entre Cavour et Napoléon III, en vue d'une forte réduction de la présence autrichienne en Italie et de la redistribution des territoires italiens en trois régions différentes. Après la guerre d'indépendance, on déterminera d'autres directions mais le projet initial était de rebâtir, de construire un royaume de Sardaigne comprenant aussi la Lombardie et Modène. Ainsi, le congrès de Paris apparaît seulement comme la légitimation d'une classe dirigeante qui se développera et aboutira par la suite à une alliance concrète.

Au point de vue de l'imaginaire collectif – et c'est le deuxième niveau – c'est très différent. Ce qui compte, c'est que l'Italie, en 1861, après la deuxième guerre d'indépendance et l'expédition de Garibaldi au Sud et donc toute l'Italie à l'exception de Venise et Rome, soit unifiée en un seul État. Le ministre, l'ancien et vieux ministre Massimo d'Azeglio a dit, et c'est une phrase fameuse pour notre histoire : « L'Italie est faite, maintenant il faut faire les Italiens ! », parce que les Italiens ne sont pas un peuple, ne sont pas une nation, n'ont même pas une langue commune ; parce que 80 % des Italiens à cette époque parlent seulement des patois. Le patois de Turin, celui de Naples et de Palerme sont tellement différents que ce sont des langages étrangers l'un à l'autre. La question est donc : que faut-il faire pour construire une identité nationale, pour faire les Italiens.

Avant tout, il faut trouver une histoire commune. Le point de départ d'une identité nationale, est d'avoir vécu quelque chose en commun. Alors tous les historiens, les politologues, les intellectuels, de ce que l'on appelle « l'État libéral », à l'époque qui va de l'unité nationale jusqu'à 1914/15 au début de la Première Guerre mondiale, cherchent à trouver quelque chose de commun dans l'histoire italienne, mais il n'y a absolument rien ! On trouve des personnages, par exemple Pietro Micca qui est un génie de l'armée du royaume de Sardaigne et qui, pendant le siège de Turin en 1706 a le courage d'empêcher les grenadiers français d'entrer dans la ville. On retrouve aussi un personnage devenu très populaire dans l'Italie mussolinienne, celui de Balilla, un jeune Génois qui lors de l'occupation de Gènes de 1747, lance une pierre contre les soldats autrichiens, départ d'une insurrection populaire qui arrive à éloigner les Autrichiens de la ville. Il s'agissait de faire croire aux Italiens qu'ils étaient Italiens parce qu'ils descendaient de Pietro Micca ou de Balilla.

Par conséquent, le seul élément qui pouvait unifier tous les Italiens, était celui de la dynastie. Seuls les rois de Sardaigne et de Savoie devaient représenter le fil conducteur. On a commencé à parler d'Emmanuel Philibert, le duc de Savoie qui en 1563 transfère la capitale de Chambéry à Turin : on le présente alors comme celui qui, le premier, a pensé à construire l'Italie unifiée ; et c'est là la raison du transfert de la capitale de Chambéry a Turin. On a aussi commencé à parler des autres souverains importants de la dynastie, par exemple Victor Amédée II, duc de Savoie qui, en 1713, devient roi de Sardaigne ; et du roi Victor Emmanuel II et de ce qu'il a fait après 1849, quand il devient roi, et en 1861 quand l'Italie est édifiée.

Dans ce parcours, et au moment où on présente le Piémont comme l'État qui a la capacité de peser sur la question de l'unification nationale au niveau européen, ces deux événements – la guerre de Crimée et le congrès de Paris – sont, dans tout l'État libéral mais aussi l'État mussolinien des années 1920 et 1930, le premier épisode d'unité nationale que tous les Italiens ont étudié dans les manuels scolaires.

C'est la raison pour laquelle, encore maintenant dans toutes les villes italiennes, non seulement les villes importantes mais également les petites villes, il y a, dans l'onomastique, une place, une rue intitulée *crimée, sébastopol ou tchernaïa*. Cela paraît incroyable de mettre un petit c à Crimée, mais pour le Piémont, c'est ainsi. Cette guerre de Crimée est devenue dans notre conscience nationale, dans notre mémoire, un fait fondamental. Le congrès de Paris, au-delà de l'échec pratique et diplomatique qu'il a représenté pour Cavour, est devenu le symbole de la renaissance italienne. L'histoire, voire la mémoire d'un peuple, est toujours faite de ce qu'on se rappelle et de ce qu'on oublie ; le plus souvent c'est ce qu'on oublie. Elle est aussi faite de ce qu'on transforme. Le congrès de Paris est un exemple clair d'une transformation d'un élément historique en un mythe de l'imaginaire collectif d'un peuple.

Jacques-Alain de Sédouy

LES CHRÉTIENS D'ORIENT ET LE CONGRÈS DE PARIS

La question des chrétiens d'Orient fut la cause immédiate de la guerre de Crimée. Elle a servi, en quelque sorte, de détonateur à une crise dont les causes étaient plus profondes. Elle fut donc naturellement une des questions que le congrès de Paris s'efforça de résoudre, ouvrant dans ce domaine des perspectives très modernes.

Ce que l'on appelle la question des chrétiens d'Orient, c'est essentiellement le problème de la protection des chrétiens au sein de l'Empire ottoman. En somme, c'est un problème de Droits de l'homme. S'y ajoute la question des droits exercés par les clergés latin et grec sur les Lieux saints. Ces problèmes ont pris au fil des siècles, et plus particulièrement au XIXe, une coloration de plus en plus politique.

Sans entrer dans le détail, les chrétiens d'Orient comprennent les « latins », mais aussi toutes ces Églises de rite oriental qui se sont ralliées à Rome (syriaques, chaldéens, etc.) ou qui ont toujours relevé de Rome (maronites), et les « grecs », ou orthodoxes, qui relèvent du patriarcat de Constantinople. Les premiers sont souvent soupçonnés par les seconds, beaucoup plus nombreux, d'être les agents d'une influence occidentale, étrangère à la région. C'est encore le cas aujourd'hui. Sous l'Empire ottoman, les uns et les autres n'avaient pas seulement à faire face à une administration qui, loin de Constantinople, se montrait tatillonne et parfois même hostile, comme si elle se rattrapait des pressions que dans la capitale les puissances européennes exerçaient sur le Divan. Les clergés « latin » et « grec » se déchiraient dans l'exercice des responsabilités qui étaient les leurs vis-à-vis des Lieux saints, les « grecs » bénéficiant à cet égard plutôt du soutien des autorités ottomanes.

La question a pris une coloration politique à partir du XVIe siècle, lorsque, profitant de l'alliance qu'il avait conclue avec Soliman le Magnifique, François Ier fit reconnaître par l'Empire ottoman, avec les capitulations de 1536, le rôle de la France comme protectrice des chrétiens d'Orient. En même temps, la prépondérance des moines « latins » sur les Lieux saints était confirmée. Ce texte, qui donnait à notre pays une position exceptionnelle vis-à-vis de tous les chrétiens a connu tout au long des XVIIe et XVIIIe siècles un progressif glissement en faveur de la protection des droits du clergé « latin » sur les Lieux saints où il devait faire face aux empiètements grandissants du clergé « grec », encouragé par les autorités locales.

Le problème s'est compliqué avec l'entrée en lice, au XVIIIe siècle, de la Russie. On connaît la conviction du peuple russe, marqué par l'expérience traumatisante de l'invasion mongole, d'être le peuple rédempteur, le « Christ » de l'univers. Avec la disparition de l'Empire byzantin en 1453, ce sentiment s'est doublé de la prétention de Moscou d'être la nouvelle Byzance qui devait supplanter l'ancienne dans la conduite de l'orthodoxie. Cette cause a encore aujourd'hui un large retentissement dans le peuple russe. Au moment où la Russie entre sur la scène internationale, après Pierre le Grand, elle va servir les desseins d'un pays qui voit dans l'Empire ottoman, en pleine déliquescence, le terrain naturel de son expansion,

Dans ce contexte, la prétention du gouvernement russe à jouer le rôle de protecteur des chrétiens orthodoxes devient le précieux auxiliaire d'une politique expansionniste. Elle lui donne en effet un prétexte pour s'ingérer dans les affaires intérieures de l'Empire ottoman. Il ne cessera de la mettre en avant pour faire pression sur Constantinople. Le traité de Kutchuk-Kaïnardji, en 1774, la confirme, de manière à vrai dire assez vague. Dès lors, le clergé « grec » sur les Lieux saints a un protecteur tout trouvé, tandis que le Divan est confronté à la menace d'un véritable protectorat russe sur quelques millions de ses sujets. Au même moment, certaines minorités nationales de l'empire (Grecs, Serbes, Roumains) font l'objet de l'intérêt grandissant des puissances européennes. L'Empire ottoman est menacé de démembrement.

Alexandre Ier avait fait preuve, dans cette question, d'une certaine retenue. Nicolas Ier, au contraire, fort du rôle qu'il avait joué dans l'écrasement des révolutions en Europe en 1849-1850, entend utiliser pleinement le levier qu'il a entre les mains pour entamer le dépeçage de l'Empire ottoman.

Le gouvernement français, quant à lui, qu'il s'agisse de l'ancien Régime, de la République, de l'Empire, ou des monarchies du XIXe siècle n'a jamais abandonné ses responsabilités. Les capitulations ont été confirmées en 1740. Les ambassadeurs auprès de la Porte n'ont pas cessé d'intervenir, comme leurs instructions le leur prescrivaient. Le gouvernement de Napoléon III, à son tour, ne pouvait renoncer à une tradition multi centenaire. Au moment où s'ouvre en 1850 une nouvelle crise sur les Lieux saints, opposant clergé « grec » soutenu par les Russes et clergé « latin », c'est pour lui plus une affaire de prestige, essentielle pour un gouvernement qui prétend sortir la France de l'ombre dans laquelle elle a été plongée par les défaites de 1814-1815, qu'une question de politique intérieure. Contrairement à la question romaine quelques années plus tard, la question des Lieux saints, sauf à de rares moments, ne suscite pas en effet une réelle mobilisation des catholiques français, soutiens du régime qui se met en place après le coup d'État de décembre 1851 (d'une manière générale, on notera que les catholiques français n'ont jamais manifesté un intérêt soutenu pour les chrétiens d'Orient, au contraire des orthodoxes russes).

Il y avait donc un risque d'affrontement franco-russe, mais qui aurait pu être contenu, si le problème n'avait pas caché des intérêts nationaux plus profonds. La preuve en est qu'au début de 1853, on a cru ce qu'on a appelé la crise des Lieux saints réglée. On reste confondu devant le côté dérisoire de ce qui était en jeu : célébration des offices dans l'église de la Vierge, garde de la clef de l'église de Bethléem, etc. Il n'en fut rien. La mission de Menchikov à Constantinople, appuyée de mouvements de troupes à la frontière des provinces roumaines, relance le débat en le plaçant sur le terrain plus général de la protection des orthodoxes au sein de l'Empire ottoman. La Russie montre ainsi que ce qui est en jeu, c'est l'avenir même de celui-ci. Or, sur ce sujet, l'Angleterre et la Russie s'affrontent. L'Angleterre, en effet, ne peut accepter que la Russie étende son influence jusqu'en Méditerranée, menaçant ainsi la route des Indes.

Mais comme ce fut le cas plusieurs fois dans l'Histoire, la réaction britannique se fit attendre, Londres espérant toujours régler le problème à l'amiable avec la Russie. Ce fut Napoléon III qui fit preuve d'activisme, anticipant les réactions du gouvernement britannique, et qui ne resta pas à la remorque de celui-ci comme on le dit trop souvent. Il agissait, on l'a vu, pour des raisons de prestige mais aussi parce qu'il pensait nécessaire d'être aux côtés de la Grande-Bretagne si une crise s'ouvrait. Il avait en effet en tête ses desseins de remodelage du continent européen sur la base des nationalités et savait que ceux-ci n'avaient aucune chance de succès s'ils n'étaient pas soutenus par Londres. Il fallait donc donner vie à une alliance avec la Grande-Bretagne, essentielle pour l'avenir. La question des chrétiens d'Orient n'a donc été que le détonateur d'une crise, la guerre de Crimée, dont les vraies raisons sont beaucoup plus profondes.

La renonciation de la Russie au protectorat sur les orthodoxes qu'elle revendique auprès de la Porte est un des « Quatre points » qui ont été proposés par la France à la conférence qui se tient à Vienne en août 1854 entre la France, la Grande-Bretagne et l'Autriche et qui aboutit au traité du 2 décembre 1854 entre ces trois pays. Une négociation se noue avec la Russie en mars-avril 1855, avant même la prise de Sébastopol. Mais les « Quatre points » se heurtent à l'intransigeance de Nicolas Ier, sans que la question des orthodoxes ait d'ailleurs vraiment été discutée. Il faudra la mort du tsar, et la prise de Sébastopol, pour qu'ils soient enfin présentés par l'Autriche à la Russie avec une chance de succès. La Russie y consent au cours de l'hiver 1855-1856. Elle accepte ainsi que sa prétention à un protectorat sur les chrétiens orthodoxes soit remplacée par une garantie donnée par le sultan devant les puissances européennes. Encore fallait-il formuler ce principe...

La question, en effet, n'a pas été tranchée sans mal au cours du congrès de Paris. Les Russes se battirent longuement fin mars pour conserver une base à ce qu'ils considéraient être leur « mission historique » vis-à-vis des chrétiens orthodoxes de l'Empire ottoman. Mais sur ce point, contrairement aux autres, ils ne bénéficièrent pas du soutien de Napoléon III. Walewski leur opposa « l'esprit général du traité » qui devait créer un nouvel ordre international fondé sur la prééminence du droit international et de la négociation. Pourtant, l'empereur, désireux de rompre l'alliance des monarchies conservatrices qui pourraient s'opposer à ses desseins de remodelage du continent européen, n'avait pas cessé de soutenir la Russie face aux exigences des autres participants sur les autres questions, problèmes territoriaux comme neutralisation de la mer Noire.

L'article 9 du traité du 30 mars 1856 issu des travaux du congrès, n'est pas, comme Hippolyte Desprez l'affirme, ainsi que l'a rappelé Yves Bruley, une « phraséologie vague et contournée ». Mais il reflète la difficulté du problème auquel étaient confrontés les négociateurs. D'un côté, on entendait priver la Russie d'un prétexte pour s'ingérer dans les affaires intérieures de l'Empire ottoman. Mais de l'autre, on ne pouvait abandonner la cause des chrétiens d'Orient qui avait été le détonateur de la crise. On ne pouvait cependant le faire d'une manière qui constituerait une atteinte à la souveraineté de l'Empire ottoman, pays membre de la coalition victorieuse.

La France et la Grande-Bretagne avaient, au cours de l'hiver, jeté les bases d'une solution. Leurs ambassadeurs à Constantinople, Thouvenel et Lord Stratford de Radcliffe, avaient largement participé à la rédaction d'une nouvelle réglementation ottomane applicable aux chrétiens de l'Empire. Le 18 février 1856, le sultan promulgue un « hatti-chérif » dans lequel il réaffirme solennellement l'égalité des chrétiens et des musulmans devant la loi ottomane. Il s'agit bien de tous les chrétiens, et pas seulement des orthodoxes, seuls visés par les efforts passés de la Russie. Bien que chacun ait été conscient que cet édit connaîtrait le sort de ses prédécesseurs et qu'il ne serait pas plus respecté que ceux-ci, les participants au congrès firent mine de se satisfaire de la décision du sultan.

Les Russes souhaitaient que l'acte demandé au sultan fût annexé au traité. C'eût été aller à l'encontre de l'indépendance de l'Empire ottoman. Le sultan considérait, pour sa part, qu'il avait fait son devoir en adoptant ce décret. C'était insuffisant aux yeux des puissances européennes. On trouva une formule qui permit de tourner la difficulté.

L'article 9 du traité du 30 mars se lit ainsi :

« Sa Majesté Impériale le sultan, dans sa constante sollicitude pour le bienêtre de ses sujets, ayant octroyé un firman qui, en améliorant leur sort, sans distinction de religion ni de race, consacre ses généreuses intentions envers les populations chrétiennes de son empire, et voulant donner un nouveau témoignage de ses sentiments à cet égard, a résolu de communiquer aux puissances contractantes ledit firman, spontanément émané de sa volonté souveraine.

Les puissances contractantes constatent la haute valeur de cette communication. Il est bien entendu qu'elle ne saurait en aucun cas donner le droit aux dites puissances de s'immiscer, soit collectivement soit séparément, dans les rapports de Sa majesté le sultan avec ses sujets, ni dans l'administration intérieure de son empire ».

De ce texte, qui, notons-le au passage, en mettant la Turquie dans une position particulière vis-à-vis des puissances européennes, montre bien qu'elle n'est pas tout a fait traitée sur un pied d'égalité (c'est une espèce de partenariat privilégié avant l'heure) même si elle a été « admise à participer aux avantages du droit public et du concert européens » (art. 7 du traité), il résulte que la Russie, mais aussi les autres puissances européennes, affirment qu'elles n'ont aucun droit d'ingérence dans les affaires intérieures de l'Empire ottoman. Cependant, le fait que le sultan ait résolu librement de communiquer aux puissances le texte de son firman est considéré par les puissances comme ayant une « haute valeur ». Cette appréciation, qui ne porte que sur la communication faite par le sultan et pas sur le texte lui-même qui en est l'objet, permet de jeter sans le dire, et même en disant le contraire, les bases d'une européanisation du problème. Si les puissances européennes constatent à l'avenir que ce firman n'est pas respecté, elles pourront intervenir auprès de la Porte en s'appuyant sur la remarque que la communication qui leur a été faite au congrès a perdu sa « haute valeur ». En fait, le sultan est placé sur ce sujet sous surveillance internationale.

Le congrès de Paris avait ainsi innové dans une direction très moderne, la responsabilité de la communauté internationale, à l'époque les puissances européennes, vis-à-vis d'une minorité menacée. Sans le dire, le congrès s'était réservé le droit de céder à ce que certains appellent aujourd'hui le « devoir d'ingérence ». Cette internationalisation jouait au profit d'une minorité religieuse. Aujourd'hui, on aurait plutôt tendance à privilégier le caractère ethnique de la minorité menacée. Il s'agissait bien, en tout cas, comme d'ailleurs le laissait entendre le texte de l'art. 9 (« sans distinction de religion ni de race ») d'une question qui relevait de la protection des Droits de l'homme.

Le principe implicitement retenu par le congrès de Paris devait trouver quelques années plus tard un début d'application. En 1860, c'est en vertu d'un véritable mandat européen que la France, confrontée aux massacres de maronites au Liban et à Damas, envoya sur place un corps expéditionnaire. Les puissances européennes négocièrent ensuite avec la Porte un nouveau statut pour la montagne libanaise et une commission internationale se réunit à Beyrouth. Sur la question des chrétiens d'Orient, comme sur d'autres, le congrès de Paris avait fait œuvre novatrice.

Michèle Battesti

L'ABOLITION DE LA COURSE[1] : UN ACTE FONDATEUR DU DROIT INTERNATIONAL

Les plénipotentiaires du congrès de Paris signent le 30 mars le traité établissant la paix entre la Russie, la Turquie et les grandes puissances occidentales. Leurs travaux sont censés être achevés lorsque, le 8 avril 1856, le comte Walewski joue les prolongations et suggère au congrès « de terminer son œuvre par une déclaration qui constituerait un progrès notable dans le droit international, et qui serait accueillie dans le monde entier avec un sentiment de vive reconnaissance ». Non sans une certaine emphase, il précise sa pensée :

« Le congrès de Westphalie a consacré la liberté de conscience, le congrès de Vienne l'abolition de la traite des Noirs et la liberté de la navigation des fleuves. Il serait digne du congrès de Paris de mettre fin à de trop longues dissidences en posant les bases d'un droit maritime, uniforme en temps de guerre[2]. »

Walewski pose quatre principes pour atteindre ce but :

1. Abolition de la course ;
2. Le pavillon neutre couvre la marchandise ennemie, exceptée la contrebande de guerre ;
3. La marchandise neutre, exceptée la contrebande de guerre, n'est pas saisissable même sous pavillon ennemi ;
4. Les blocus ne sont obligatoires qu'autant ils sont effectifs.

---

[1] Pour plus de précisions voir Florence Le Guellaf, *Armements en course et droit des prises maritimes, 1792-1856*, Nancy, Presses universitaires de Nancy, 1999, 928 p.

[2] Édouard Gourdon, *Histoire du congrès de Paris*, Paris, Librairie Nouvelle, 1857, protocole n° XX, p. 113.

Ces propositions de dernière minute peuvent surprendre dans la mesure où le congrès ne s'était pas donné l'objectif de vider les questions théoriques du droit international maritime. Comment l'expliquer ?

1 – LE CONTEXTE OU L'ABOUTISSEMENT D'UN LONG PROCESSUS

Les « trop longues dissidences du droit maritime » auxquelles Walewski fait allusion résultent de la survivance d'un archaïsme : la propriété privée n'est pas respectée dans la guerre sur mer contrairement à la guerre sur terre. Il est même légitime de s'approprier les biens d'autrui en raison de coutumes millénaires. Pire, les militaires comme les particuliers sont incités à le faire. Les puissances européennes en dépit de deux siècles et demi de tâtonnement ne sont pas parvenues à s'entendre pour édicter des lois générales. La guerre sur mer relève d'un dédale de législations nationales, de traditions contradictoires et de conventions le plus souvent bilatérales.

La première de ces « dissidences » porte sur les traditions contradictoires concernant la façon de traiter les neutres par les belligérants. La France ne confisque pas la marchandise ennemie sous pavillon neutre – selon l'adage « navire libre, marchandises libres » –, mais saisit des marchandises neutres sous pavillon ennemi suivant le postulat inverse « navire ennemi, marchandises ennemies ». Elle s'est alignée sur la Ligue de Neutralité[1] armée – constituée sous la houlette de la Russie en réaction contre les abus commis par l'Angleterre – qui est à l'origine de la maxime le « pavillon couvre la marchandise », énoncée dans la déclaration du 28 février 1780, laquelle n'est pas entrée dans le droit positif faute d'accord général. Prenant le contre-pied de ce système, l'Angleterre persiste à suivre les règles du *Consulat de la mer* – compilation catalane des lois et usages maritimes, remontant au XIIIe siècle – selon lesquelles seule la nationalité de la marchandise détermine son caractère ennemi ou neutre. Le pavillon neutre ne couvre pas la marchandise ennemie, mais en revanche la marchandise neutre ne peut être saisie, quoique sous pavillon ennemi.

---

[1] États ayant adhéré à la Ligue de Neutralité armée : Russie, Suède, Danemark, Prusse, Autriche, Portugal, Provinces-Unies et Deux-Siciles.

La conception du blocus est un autre sujet de litige. Cette mesure de coercition consiste pour un belligérant à déclarer l'interdiction de communications, par entrée ou par sortie, entre la haute mer et le littoral ennemi, interdiction sanctionnée par l'arrestation et la capture des navires qui y contreviennent. Mais durant la guerre d'Indépendance américaine, l'Angleterre reprend contre la France le système du blocus « fictif », dit « sur papier », « de cabinet » ou encore *per notificationem* – inauguré par les Hollandais aux XVIe-XVIIe siècles à l'égard des ports des Flandres – qui consiste en un ordre écrit déclarant bloqué le littoral ennemi, alors qu'aucun bâtiment de guerre n'est envoyé sur les lieux. Ce type de blocus entraîne le droit de capturer, en tous lieux, tout navire « soupçonné » d'aller vers les lieux bloqués ou d'en venir. Une telle pratique est une source inépuisable de mesures arbitraires et d'abus. Elle est en partie à l'origine de la réaction des puissances neutres en 1780, de la guerre entre les États-Unis et l'Angleterre en 1812 ou des litiges entre les États-Unis et le conseil des prises napoléonien qui ne trouveront un règlement qu'en 1835 à l'issue d'une crise grave.

Les neutres contestent également la tradition de la « course », cette forme de guerre maritime confiée aux particuliers. L'activité est pourtant codifiée, licite, conforme au droit des gens. Elle est confiée aux corsaires qui reçoivent une « lettre de marque » ou une « commission en course », délivrée par le souverain pour « courir sus » aux navires ennemis et s'en emparer, c'est-à-dire faire des prises à leur profit. Le droit de course est une délégation du droit de guerre concédé par l'État à des particuliers, ce qui fait la différence avec la piraterie, d'où l'adage : « le corsaire attaque et prend ; le pirate attaque et pille ». La nuance juridique est d'importance. Dans le premier cas, le corsaire capturé est traité en prisonnier de guerre ; dans le second, le pirate est un forban, susceptible de finir au bout d'une corde. Le terme « course » par glissement sémantique couvre de façon abusive les notions de « guerre de course », de « guerre de croisière », de « guerre commerciale », voire plus tardivement de « guerre industrielle », de « guerre des communications », qui qualifient les opérations menées par les forces organisées – les flottes de guerre –, destinées à se saisir des navires de commerce ennemis. Pour plus de clarté, nous nous en tiendrons au terme de la « course » pour l'activité des corsaires « privés » et à celui de « droit de prise » pour les opérations menées par les bâtiments de guerre.

En 1780, la Russie de Catherine II – chef de file des neutres – tente en vain d'imposer dans le droit positif le principe de l'inviolabilité de la propriété privée, mais quelques années plus tard elle reçoit le renfort d'une jeune nation qui vient d'apparaître sur la scène internationale : les États-Unis. Ceux-ci jugent les coutumes maritimes archaïques. En conséquence, ils œuvrent non seulement pour l'abolition de la course, mais aussi pour celle plus générale du « droit de prise ». Ils s'érigent en soutien et défenseur énergique des droits des neutres et des lois d'équité naturelle. Leur lutte trouve un écho, non pas en Russie comme il aurait été logique de s'y attendre, mais dans la Prusse de Frédéric II. Le 10 septembre 1785, les États-Unis signent avec elle un traité d'amitié et de commerce. Le maître d'œuvre de ce traité unique en son genre – « une vraie curiosité diplomatique[1] » – est Benjamin Franklin. Le traité stipule que le pavillon couvre la marchandise, y compris la contrebande de guerre, ce qui va plus loin que la déclaration de 1780. Au cas où les parties contractantes se feraient la guerre, elles s'engagent à ne pas armer en course comme le stipule l'article 23 :

> « S'il survient une guerre entre les parties contractantes [...] Tous les vaisseaux marchands et commerçants, employés à l'échange des productions de différents endroits, et par conséquent destinés à faciliter et à répandre les nécessités, les commodités et les douceurs de la vie, passeront librement et sans être molestés. Et les deux puissances contractantes s'engagent à n'accorder aucune commission à des vaisseaux armés en course qui les autorisât à prendre ou à détruire ces sortes de vaisseaux marchands, ou à en interrompre le commerce[2]. »

L'originalité de ce traité est quelque peu obérée par l'improbabilité d'une guerre entre les deux protagonistes, qui de toute façon sont impuissants à imposer leurs règles aux autres puissances. Mais l'abolition de la course n'est pas chose si aisée puisque cette clause disparaît du traité lors de son renouvellement le 11 juillet 1799.

Finalement, c'est la France qui en 1792 est le premier État à réclamer l'abolition de la course. Les hommes de la Révolution s'interrogent sur la légitimité de la course. Est-elle compatible avec le nouveau régime ? L'État régénéré par la Révolution doit-il continuer à user d'une forme de belligérance marquée par la conception d'Ancien Régime ? La France des Droits de l'homme peut-elle être moins libérale qu'un despote même « éclairé » comme Frédéric II ? Les lettres de marque ne sont-elles pas un privilège, en contradiction

---

[1] Fauchille, *traité de droit international public*, Paris, Rousseau et Cie, t. 2, *Guerre et neutralité*, 1921, p. 425.

[2] Louis Boissel, *La course maritime, son influence dans les guerres et le droit international public*, Poligny, Impr. Jacquin, 1904, p. 145. Martens, *Recueil des principaux traités*, t. 2, p. 566-579.

avec la déclaration des Droits de l'homme et du citoyen, placée en préambule de la constitution de 1791 ? L'article 2 de celle-ci stipule en effet que la propriété figure parmi les « droits naturels et imprescriptibles de l'homme » et son article 17 précise qu'elle constitue « un droit inviolable et sacré ». Par ailleurs, l'article 12 spécifie que la force publique est instituée « pour l'avantage de tous, et non pour l'utilité particulière de ceux à qui elle est confiée », alors que la course relève de la guerre privée menée par des particuliers contre des particuliers. Le chantre de l'abolition de la course est un officier de marine, Armand-Guy-Simon de Coëtnempren, comte de Kersaint (1742-1793), qui sera nommé vice-amiral en 1793. Pour lui, la course est « la plus immorale, la plus barbare des manières de faire la guerre » dans la mesure où les corsaires « ne sont autre chose que de vils spéculateurs, des hommes payés pour exercer sur la grande route des mers le meurtre et le brigandage ». Le 1er mai 1792, il dépose un projet de loi au nom des comités de marine, du commerce et diplomatique réunis. Ce projet va bien plus loin que la seule abolition de la course et la proclamation de la liberté du commerce puisqu'il supprime également le droit de prise sur les bâtiments marchands par les bâtiments de guerre :

« Article 1. Il ne sera délivré aucune commission pour armer en course.

Article 2. Les armateurs des vaisseaux du commerce, armés pour leur légitime défense, ne pourront s'emparer d'aucun bâtiment de commerce de l'ennemi, à moins qu'ils n'y soient contraints par la provocation.

Article 3. Il est défendu aux vaisseaux de guerre de l'État de prendre aucun bâtiment particulier de commerce appartenant à la nation ennemie à moins qu'ils ne soient armés en guerre[1]. »

Le débat est vif entre les détracteurs de la course qui multiplient les arguments pour prouver que la course est « immorale, inutile, illégale » et ses défenseurs qui mettent en exergue ses avantages, à savoir son rôle de commerce de substitution, sa capacité à affaiblir l'ennemi et sa contribution à la formation des futurs marins de l'État. Après mûre réflexion, l'assemblée vote à l'unanimité le décret suivant :

« Le pouvoir exécutif est invité à négocier avec les puissances étrangères pour faire supprimer dans les guerres qui pourront avoir lieu sur mer les armements en course et assurer la libre navigation du commerce[2]. »

---

[1] *Archives parlementaires*, 1er mai 1792, t. 42, p. 587.
[2] Carlos Calvo, *Le Droit international théorique et pratique précédé d'un exposé historique des progrès de la science du doit des gens*, Paris, Guillaumin, 1881, t. 4, p. 333.

Le ministre des Affaires étrangères Dumouriez adresse aux agents français à l'étranger l'ordre de faire les démarches nécessaires et se heurte à une fin de non-recevoir. Seules les villes hanséatiques et Hambourg adhèrent à la nouvelle doctrine. À la fin de janvier 1793, la rupture avec l'Angleterre envoie l'exécution du décret de Kersaint aux oubliettes de l'histoire.

La course est pratiquée tout au long des guerres de la Révolution et de l'Empire, et totalement rétablie en juin 1803. Elle suscite l'exaspération des neutres, et notamment celle des États-Unis. La tension est si vive, qu'elle est qualifiée de « *quasi-war* » en 1798. À cette occasion, Talleyrand prend d'ailleurs fermement position contre la course, qui, constate-t-il, n'est qu'« une source d'ennuis, de litiges, de controverses sur le plan international[1] ». Pour protester contre la course, les blocus fictifs, les vexations du droit de visite, l'extension exponentielle des biens considérés comme contrebande de guerre, la Russie tente de ranimer en 1800 la Ligue de Neutralité armée. Les Anglais élimine cette menace en faisant détruire la flotte danoise par Nelson et en bénéficiant de l'assassinat « providentiel » du tsar Paul Ier. L'Angleterre et la France rivalisent de « duplicité et de barbarie ». Napoléon est partisan de l'abolition de la course et du droit de prise, mais en l'absence de réciprocité et en rétorsion à la déclaration anglaise du 21 mai 1806 du blocus des côtes européennes de Hambourg à Brest, il proclame à son tour, le 21 novembre, le blocus des îles britanniques « jusqu'à ce que l'Angleterre eut reconnu que le droit de la guerre est un, et le même sur terre et sur mer, qu'il ne peut s'étendre ni aux propriétés privées, quelles qu'elles soient, ni à la personne des individus étrangers à la profession des armes[2] ». Par le jeu des représailles, l'Angleterre en arrive en fait à ressusciter l'interdiction générale du commerce entre ses ennemis et les neutres. Les corsaires sont accusés d'avoir multiplié les captures arbitraires, les pillages et les incendies. Le droit international est remplacé par le bon vouloir des deux rivaux, et « recule au point de disparaître de 1803 à 1811[3] ».

En 1815, le souvenir des atrocités commises pendant les guerres de la Révolution et de l'Empire marque les esprits. Le traumatisme est profond, la course discréditée. Les jurisconsultes reçoivent l'appui

---

[1] Ulane Bonnel, « Apogée et déclin de la course en Atlantique : fin XVIIIe-XIXe siècle », *Colloque international d'histoire maritime. Course et piraterie*, t. 2, p. 532.

[2] *Bulletin des lois*, n° 123, 1806, p. 570.

[3] Boissel, *op. cit.*, p. 146.

d'une majorité de l'opinion publique qui considère que la course est une pratique « barbare », un « acte odieux », un « reste d'ancienne piraterie ». La levée de boucliers reste platonique même si pour des raisons philanthropiques, économiques et sociales, il se dessine un consensus pour que les États abandonnent les anciennes pratiques et amorcent un cercle vertueux en œuvrant en faveur de la répression de la piraterie, de la suppression des blocus fictifs, de l'inviolabilité du pavillon neutre et de l'élimination de la course.

Renouant de façon inattendue avec la prise de position des révolutionnaires de 1792, la France est la première puissance à donner l'exemple. En 1823, elle renonce à délivrer des lettres de marque en l'absence même de réciprocité, lors de son intervention en Espagne pour remettre les Bourbons sur le trône. Les puissances européennes en sont informées par la circulaire du 12 avril 1823, émanant du ministre des Affaires étrangères, François-René de Chateaubriand :

> « [La France] a donc résolu de respecter les intérêts et les propriétés des sujets du roi d'Espagne. En conséquence, le gouvernement de Sa Majesté n'autorisera point dans les ports de France l'armement en course, et ne délivrera point de lettres de marque. La marine royale ne prendra que les bâtiments de guerre espagnols ; elle n'arrêtera les bâtiments marchands, espagnols ou étrangers, que dans le cas où ils tenteraient de s'introduire dans une place réellement bloquée par les forces navales du roi, et chercheraient ainsi à forcer un blocus effectif[1]. »

La décision française est surprenante à plus d'un titre. Il est piquant de voir le gouvernement conservateur de la Restauration suivre la voie ouverte par les libéraux de la Révolution dans le cadre d'une opération conforme aux préceptes réactionnaires de la « Sainte Alliance ». Mais le plus singulier est que la décision française est en contradiction avec la « doctrine » dite du baron Portal, du nom du ministre de la marine du 29 décembre 1818 au 14 décembre 1821. À Louis XVIII qui lui demandait que faire devant le constat que la France n'était plus en mesure de rivaliser avec la Royal Navy, Portal avait répondu :

> « Votre majesté désire savoir quel est, dans mon opinion, le genre de guerre à faire à l'Angleterre, si malheureusement la France y était de nouveau contrainte ? Ce genre de guerre serait la course. Je me ferai moi-même le chef de cette lutte. J'y intéresserai l'honneur et l'amour-propre de notre littoral. »

---

[1] Archives du ministère des Affaires étrangères, Correspondance politique, Espagne, vol. 721, janvier-mai 1823, f° 206-207.

Selon lui, en cas de conflit avec l'Angleterre, la France ne devrait se livrer à la « grande guerre » ou « guerre d'escadre » que dans le cadre d'une coalition avec une ou plusieurs puissances maritimes secondaires ; en cas d'échec de la dissuasion, le seul type de guerre accessible à la France serait la « guerre de course », conçue comme une guerre d'attrition contre le cœur névralgique de la puissance maritime dominante – le commerce – tout en évitant le combat. Dans ces perspectives, les croiseurs de la flotte ne sauraient suffire à cette tâche pour laquelle il faudrait faire appel à l'initiative privée – armateurs et corsaires occasionnels –, c'est-à-dire « nationaliser » la guerre maritime. À peine formulée, la « doctrine Portal » – référence de la première moitié de XIXe siècle en matière de stratégie et de constructions navales – est donc dépassée par la pratique et ne conserve que le volet militaire sans que les contemporains en aient vraiment conscience. De toute façon, l'abandon de la course ne constitue pas en 1823 un grand sacrifice. En fait, le commerce espagnol est presque nul, et les espoirs de gain des corsaires sont inexistants. Sans compter que la conjoncture est exceptionnelle, puisqu'il s'agit de rétablir les Bourbons sur le trône espagnol et ce serait une bien mauvaise politique que de léser les intérêts des Espagnols pour y parvenir. Il n'en reste pas moins que la décision française crée un précédent.

Ce fait n'échappe pas au président des États-Unis, James Monroe, qui s'en tient à la lettre de la circulaire française. Dans son message du 2 décembre 1823, il invite les puissances maritimes à abolir la course, « ce reste de l'ancienne barbarie[1] ». Selon lui, la position française « a fait naître l'espérance que le temps était venu où la proposition de les adopter comme règles permanentes et invariables de toutes guerres maritimes à venir[2] ». Le 5 décembre 1823, il fait très officiellement communiquer à la France, à la Russie et à l'Angleterre un projet de convention internationale « pour régulariser les principes de la neutralité commerciale et maritime ». Dans l'article 4, il est spécifié :

> « Tous les navires de commerce et de transport employés à l'échange des productions entre les différentes places et contribuant par là à généraliser et à faciliter l'usage des choses nécessaires, utiles ou agréables à la vie, auront la permission de passer librement et sans entraves. Et aucune des parties

---

[1] Charles-Louis Lesur, *Annuaire historique universel pour 1823*, Paris, Thoisnier-Desplaces, 1823, p. 619.

[2] Eugène Cauchy, *Du respect de la propriété privée dans la guerre maritime*, Paris, Amyot, Guillaumin et Cie, 1866, p. 115.

contractantes n'autorisera ses vaisseaux de guerre à capturer ou à détruire lesdits navires, ni n'accordera ou ne publiera aucune commission à aucun vaisseau de particulier armé en course pour lui donner le droit de saisir ou détruire les navires de transport ou d'interrompre leur commerce[1]. »

Le 1er février, la Russie répond qu'elle partage les vues des États-Unis, mais que la course est l'arme des puissances maritimes secondaires et qu'elle se désarmerait en l'abolissant à moins que toutes les puissances maritimes n'adhèrent à la convention. Toutefois elle se dit prête à faire des sacrifices « pour épargner au monde ce terrible fléau[2] ». De toute façon, l'Angleterre oppose un veto absolu. Le projet de convention reste sans suite.

Certains jurisconsultes ont voulu voir dans la position américaine des arrière-pensées. Elle ne répondrait qu'à son intérêt économique. Les États-Unis n'auraient d'autre tactique que d'éviter la création et l'entretien d'une flotte de guerre fort coûteuse, destinée à protéger sa flotte commerciale, tout en garantissant le commerce américain de façon plus efficace qu'une marine militaire. Quelles que soient les intentions réelles des États-Unis, le 17 mars 1826, le président John Quincy Adams revient à la charge. Dans un message adressé à la Chambre des représentants pour préparer le congrès de Panama qui doit avoir lieu du 22 juin au 15 juillet 1826, à l'initiative de Bolivar, il préconise pour restreindre « les horreurs de la guerre » que les États-Unis défendent les propositions suivantes :

« L'abolition des corsaires, l'établissement du principe que le pavillon doit protéger les marchandises ; la diminution du nombre des articles regardés comme contrebande, et la suppression pour toujours de ces blocus qui n'existent que sur le papier[3]. »

Le congrès est un échec. Les questions de l'abolition de la course et du droit de prise sont renvoyées aux calendes grecques.

Louis-Philippe continue sur la voie tracée par les Bourbons et refuse systématiquement de délivrer des lettres de marque en dépit de l'afflux des demandes au gré des crises et conflits qui émaillent son règne : Pays-Bas (1832) ; tension avec les États-Unis à propos de l'indemnité de 25 millions versée à titre de dédommagement pour des décisions injustement rendues par le conseil des prises napoléonien

---

[1] *Ibid.*, p. 99.
[2] *Ibid.*, p. 115.
[3] Lesur, *Annuaire historique universel pour 1826*, Paris, Thoisnier-Desplaces, 1827, p. 582-583.

(1835) ; crise d'Orient (1840) ; Mexique (1838) ; etc. Dans le même temps la monarchie de Juillet conclut des traités de commerce avec des États sud-américains dans lesquels une clause stipule de façon systématique que

> « s'il arrive que l'une des deux parties contractantes soit en guerre avec quelque autre pays tiers, l'autre partie ne pourra dans aucun cas autoriser ses nationaux à prendre ni accepter des commissions ou lettres de marque pour agir hostilement contre la première, ni pour inquiéter le commerce et les propriétés de ses sujets ou citoyens ».

Les États concernés sont la Nouvelle-Grenade (18 octobre 1844), le Chili (15 septembre 1846), auxquels s'ajoutent sous la IIe République, qui suit la même politique, le Guatemala (8 mars 1848), Porto Rico (12 mars 1849) et Haïti (8 mai 1852).

La politique de la France est loin d'être isolée. La première moitié du XIXe siècle se caractérise par le déclin de la course et par la prolifération de traités de commerce réglant le droit de neutralité maritime, conformément aux principes de 1780. Un seul État ne participe pas à ce mouvement : la Grande-Bretagne, qui est même signataire avec le Portugal, en 1842, du seul traité consacrant le système de *Consulat de la mer*. Mais cet anachronisme est appelé à être balayé sous la pression conjointe des intérêts commerciaux, de l'essor exponentiel du trafic maritime, de la dépendance accrue des États à l'égard du commerce international et de la prégnance des idées économiques libérales.

Lorsque la guerre de Crimée se profile, la France juge le moment opportun de rompre avec les « anciennes pratiques ». Dès le mois de janvier 1854, alors que la guerre avec la Russie n'est pas encore déclarée, le ministre des affaires étrangères, Drouyn de Lhuys, contacte l'Angleterre pour mettre au point une attitude commune qui soit favorable aux neutres. Il souligne que la Russie, puissance animatrice des neutralités armées de 1780 et de 1800, doit être traitée avec retenue d'autant que les États-Unis professent les mêmes doctrines. Après des négociations laborieuses, où Français et Anglais se sont fait des concessions mutuelles, les deux gouvernements parviennent à un accord correspondant aux acquis de la pratique internationale depuis 1815. L'Angleterre renonce ainsi de façon unilatérale à des usages consacrés pendant des siècles, levant son veto qui a fait jusqu'alors achopper toutes les négociations visant à libéraliser le traitement des neutres. Dès leur entrée en guerre contre la Russie le 30 mars 1854, les deux alliés publient une déclaration commune énonçant les principes retenus :

« Afin de garantir le commerce des neutres de toute entrave inutile, Sa Majesté consent pour le présent à renoncer à une partie des droits qui lui appartiennent comme puissance belligérante, en vertu du droit des gens [...] Mais les vaisseaux de Sa Majesté ne saisiront pas la propriété de l'ennemi chargée à bord d'un bâtiment neutre, à moins que cette propriété ne soit contrebande de guerre. Sa Majesté ne compte pas revendiquer le droit de confisquer la propriété des neutres trouvée à bord des bâtiments ennemis. Sa Majesté déclare en outre que, mue par le désir de diminuer autant que possible les maux de la guerre et d'en restreindre les opérations aux forces régulièrement organisées de l'État, elle n'a pas pour le moment l'intention de délivrer des lettres de marque pour autoriser les armements en course[1]. »

Les deux puissances maritimes renoncent sans réciprocité à la course alors que des agents de la Russie sont censés organiser, dans plusieurs ports des États-Unis, « un système de corsaires » contre leur commerce. Cette renonciation unilatérale n'implique toutefois pas que les corsaires ennemis doivent être traités comme des pirates. La France et la Grande-Bretagne entendent appliquer strictement le droit des gens. Dans l'instruction du 31 mars 1854 adressée aux officiers de marine, il leur est bien spécifié : « Si vous rencontrez un corsaire sous pavillon russe, vous le saisissez et le traiterez comme tout bâtiment marchand ennemi[2] », mais ils doivent vérifier que ledit corsaire est bien muni d'une lettre de marque adéquate sinon il sera traité en pirate. Le 30 mars, Drouyn de Lhuys adresse une circulaire aux gouvernements neutres[3], dans laquelle il leur demande en contrepartie de l'insaisissabilité de leurs biens de ne tolérer, sous aucun prétexte, l'armement et le ravitaillement des corsaires belligérants dans leurs ports ; de n'admettre dans leurs ports ni corsaires ni leurs prises, sauf cas d'absolue nécessité, et de défendre à leurs sujets, sans peine de sévère répression, de prendre des lettres de marque d'aucune puissance belligérante, de s'embarquer à bord de corsaires étrangers, ou de participer directement ou indirectement à l'armement et à l'équipement de bâtiments destinés à la course. Le 3 mai, il est accordé un délai de six semaines aux navires russes pour sortir des ports français sans être inquiétés[4]. Cet usage de l'*indult* parachève le système mis

---

[1] « Déclaration relative aux neutres, aux lettres de marque, etc. », *Bulletin officiel*, 29 mars 1854.

[2] *Instructions adressées par Son Excellence le ministre secrétaire d'État au département de la marine et des colonies à MM. Les officiers généraux, supérieurs et autres, commandant les escadres et les bâtiments de Sa Majesté impériale*, Paris, Imprimerie impériale, 1854. Arch. nat., FF² 289.

[3] Archives nationales, FF² 289.

[4] *Bulletin officiel*, n° 12, 1854.

en place par les Franco-Britanniques qui concrétise leurs intentions de livrer une guerre maritime « civilisée », limitée aux seules forces navales ennemies.

La France sonde les États-Unis, persuadée de leur neutralité bienveillante dans la mesure où la position des Franco-Britanniques est conforme au droit conventionnel comme à la législation américaine. Les États-Unis, fidèles à leur tactique de ne pas dissocier l'abolition de la course du respect absolu de la propriété privée, refusent d'engager des pourparlers. Mais le 24 mars, le ministre de la marine Théodore Ducos rend compte de l'assurance qui a été donnée au représentant de la France par le gouvernement fédéral que des « actes aussi contraires au droit des gens ne seraient pas tolérés sur le territoire de l'Union[1] », à savoir la délivrance de lettres de marque russes ou l'armement de corsaires. La réaction des neutres est empressée et positive. D'une façon générale, ils interdisent à leurs nationaux de prendre des commissions de course, excluent de leurs ports les corsaires sauf en cas de force majeure et pour une courte période seulement[2].

Mais les États-Unis profitent de la voie ouverte par les Franco-Britanniques pour s'y engouffrer et avancent

> « une proposition embrassant non seulement la règle que le pavillon couvre la marchandise, mais aussi la maxime moins contestée que les marchandises neutres, autres que la contrebande de guerre, bien que trouvées à bord d'un bâtiment ennemi, doivent être exemptes de confiscation[3] ».

Ils entendent faire entrer la liberté de la marchandise neutre et l'immunité conférée par le pavillon neutre dans le droit positif, au moyen de conventions bilatérales. La Russie s'empresse d'accepter l'ouverture américaine et signe avec les États-Unis un traité le 22 juillet 1854, ratifié le 31 octobre. Une convention du même ordre est signée par le royaume des Deux-Siciles avec les États-Unis, le 13 janvier 1855, et ratifiée le 14 juillet[4]. La France et l'Angleterre refusent de conclure

---

[1] *Bulletin officiel*, n° 9, 1854, p. 358.

[2] Décret de la reine d'Espagne (12 avril 1854) ; déclaration du gouvernement sarde (20 avril) ; ordonnances des Sénats de Hambourg, de Lübeck et de Brême (10, 26 et 29 avril) ; ordonnance du roi de Suède (8 avril) ; circulaire du roi de Danemark (20 avril) ; déclaration du gouvernement belge (25 avril) ; circulaire du gouvernement prussien (22 avril) ; ordonnance du roi de Naples (17 mai) ; décret du gouvernement autrichien (25 mai) ; ordonnance du grand-duc de Toscane (3 juin), etc.

[3] *Archives diplomatiques*, op. cit., t. 1, 1862, p. 142.

[4] Samwer, *Recueil général de traités, conventions et autres transactions...*, t. 16, part. 1, p. 569.

une convention dont ils jugent le contenu insuffisant, sans compter qu'elle leur ferait perdre l'initiative diplomatique[1]. Les autres puissances européennes s'alignent sur elles. La Prusse fait savoir qu'elle est prête à signer une telle convention, mais qu'elle réclame un article additionnel stipulant la renonciation à la course. Cette fois elle se heurte au veto américain.

Dans son message du 4 décembre 1854, le président des États-Unis, Franklin Pierce s'explique longuement sur ce veto. Selon lui, l'abolition de la course « est vivement désirée, pour des raisons faciles à comprendre, par les nations qui ont une organisation navale proportionnée à leur commerce extérieur[2] », ce qui par parenthèse n'est pas le cas de la Prusse, une puissance occupant à cette époque un rang inférieur dans la hiérarchie navale. Le président américain reprend l'argumentaire défendu par son pays depuis sa création. Pour des considérations stratégiques, l'abolition de la course doit être liée avec celle du droit de prise, eu égard à l'importance de leur flotte de commerce et à la faiblesse de leurs forces navales – à cette époque la marine militaire américaine est dix fois inférieure à celle de la Grande-Bretagne alors que le commerce des deux pays est à peu près égal. Pierce fait valoir qu'en cas de guerre maritime, les forces navales américaines ne pourraient protéger le commerce national et feraient peu de prises sur l'ennemi tandis que les vaisseaux britanniques, de par leur importance numérique, seraient en mesure de protéger le commerce anglais et de causer du tort au commerce américain. Dans l'hypothèse d'un conflit, la course serait la seule véritable force que les États-Unis pourraient opposer à l'ennemi, et en conséquence constitue une sauvegarde tant que le respect de la propriété privée sur mer n'aura pas été consacré de façon absolue par l'interdiction du droit de prise. Toutefois le président américain conclut que

> « si les grandes puissances de l'Europe étaient disposées à reconnaître comme principe international l'inviolabilité de la propriété privée sur l'Océan, tant de la part des bâtiments de guerre que des corsaires, le gouvernement de l'Union s'empresserait de donner son accord sur cette large base[3] ».

Durant les hostilités, la France et la Grande-Bretagne respectent scrupuleusement les règles qu'elles se sont imposées. Elles ne délivrent

---

[1] Lesur, *Annuaire historique universel ou Histoire politique pour 1856*, Paris, Thoisnier Desplaces, 1861, p. 323.
[2] *Archives diplomatiques, op. cit.*, t. 1, 1862, p. 143.
[3] *Idem.*

pas de lettres de marque, pas plus que la Russie qui révoque son ordonnance du 4 juin réglementant la course et suit l'exemple de ses deux adversaires. Les cyniques ne manquent pas de souligner que le sacrifice franco-britannique est tout relatif. La rentabilité de la course aurait été dérisoire eu égard à la disproportion des forces en présence – moitié moins de voiliers et six fois moins de vapeurs dans la flotte de guerre russe que dans celles des alliés ; un rapport de un à 57 pour la marine marchande en faveur des Franco-Britanniques – et à la situation géostratégique de la Russie, une puissance continentale dont les fenêtres maritimes peuvent être aisément bloquées même si c'est au prix d'une lourde servitude. Des observateurs sont persuadés que les concessions des Franco-Britanniques ont un caractère exceptionnel et temporaire – argument que la France aurait fait valoir auprès de l'Angleterre pour obtenir la levée de son veto – et que la course a encore de beaux jours devant elle. Ils auraient dû être plus attentifs à une petite phrase de la circulaire de Drouyn de Lhuys qui affirmait qu'une fois la guerre terminée la « déclaration commune demeurera un précédent considérable acquis à l'histoire de la neutralité[1] » et annonçait incidemment l'intention de la France de faire entrer la pratique dans la doctrine.

2 – LA DÉCLARATION RÉGLANT DIVERS POINTS DE DROIT MARITIME DU 16 AVRIL 1856

Les propositions de Walewski, entérinant la pratique de la guerre de Crimée, n'en constituent pas moins une surprise pour les plénipotentiaires comme le démontrent leurs réactions le 8 avril, peut-être à l'exception notable du plénipotentiaire anglais, lord Clarendon, qui devait être dans la confidence. En tout cas celui-ci annonce sans ambages que la Grande-Bretagne est disposée à renoncer définitivement à la course pourvu qu'elle soit « abolie pour toujours », parce que

> « la course n'est autre chose qu'une piraterie organisée et légale, que les corsaires sont un des fléaux de la guerre, et que notre état de civilisation et d'humanité exige qu'il soit mis fin à un système qui n'est plus de notre temps[2]. »

---

[1] Drouyn de Lhuys, circulaire du 30 mars 1854, *in* Calvo, *op. cit.*, t. 4, p. 441.
[2] Gourdon, *op. cit.*, protocole n° XX, p. 116.

Sa seule exigence est la réciprocité. Le plénipotentiaire autrichien, le comte de Buol, demande un délai pour donner sa réponse, le temps de solliciter des ordres de son souverain car il n'est pas habilité à se prononcer sur ce sujet. Le comte Orlov, plénipotentiaire russe, adopte la même position. Par contre, le plénipotentiaire prussien, le baron de Manteuffel, se déclare habilité à négocier même en l'absence d'instructions de son gouvernement dans la mesure où les propositions françaises correspondent à des principes « qui ont toujours été professés par la Prusse, qui s'est constamment appliquée à les faire prévaloir[1] ». Le 14 avril, les réponses autrichienne et russe sont positives, mâtinée de la même réserve émise par la Grande-Bretagne sur la réciprocité. Deux jours plus tard, les plénipotentiaires signent, à l'unanimité, la déclaration de Paris, après avoir apporté quelques modifications au texte initial[2] :

1. La course est et demeure abolie ;
2. Le pavillon neutre couvre la marchandise ennemie, à l'exception de la contrebande de guerre ;
3. La marchandise neutre, à l'exception de la contrebande de guerre, n'est pas saisissable sous pavillon ennemi ;
4. Les blocus, pour être obligatoires, doivent être effectifs, c'est-à-dire maintenus par une force suffisante pour interdire réellement l'accès du littoral de l'ennemi.

Sur la proposition de Walewski et au nom de l'intérêt commun, les plénipotentiaires déclarent « indivisibles » les quatre principes mentionnés dans la déclaration et

« conviennent que les puissances qui l'ont signée, ou qui y auront accédé, ne pourront entrer, à l'avenir, sur l'application du droit maritime en temps de guerre, en aucun arrangement qui ne repose, à la fois, sur les quatre principes objet de ladite déclaration[3] ».

Le principe de l'indivisibilité s'inscrit sans aucun doute dans le bras de fer engagé avec les États-Unis. Il est destiné à les pousser dans leur retranchement et leur faire accepter la déclaration sous peine de se retrouver en dehors du concert international. Selon le publiciste Fauchille, la déclaration « synallagmatique » a une portée

---

[1] *Ibid.*, p. 118.
[2] *Ibid.*, protocole n° XXIV, p. 127.
[3] *Idem.*

limitée dans la mesure où « elle n'est et ne sera obligatoire qu'entre les puissances qui y ont ou qui y auront accédé[1] ». La prohibition n'est absolue qu'entre les États signataires, et leurs sujets qui armeraient en course seraient traités comme des pirates. Mais *a contrario*, les États signataires se voient contraints de reconnaître la qualité de belligérants réguliers aux corsaires des pays qui n'ont pas adhéré à ladite déclaration. Ils peuvent même armer en course contre une puissance qui n'en serait pas signataire. L'abolition de la course est donc relative, et la guerre de course désormais réservée aux seuls bâtiments de guerre.

Les sept puissances signataires – Autriche, France, Prusse, Royaume-Uni, Russie, Sardaigne, Turquie – s'engagent à faire des démarches pour généraliser l'adoption de la déclaration dont elles communiquent le texte, par voie diplomatique, à tous les gouvernements qui n'avaient pas été appelés à participer au congrès. Entre 1856 et 1858, 45 États ou villes libres y adhèrent, à savoir tous les États européens[2] (dont les États pontificaux) auxquels s'ajoutent dans l'espace extra-européen : l'Argentine, le Brésil, le Chili, l'Équateur, le Guatemala, Haïti, la Nouvelle-Grenade, le Pérou et l'Uruguay. La déclaration est célébrée à l'envi pour les progrès qu'elle doit apporter à la navigation, au commerce, à l'humanité et à la civilisation. Même le pape Pie IX affirme qu'elle correspond « à la nécessité de protéger les intérêts commerciaux et les nombreuses transactions qui en sont la conséquence ». Grâce à elle, la guerre sur mer est censée perdre son caractère de féroce acharnement. Elle ne pèserait plus sur les faibles, les petits, les désarmés pour se limiter à des opérations militaires entre les forces organisées des belligérants.

L'harmonieux concert des nations est toutefois troublé par trois grands États « dissidents » qui refusent d'adhérer à la déclaration : l'Espagne, le Mexique et les États-Unis. Seul le premier article abolissant la course suscite leur rejet. Ils font valoir que faute de forces navales suffisantes, ils ne peuvent se permettre de renoncer aux auxiliaires que sont les corsaires. Sinon, ils se disent prêts à adhérer aux trois autres articles, mais en raison du principe de l'indivisibilité ils se voient contraints de rejeter l'ensemble. La manœuvre des

---

[1] Fauchille, *op. cit.*, t. 2, p. 366, n° 1289[1], § 1.

[2] Le grand nombre d'États s'explique par la division de l'Allemagne : Bade, Brunswick, Confédération germanique, Francfort, Hambourg, Hanovre, Hesse-Darmstadt, Hesse-Électorale, Lubeck, Mecklembourg-Schwerin, Mecklembourg-Strelitz, Nassau, Oldenbourg, Saxe-Altenbourg, Saxe-Cobourg-Gotha, Saxe-Meiningen, Saxe-Weimar, Saxe, Wurtemberg, etc.

plénipotentiaires a échoué et les États-Unis s'arc-boutent sur leur tactique traditionnelle. Ceux-ci ont l'habileté de refuser de s'associer à l'abolition de la course – saluée comme un progrès du droit des gens – en ayant soin de le faire au nom du plus grand principe de l'inviolabilité de la propriété privée sur mer. Dans une note longuement motivée du 28 juillet 1856, le secrétaire d'État William-Larned Marcy, reprend l'argumentaire traditionnel des États-Unis. Paradoxalement, il se trouve à front renversé et se fait le chantre de la course, « un droit essentiel à la liberté des mers » consacré par le droit des gens, l'usage et l'opinion publique, même s'il reconnaît qu'elle a donné lieu à des abus dont les neutres furent les principales victimes. Son argumentation prend une saveur toute particulière avec le recul de l'histoire :

> « Les États-Unis considèrent l'établissement permanent d'une marine et d'une armée considérables comme nuisibles à la prospérité nationale et menaçant la liberté civile ; il constitue une dépense lourde pour la nation et, selon l'avis de ce gouvernement, il constitue jusqu'à un certain point une menace contre la paix internationale. Une grande force, toujours prête à être employée dans un but de guerre, est une tentation de s'y lancer. La politique des États-Unis a toujours été opposée à un établissement de ce genre, et elle l'est aujourd'hui plus que jamais, et ils ne pourront jamais être amenés à un changement de la loi internationale qui nécessiterait de leur part le maintien en temps de paix d'une puissante marine et d'une armée considérable[1]. »

Dans son message du 2 décembre 1856, le président des États-Unis propose d'ajouter un amendement à l'article premier de la déclaration : « Et la propriété privée des sujets et citoyens d'une partie belligérante sur les hautes mers sera affranchie de la prise par les navires publics armés de l'autre belligérant, sauf le cas de contrebande[2]. » La position des États-Unis est inébranlable : c'est la guerre à la propriété privée qu'il faut extirper du code international. Rien d'autre n'est négociable. Le refus des États-Unis suscite une profonde déception, eu égard à leur situation géographique et à l'importance de leur commerce. Certains ont voulu voir dans la tactique américaine du « tout ou rien », de la duplicité et la volonté d'asseoir leur hégémonie à l'exemple de l'Angleterre des XVIIe et XVIIIe siècles.

La France et la Russie offrent leurs bons offices pour que l'amendement américain reçoive l'assentiment des autres puissances. La Russie adhère même formellement à la version américaine le 28 novembre

---

[1] *Archives diplomatiques, op. cit.*, t. 1, 1861, p. 154.
[2] Lesur, *op. cit.*, 1856, p. 324.

1856. L'amendement est communiqué sous forme d'un projet de règlement international en février 1857. La Prusse, la Sardaigne, les Pays-Bas et la France se déclarent plutôt favorables. Mais l'Angleterre oppose son veto. Le nouveau président des États-Unis, James Buchanan, donne le 3 mars 1857 l'ordre d'arrêter les négociations afin de pouvoir réexaminer la question, qui est reportée *sine die*[1]. L'adhésion française à la position américaine est quelque peu suspecte. Est-elle de bonne foi ? N'affiche-t-elle pas un libéralisme de bon aloi tout en sachant pertinemment que jamais l'Angleterre ne consentirait à abandonner le droit de prise ? Un tel abandon signifierait une refonte complète de la stratégie navale et du programme de constructions navales de la France, ce qui est difficile à croire.

Par ailleurs, la déclaration ne fait pas l'unanimité de la doctrine. Des publicistes français – Hautefeuille, Giraud, Dupin – continuent à se déclarer favorables à la course et argumentent contre son abolition :

> « La course est l'arme la plus formidable, on pourrait même dire la seule arme des nations faibles, pour résister à celles qui sont plus fortes ; elle seule peut établir une sorte d'équilibre entre les belligérants[2]. »

Ils considèrent que la déclaration a été imaginée dans l'intérêt exclusif de l'Angleterre :

> « Toujours habile, elle a repris le vieux manteau d'humanité et de dévotion, qui déjà lui avait servi pour obtenir le droit de visite en temps de paix, et, sous ce déguisement, elle a demandé ou fait demander, au congrès de Paris, l'abolition de la course, de cette institution des temps de barbarie[3]. »

Selon Charles Giraud, « la France a joué un jeu de dupes[4] ». La raison avancée est que la marine marchande anglaise, composée encore essentiellement de voiliers, aurait été une proie facile pour les corsaires à vapeur des autres puissances européennes en dépit de la prééminence de la Royal Navy. Il faut reconnaître que les publicistes donnent l'impression de confondre « course » et « guerre de course », par un défaut de méthodologique que dénonce l'un d'entre

---

[1] D'après note-circulaire du secrétaire d'État Seward aux représentants des États-Unis en Europe au sujet de la Déclaration du congrès de Paris sur le droit maritime, de Washington, 24 avril 1861, *Archives diplomatiques*, 1861, t. 4, p. 117.

[2] Hautefeuille, *Questions de droit maritime international*, Paris, Guillaumin, 1868, p. 223.

[3] Hautefeuille, *Histoire des origines…*, *op. cit.*, p. 440.

[4] Fauchille, *op. cit.*, t. 2, p. 370.

eux, Fauchille, dans les années 1920. « Sa réapparition est fatale[1] » juge Hautefeuille. Les détracteurs de la déclaration soulignent son caractère très général, son imprécision sur des points comme l'*indult*, la définition de la contrebande. D'autres critiquent la pusillanimité des plénipotentiaires et le manque d'envergure de la déclaration – une demi-mesure – qui ne constituerait qu'une étape avant d'abolir le droit de prise « pour civiliser la guerre[2] » et même supprimer les guerres maritimes.

Il ne faut pas croire que la déclaration soit accueillie sans réticence de l'autre côté de la Manche. Le Premier ministre Palmerston la défend devant la chambre des Communes le 6 mai avec un certain cynisme : « C'est nous qui avons le plus gagné à ce changement[3]. » À son tour, Clarendon la présente devant la chambre des Lords, le 22 mai, comme une anticipation et une conséquence du progrès technique : « Je regarde l'abolition des lettres de marque, comme étant du plus grand avantage pour un peuple aussi commerçant que le peuple anglais[4]. » Autant de déclarations qui alimentent la paranoïa en France. La note de Marcy suscite de vifs débats et des polémiques dans la presse britannique et au parlement. Richard Cobden, apôtre du libre-échange, regrette que l'Angleterre ne soit pas la rédactrice de cette note dont il partage totalement les idées. Pour les milieux conservateurs, l'Angleterre a été trop loin dans l'abandon de ses traditions séculaires, et ce sans réelles compensations. Benjamin Disraeli, alors dans l'opposition, déclare en 1862 que l'adhésion de la Grande-Bretagne à la déclaration relève du « suicide politique » et, le 21 avril 1871, proclame non sans emphase que la dénonciation de la déclaration jetterait « un rayon de lumière sur un des points les plus sombres de l'histoire britannique[5] ». Parvenu au pouvoir, il se gardera bien de pactiser avec les partisans de la dénonciation de ladite déclaration. Des deux côtés de la Manche, un certain pessimisme prévaut. La déclaration n'aurait pas un caractère définitif. Elle ne serait qu'un feu de paille dicté par la conjoncture, pour la bonne raison qu'elle serait tout simplement inexécutable. C'est comme si les hommes politiques et les publicistes attendaient de voir comment la déclaration résisterait à l'épreuve des faits, ce

---

[1] Fauchille, *op. cit.*, t. 2, p. 373.
[2] *La Presse*, article de Labiche, 23 septembre 1854.
[3] *Times*, 23 mai 1856, *in* Hautefeuille, *Histoire des origines…, op. cit.*, p. 441.
[4] *Idem.*
[5] Arthur Desjardins, *Le congrès de Paris et la jurisprudence internationale. Mémoire lu dans la séance du 29 décembre 1883*, Institut de France, p. 13.

qui revient à poser la question de savoir quelle est la jurisprudence internationale aux XIXe et XXe siècles.

3 – La portée de la déclaration

En dépit de ses imperfections, ou à cause d'elles, la déclaration entre dans le droit positif. Les adhésions continuent[1] avec la Bulgarie (1878), le Japon (1886), rejoints par deux des États dissidents : l'Espagne (18 janvier 1908) et le Mexique (13 février 1909). Les adhérents appartiennent pour la plupart à l'Europe ou au continent américain. Le caractère de la déclaration qui n'intéresse que des États maritimes, ayant atteint un certain niveau de développement et de commerce, explique la quasi-absence des États d'Asie – à l'exception notable du Japon – d'Afrique et d'Océanie. Le seul pays européen n'ayant pas répondu à la proposition d'adhésion est la Roumanie[2]. Un noyau dur d'États sud-américains demeurent alignés sur les États-Unis : la Bolivie, la Colombie, le Costa Rica, le Nicaragua, le Paraguay, le Venezuela.

Non sans une certaine jubilation, les publicistes constatent que lors de la guerre de Sécession, « l'Union expérimenta à ses dépens qu'il n'est pas bon de reculer une réforme, parce qu'on ne peut en obtenir une plus grande[3] ». Le bras de fer a tourné au piège. En tout cas, le président des États-Unis, Abraham Lincoln, décide d'en sortir en accédant sans réserve à la déclaration. Le secrétaire d'État William Seward informe les représentants américains à l'étranger de cette décision dans une note circulaire du 24 avril 1861. Les États-Unis n'ont pas changé d'avis sur le fond et continuent à affirmer qu'

> « il serait éminemment désirable, pour le bien de toutes les nations, qu'en temps de guerre la propriété et les effets des particuliers qui ne sont pas objets de contrebande, soient exemptés de la saisie et de la confiscation par les vaisseaux de guerre[4] »,

---

[1] Samwer, *Recueil général de traités, op. cit.*, t. 16, part. 2, p. 641 ; Dalloz, *Supplément au répertoire méthodique et alphabétique, op. cit.*, t. 13, v° *prises maritimes*, p. 672.

[2] Fauchille, *op. cit.*, t. 2, p. 814-815, n° 1527[1].

[3] Charles de Boeck, *De la propriété privée ennemie sous pavillon ennemi*, Paris, Pedone-Lauriel, 1882, p. 118.

[4] *Archives diplomatiques, op. cit.*, 1861, t. 4, p. 118.

mais ils reconnaissent que le contexte international n'est pas propice à l'adoption de leur amendement – en suspens depuis 1857 – et que par ailleurs

> « une partie du peuple américain a levé l'étendard de la révolte, proclamé un gouvernement provisoire et, par ses organes, a pris la mauvaise résolution d'inviter les particuliers à piller le commerce pacifique des États-Unis[1] ».

La circulaire fait allusion à la proclamation de Jefferson Davis, président des États confédérés, du 17 avril 1861 proclamant la guerre de course contre l'Union. Lincoln estime que

> « dans les circonstances actuelles, il est sage de s'assurer le bienfait moindre offert par le congrès de Paris [l'abolition de la course], plutôt que l'attendre indéfiniment dans l'espérance d'en obtenir un plus grand [l'abolition du droit de prise], c'est-à-dire celui offert par le président des États-Unis aux nations maritimes[2] ».

Par une ironie de l'histoire, les arguments avancés en 1856 par le secrétaire d'État Marcy se retournent contre l'Union. Eu égard à la distorsion des forces en présence, la course est la seule arme maritime du Sud, dépourvue de forces navales, contre le commerce du Nord, et les prises peuvent être très lucratives pour les Sudistes. Lincoln entend engager l'ensemble des États-Unis, les États fédéraux et confédérés[3]. Il s'agit d'amener les gouvernements étrangers à traiter les corsaires sudistes comme pirates, et partant à sortir de leur neutralité en prenant parti contre la Confédération. Mais la manipulation est peu subtile. La Grande-Bretagne et la France sont d'accord pour négocier, mais refusent de prendre parti dans la guerre civile. Fort de cette neutralité, le 15 août 1861, le congrès des États confédérés prend la résolution de maintenir la course : « Le droit de course [*privateering*] est maintenu tel qu'il est établi par la pratique et reconnu par les lois internationales[4] », et déclare respecter les trois derniers articles de la déclaration. Le 28 août 1861, le ministre des affaires étrangères britannique, lord Russell fait savoir que « l'Angleterre ayant déjà reconnu aux confédérés du Sud le caractère de belligérant leur a implicitement reconnu le droit d'armer en course[5]. » Le

---

[1] *Idem.*
[2] *Idem.*
[3] Dépêche de Dayton à Seward, 22 août 1861, *Archives diplomatiques, op. cit.*, 1862, t. 1, p. 362.
[4] *Ibid.*, p. 69.
[5] Desjardins, *op. cit.*, p. 10.

7 septembre, les négociations avec la France et la Grande-Bretagne sont « suspendues quant à présent[1] ». Le Nord ne reconnaît pas aux corsaires sudistes la qualité de prisonniers de guerre et commence par les traiter en pirates, suscitant de très vives protestations. Par la suite, l'Union déclare respecter en pratique les maximes proclamées par la déclaration de Paris, mais l'occasion d'y adhérer formellement est passée.

Hormis la guerre de Sécession, une seconde guerre a donné lieu à des armements en course : celle dite du Pacifique (1879-1883)[2] où se sont affrontés le Chili contre le Pérou et la Bolivie. Le Chili et le Pérou étaient signataires de la déclaration, mais pas la Bolivie, ce qui a permis aux trois États de recourir à la course sans enfreindre leurs obligations internationales. Les autres guerres du XIXe siècle se caractérisent par le respect de la déclaration de Paris. Il est vrai qu'elles ont eu lieu entre puissances adhérentes et que les enjeux maritimes étaient limités. Dans certains conflits, les belligérants dépassent les obligations de la déclaration et renoncent au droit de prise comme en 1864 lors de la guerre de la Prusse et de l'Autriche contre Danemark où le traité de paix du 30 avril annule les prises pendant la guerre reconnaissant implicitement l'inviolabilité de la propriété privée. Durant la guerre entre les États-Unis et l'Espagne (1898), – tous deux non adhérents à la déclaration – le président renonce aux lettres de marque et déclare respecter la déclaration. L'Espagne annonce son intention de recourir à la course, mais elle n'use pas de son droit. L'abolition de la course s'étend au XXe siècle. Pendant les deux guerres mondiales, aucune lettre de marque n'a été délivrée, les belligérants se sont contentés d'employer des flottes auxiliaires, non interdites par la déclaration.

En parallèle à la jurisprudence qui entérine l'abolition de la course, se développe la conviction qu'il est un devoir historique de parachever le processus amorcé par la déclaration en la complétant par la suppression du droit de prise[3]. Un consensus se dessine dans le dernier quart du XIXe siècle pour considérer que le droit de prise est une institution qui n'est plus en rapport avec les idées et les mœurs du temps, qu'il est une anomalie, une trace d'un autre âge dans la

---

[1] *Archives diplomatiques, op. cit.*, 1862, t. 1, p. 409.

[2] *Ibid.*, t. 2, p. 369.

[3] Dalloz, *Supplément au répertoire méthodique et alphabétique de législation, de doctrine et de jurisprudence*, publié par Gaston Griolet et Charles Vergé, t. 13, Paris, 1894, p. 674-677.

mesure où il fait supporter une partie du poids de la guerre sur de simples particuliers[1]. Des publicistes (Calvo, Bluntschli, Bulmerincq, de Lavelaye, Martens) publient force rapports et ouvrages pour défendre ce principe. La mobilisation du monde scientifique est doublée par celle des milieux du commerce. Périodiquement, les parlements français et anglais évoquent la question de l'immunité de la propriété privée, qui est systématiquement repoussée. Les États-Unis reviennent à la charge lors de la conférence de La Haye (18 mai–29 juillet 1899). Leur proposition d'instituer l'inviolabilité de la propriété privée sur mer n'est même pas discutée, sous prétexte que la question maritime n'est pas à l'ordre du jour de la conférence, tout au plus fait-elle l'objet du vœu de la conférence tendant à son renvoi à une conférence ultérieure. La Grande-Bretagne ne s'associe même pas à ce vœu. Lors de la 2ᵉ conférence de La Haye (15 juin–18 octobre 1907)[2], les États-Unis proposent :

> « La propriété privée de tous les citoyens des puissances signataires, à l'exception de la contrebande de guerre, sera exempte en mer de la capture ou de la saisie par les navires armés ou par les forces militaires desdites puissances. Toutefois cette disposition n'implique aucunement l'inviolabilité des navires qui tenteraient d'entrer dans un port bloqué par les forces navales desdites puissances ni par des cargaisons desdits navires[3]. »

La conférence discute longuement. L'Allemagne s'y montre favorable à la condition de s'entendre sur la contrebande de guerre et le blocus dont la conception peut porter atteinte au principe de l'inviolabilité. La Grande-Bretagne, au contraire, se déclare hostile au principe. La France, tout en soutenant aussi le droit de capture, demande la suppression de la part de prises au profit des équipages afin que l'intérêt du lucre ne pousse pas à la capture. Cette proposition reste sans suite. Celle des États-Unis reçoit l'adhésion de 21 États dont l'Allemagne, l'Autriche-Hongrie, la Belgique, le Brésil, la Bulgarie, l'Italie, la Norvège, les Pays-Bas, et la Suède ; 11 États se prononcèrent contre elle dont la Colombie, l'Espagne, la France, la Grande-Bretagne, le Japon, le Portugal, la Russie, tandis que 12 États s'abstiennent ou ne prennent pas part au vote. La suppression du droit de prise est une nouvelle fois rejetée. L'occasion est définitivement perdue. Les États-Unis ont perdu leur bras de fer qui s'est brisé sur

---

[1] Fauchille, *op. cit.* t. 2, p. 432.

[2] Le Bon Descamps et Louis Renault, *Recueil international des traités du 20ᵉ siècle*, Paris, Rousseau, 1907, p. 283-291.

[3] Fauchille, *op. cit.*, t. 2, p. 429.

le veto de la Grande-Bretagne, maintenu même après le premier conflit mondial.

Conclusion

Les hommes de 1856 ont eu l'ambition d'être des acteurs de l'Histoire et de faire œuvre durable et humaniste en éradiquant des traditions archaïques, ils y sont parvenus puisque la déclaration de Paris du 16 avril 1856 fait partie du droit positif. Pour l'anecdote, elle figure actuellement sur le site Internet de la Croix-Rouge internationale avec la liste des pays signataires et adhérents.

La déclaration voulue par Walewski n'est finalement pas une surprise même si elle traite du droit maritime qui ne figurait pas dans l'ordre du jour du congrès de Paris. Elle achève un processus amorcé trois quarts de siècle plus tôt et validé par la pratique. Elle cristallise un changement de mentalité. Les hommes de 1856 ont été pragmatiques, ils se sont contentés d'une demi-mesure. Mais ils nous donnent une leçon universelle, selon laquelle il vaut mieux parfois une demi-réforme imparfaite que rien. Les États-Unis arc-boutés dans leur tactique du « tout ou rien » ont échoué, et ne sont pas parvenus à imposer l'abolition du droit de prise. Ils n'ont toujours pas formellement adhéré à la déclaration, même s'ils ont proclamé en observer les dispositions.

Finalement, les publicistes du XIXe siècle ont eu raison en célébrant la déclaration comme « le plus grand événement du XIXe siècle au point de vue du droit maritime international[1] » ; « un immense progrès[2] » (Calvo) ; « l'acte le plus sublime et le plus humanitaire du XIXe siècle[3] » (le Russe Danewski en 1879) ; « c'est là un des plus beaux triomphes de la diplomatie contemporaine[4] ». Cette déclaration a en quelque sorte pérennisé ce congrès de Paris dont nous célébrons le 150e anniversaire.

---

[1] Boeck, *op. cit.*, p. 105.
[2] Calvo, *op. cit.*, t. 2, § 941.
[3] Danewski, *Aperçu historique sur la neutralité*, 1879.
[4] Pellissier de Reynaud, « Le droit maritime selon le congrès de Paris », *Revue des deux mondes*, 15 février 1857, p. 926.

Frédéric Baleine du Laurens

LA COMMISSION DU DANUBE

Un des objets principaux de la guerre de Crimée ayant été de neutraliser la mer Noire et de rétablir les dispositions convenues à Londres en 1841 sur les détroits, le Danube va très normalement se trouver englobé dans le champ de la négociation du congrès de Paris : le Danube ou, principalement, les embouchures du Danube, la zone adjacente à la mer Noire.

Deux types de considérations dominent alors :

- des considérations politiques fondamentales mais qu'il est inutile de rappeler : le souci des vainqueurs de contenir la poussée russe vers les Balkans, l'émergence de nouvelles entités politiques – « les principautés danubiennes » comme on dit alors.
- les considérations économiques sont également très présentes à l'esprit des négociateurs. À cette époque, le Danube est loin d'être navigable de part en part. Long de 2 800 kilomètres, le fleuve n'a qu'une assez faible déclivité (700 mètres depuis sa source) et son delta peu profond a des allures de marécage, la profondeur des chenaux variant généralement entre un et deux mètres et ne dépassant jamais 2,70 m, ce qui interdit toute navigation importante. Les États d'Europe centrale, en tout premier lieu l'Autriche, souhaitent ardemment qu'il soit mis fin à cette situation qui bloque leur débouché commercial vers le sud-est de l'Europe, la Turquie et la Méditerranée.

En bref, le Danube reste alors d'une certaine façon un fleuve abandonné à lui-même. À la différence du Rhin qui, depuis 1815, fait l'objet de dispositions internationales précises, le Danube n'a aucun statut établi sur le plan international. N'oublions pas d'ailleurs que le Danube est à cette époque encore largement un fleuve intérieur de l'Empire ottoman. Plus tard, le retrait en quelques dizaines d'années de la Turquie d'Europe modifiera évidemment complètement la donne. Mais pour l'heure, en 1856, la Turquie est dans le camp des vainqueurs et il ne peut pas être question de lui imposer, sur ce point, d'humiliantes contraintes pour « ouvrir » le Danube, même si l'Autriche en rêve.

Le dilemme pour les négociateurs est donc de savoir comment forcer l'Empire ottoman à sortir de son immobilisme et faire du Danube une voie internationale, tout en repoussant aussi loin que possible la Russie de ce fleuve et de ses affluents. Les négociateurs vont y répondre assez astucieusement.

Les dispositions du traité de Paris

Le traité de Paris consacre six de ses 34 articles à la question du Danube, ce qui est beaucoup (les articles 15 à 20).

L'article 15 du traité jette les bases d'un statut international du Danube mais les temps ne sont pas mûrs pour faire du Danube un « fleuve international » au sens juridique du terme : il faudra pour cela attendre encore plus de 60 ans et le traité de Versailles qui déclarera « international » le Danube depuis Ulm[1].

En 1856, on n'en est pas là et le long article 15 du traité de Paris se contente de poser les principes généraux de la navigation sur le Danube, en faisant explicitement référence à ce qui avait été agréé au traité de Vienne de 1815, lequel ne s'était pas appliqué, et pour cause, à la Turquie. Le traité de Paris dispose donc ceci :

> « L'Acte du congrès de Vienne ayant établi les principes destinés à régler la navigation des fleuves qui séparent ou traversent plusieurs États, les puissances contractantes stipulent entre Elles qu'à l'avenir, ces principes seront également appliqués au Danube et à ses embouchures. Elles déclarent que cette disposition fait, désormais, partie du droit public de l'Europe, et la prennent sous leur garantie.

---

[1] Art. 331 : « Sont déclarés internationaux : l'Elbe... l'Oder... le Niemen... le Danube depuis Ulm... et toute partie navigable de ces réseaux fluviaux servant naturellement d'accès à la mer à plus d'un État... Il en sera de même de la voie navigable Rhin-Danube au cas où cette voie serait construite ».

> La navigation du Danube ne pourra être assujettie à aucune entrave ni redevance qui ne serait pas expressément prévue par les stipulations contenues dans les articles suivants [*il s'agit des droits qui pourront être prélevés par la Commission du Danube afin qu'elle rentre dans ses frais*]. En conséquence, il ne sera perçu aucun péage basé uniquement sur le fait de la navigation du fleuve, ni aucun droit sur les marchandises qui se trouvent à bord des navires. Les règlements de police et de quarantaine à établir, pour la sûreté des États séparés ou traversés par ce fleuve, seront conçus de manière à favoriser autant que faire se pourra, la circulation des navires. Sauf ces règlements, il ne sera apporté aucun obstacle, quel qu'il soit, à la libre navigation ».

L'inspiration libérale, et même ultra-libérale, de ces dispositions est évidente. Pour les mettre en œuvre, le traité de Paris va instituer une Commission et même, pour faire bonne mesure, il va en instituer deux :

Une commission dite « européenne » *(c'est une première dans l'Histoire)* sera chargée de faire réaliser les travaux nécessaires

> « pour dégager les embouchures du Danube, ainsi que les parties de la mer avoisinante, des sables et autres obstacles qui les obstruent, afin de mettre cette partie du fleuve et les dites parties de la mer dans les meilleures conditions possibles de navigabilité » (article 16).

Cette commission est formée des représentants des sept États signataires du traité de Paris, et d'eux seulement. Cette commission pourra prélever des droits fixes pour couvrir les frais des travaux, « à la condition expresse que, sous ce rapport comme sous tous les autres, les pavillons de toutes les nations seront traités sur le pied d'une parfaite égalité ». Observons que la Commission européenne du Danube, si elle s'inspire d'une idéologie libérale, s'inscrit également dans le puissant courant d'idées inspirées du saint-simonisme, qui prône à cette époque le progrès de l'humanité par la construction de grandes voies de communication. Les travaux de creusement du canal de Suez débutent sensiblement à la même époque. Et la Commission européenne du Danube préfigure dans son mode de fonctionnement et par les pouvoirs régaliens dont elle est investie, l'administration du canal de Suez.

Une autre commission, dite « riveraine » et formée, elle, des représentants des États riverains du Danube (Autriche, Bavière, Wurtemberg, Empire ottoman, plus les trois nouvelles « principautés danubiennes »), est chargée d'élaborer les règlements de navigation et de police fluviale, de faire « disparaître les entraves de quelque nature qu'elles puissent être, qui s'opposent encore à l'application au Danube des dispositions du traité de Vienne ». Elle est également chargée d'ordonner et de faire exécuter « les travaux nécessaires sur tout le parcours du fleuve ».

Il est enfin prévu *(les plénipotentiaires de Paris étaient manifestement des optimistes)* que ces deux commissions auront terminé leur mandat en l'espace de deux ans et qu'à l'issue de cette période, la dissolution de la Commission européenne sera prononcée : « dès lors, la Commission riveraine permanente jouira des mêmes pouvoirs que ceux dont la Commission européenne aura été investie jusqu'alors ».

Tel est le schéma institutionnel établi par le traité de Paris.

Les développements historiques postérieurs

Ce système va se transformer. La longue histoire de ce qu'on appellera plus tard la « Commission du Danube » porte la marque des vicissitudes de l'histoire européenne au point qu'une chatte n'y retrouverait pas ses petits.

Succinctement, six remarques peuvent être tirées d'une histoire de 150 ans :

La « Commission européenne » dont la durée de vie ne devait être que de deux ans deviendra peu à peu permanente et va étendre ses pouvoirs : déjà en 1858, les conférences de Paris « relatives à l'organisation des principautés roumaines » constatent que la Commission européenne ne pourra pas avoir terminé dans un délai de deux ans les travaux dont elle est chargée et décident de prolonger ce délai « jusqu'à l'achèvement complet desdits travaux ». En 1866, de nouvelles conférences de Paris décident de prolonger de 5 ans la durée de la Commission européenne, la Russie se ralliant d'assez mauvais gré à cela et indiquant que ce terme ne devra être en aucun cas dépassé. On n'en a cure et le traité de Berlin maintiendra dans ses fonctions la Commission européenne et ajoutera au passage la Roumanie aux 7 États fondateurs. Le champ d'action géographique de la « Commission européenne » va lui-même s'étendre de plus en plus loin des seules embouchures du fleuve. Le traité de Londres de 1883 recule encore ces limites, en étendant la juridiction de la Commission de Galatz à Braïla. Le même traité de Londres pérennise, si l'on peut dire, la Commission européenne, en étendant son mandat pour 21 ans et surtout en posant le principe qu'après 1904, les pouvoirs de la Commission européenne seront renouvelés par tacite reconduction de 3 ans en 3 ans.

La seconde observation que l'on peut faire est que les grandes puissances européennes vont constamment chercher à garder la haute main sur le Danube, au détriment s'il le faut du pouvoir des riverains, ce qui explique le rôle que vont jouer dans les affaires du Danube des États non riverains comme la France et le Royaume-Uni qui s'ingénieront à tirer les ficelles… jusqu'à ce que le jeu leur échappe en 1948. Ceci est une grande différence entre la Commission du Danube et la Commission du Rhin, laquelle a toujours été administrée exclusivement par les États riverains.

Troisième observation : ainsi soutenue par de grandes puissances, la Commission européenne du Danube va réussir à remplir son mandat en dépit des défis considérables qu'elle avait à relever : défis politiques dus à l'incessante instabilité dans les Balkans, aux rectifications de frontières etc., mais aussi défis techniques dus à l'état d'abandon dans lequel avait été laissé le Danube pendant des siècles sinon depuis toujours. La Commission va rectifier le cours du fleuve, lever des digues, creuser des chenaux, construire des phares etc., et au total va établir sur le Danube une liberté de navigation qui n'avait jamais existé, dans le respect des règles de neutralité et de l'égalité d'accès de tous à cette voie. C'est dans cette période que le Danube va devenir réellement un fleuve européen. Et c'est un des résultats les plus remarquables du traité de Paris.

La quatrième observation porte sur les suites de la Première Guerre mondiale. Le traité de Versailles déclare « international » le Danube depuis Ulm, ce qui est une grande première, mais confirme les pouvoirs qu'avait la Commission européenne du Danube avant la guerre. « Toutefois et provisoirement », ajoute-t-il presque ingénument, les représentants de la France, de la Grande-Bretagne, de l'Italie et de la Roumanie seront seuls admis à en faire partie. Quant au reste du réseau du Danube en amont de son embouchure, il est placé sous l'autorité d'une « Commission internationale » nouvellement créée et composée de deux représentants des « États allemands riverains » (on ne précise pas, et pour cause, quels sont ces deux « États allemands riverains »), un représentant de chacun des autres États riverains et un représentant des États non riverains mais membres de la Commission européenne (France, Royaume-Uni et Italie).

La convention du 13 juillet 1921 « établissant le statut définitif du Danube » va tenter de mettre un peu d'ordre dans cette affaire, dans une Europe encore instable, en essayant d'adapter le système créé en 1856 à une réalité très nouvelle, marquée par la disparition des Empires d'Allemagne, d'Autriche-Hongrie, de Russie et de l'Empire ottoman. Elle maintient le système dual qui remontait au traité de Paris : la « Commission européenne », toujours vaillante, continuera d'administrer les embouchures du Danube et d'y exercer son pouvoir quasi-colonial. Une « Commission internationale » (on ne parle plus de « Commission riveraine ») veillera au reste du réseau du Danube, de Braïla jusqu'à Ulm. Dans les deux cas, les puissances non riveraines que sont la France, la Grande-Bretagne et l'Italie jouent, plus que jamais, le rôle majeur. Simultanément, le nombre des États parties au statut du Danube augmente considérablement puisque sont signataires de la convention de 1921 douze États : l'Allemagne, l'Autriche, la Hongrie, la Tchécoslovaquie, la Serbie, la Bulgarie, la Roumanie mais aussi la France, le Royaume-Uni, l'Italie et même la Belgique et la Grèce ! En revanchent tombent à la trappe la Turquie et la Russie, ce qui est un pied de nez cocasse aux habiles négociateurs du congrès de Paris.

La Seconde Guerre mondiale et la coupure de l'Europe par le rideau de fer vont à nouveau bouleverser le régime du Danube et la vie des deux commissions qui en étaient chargées. En 1948, l'URSS, forte de ses positions nouvellement conquises, donne un grand coup de pied dans l'édifice un peu baroque créé en 1856 et remanié en 1921, et impose la convention de Belgrade. Le système dual inventé à Paris est définitivement abandonné. Une seule commission, sobrement appelée « la Commission du Danube », devient l'autorité suprême et récupère les attributions antérieurement partagées entre la Commission européenne et la Commission internationale. La fiction d'une continuité avec le régime antérieur est cependant maintenue et quelques apparences sont sauves. Ainsi, conformément aux dispositions agréées en 1856, la langue française continuera-t-elle d'être la langue de travail de la nouvelle « Commission du Danube » (l'URSS, nouveau maître de la Commission, ajoute toutefois une autre langue de travail, le russe). Mais cela ne doit pas tromper : tout a changé. Les États parties à la convention de Belgrade et membres de la Commission du Danube nouvelle manière ne sont plus les mêmes : ce sont désormais les États riverains du Danube et eux seulement, du moins théoriquement. En fait, l'habillage est grossier : il s'agit de l'URSS et de ses alliés. L'Allemagne, il est vrai en très mauvais état en 1948, n'est évidemment pas partie à la convention de Belgrade, pas plus que l'Autriche pour les mêmes raisons. Les États occidentaux non riverains comme la France et le Royaume-Uni, sans parler de l'Italie, se voient dépossédés de leurs droits historiques et chassés de la Commission du Danube. En revanche l'URSS entre dans le club et reprend la place perdue par la Russie pendant la Première Guerre mondiale. Et surtout, c'est bien le plus grave, la liberté de navigation sur le Danube qui avait été proclamée à Paris en 1856, devient un mot creux.

Actualité et perspective

Les choses mettront longtemps à évoluer. La Commission du Danube ne bouge pratiquement plus pendant un demi-siècle. Certes, dans les années 1970, l'Autriche rentre par la petite porte et obtient d'adhérer à la convention de Belgrade de 1948. Mais c'est tout. Ce ne sera que beaucoup plus tard que l'effondrement de l'URSS va bouleverser les choses : d'un seul coup, à la place de l'URSS, vont désormais siéger dans la Commission du Danube la Russie, pourtant non riveraine du fleuve, mais aussi l'Ukraine et la Moldavie. De façon plus novatrice, l'Allemagne obtient, en 1998, d'adhérer à la convention de Belgrade et fait admettre à cette occasion une troisième langue de travail à la Commission du Danube, l'allemand, à côté du français et du russe. En 2001, c'est au tour de la France d'être admise sur sa demande au statut d'« observateur » à la Commission du Danube. Trois autres États feront de même : les Pays-Bas, la Turquie et la République tchèque.

Dès lors, les choses vont s'accélérer à la faveur de deux circonstances.

D'une part, la guerre du Kosovo au printemps 1999 va créer un choc très rude, quand la navigation sur le Danube est totalement interrompue par l'effondrement du grand pont de Novi Sad à la suite de bombardements de l'OTAN sur la RFY (on se souvient aussi, dans le même ordre d'idées, des chaînes humaines protégeant les ponts de Belgrade). Les conséquences de ce drame, très douloureuses pour les Serbes, affectent l'ensemble des États danubiens, en particulier la Roumanie et l'Ukraine dont les bateaux sont condamnés à rester en cale sèche. La proposition d'une aide de l'Union européenne à la reconstruction des ponts de Novi Sad, faite dès octobre 1999 par les ministres français et autrichien des Affaires étrangères, se heurte, du côté serbe, à de grandes difficultés. Ce sera le mérite de la Commission du Danube de parvenir à faire comprendre à la Serbie que cette offre généreuse mérite d'être acceptée et de réussir, un an après la chute de Milosevic, à régler le problème du déblaiement du fleuve à Novi Sad et à rendre de nouveau possible la circulation des bateaux. La France a joué un rôle déterminant à cet égard en participant à la direction du projet et en finançant l'ingénierie de la reconstruction du pont principal de Novi Sad. De même doit-on signaler la décision prise alors par la France de financer les études de faisabilité d'un beau projet, celui de la construction d'un pont sur le Danube entre la Roumanie et la Bulgarie.

Last but not least, la seconde circonstance déterminante est la décision prise par l'Union européenne de s'élargir aux pays d'Europe centrale et orientale. De ce fait, et avec l'entrée de la Roumanie et de la Bulgarie dans l'Union européenne, les États danubiens vont être dans leur quasi-totalité des membres de l'UE, à l'exception de la Moldavie et de l'Ukraine.

C'est dans ces circonstances totalement nouvelles que chemine l'idée d'une renégociation d'ensemble de la convention de Belgrade et d'une redéfinition du statut du Danube. Apparue dès le milieu des années 1990, cette idée a très vite fait son chemin. La négociation est maintenant lancée et même fort avancée : y participent les onze États membres de la Commission du Danube mais aussi la Commission européenne en tant que telle, compte tenu de ses attributions en matière de politique européenne des transports (au sens contemporain des mots : la *Commission de l'Union européenne*, pas la *Commission européenne* créée par le traité de Paris !) ainsi que deux États non riverains du Danube mais qui ont exprimé leur souhait de devenir membres de plein droit de la Commission du Danube *new look* : la France et la Turquie, ce qui nous ramène d'une certaine façon... à 1856 !

L'intérêt de la France à devenir partie à la prochaine convention du Danube tient au rôle que nous jouons depuis bientôt deux siècles dans le système fluvial européen et qui se manifeste par la présence d'importants armateurs français navigant sur ce fleuve. Cet intérêt est évidemment renforcé pour nous par la liaison désormais établie entre le Danube et le Rhin. L'axe danubien, appelé désormais « Corridor VII » dans le jargon des schémas de transport européens, constitue, à l'heure de l'élargissement de l'Union européenne un enjeu majeur pour la stabilisation politique et la croissance économique de l'ensemble de l'Europe du centre et du sud-est. La France est résolue à y tenir sa place, en regardant l'avenir mais sans oublier le passé, né précisément à Paris, il y a 150 ans.

Jean-Paul Bled

NAPOLÉON III ET LES BALKANS

La politique de Napoléon III dans les Balkans pose naturellement la question du principe des nationalités. On sait que, dès sa jeunesse, le prince s'était fait le chantre de ce principe dans les *Idées Napoléoniennes* où il brossait le tableau d'une Europe formée de « nationalités complètes », c'est à dire unifiées. Monté sur le trône, Napoléon III appelle de ses vœux l'unité des « peuples géographiques ».

Cette affirmation de principe s'accorde avec l'objectif qui sous-tend la politique de Napoléon III : l'annulation du système européen de 1815, tel qu'il est sorti du congrès de Vienne. Rendre à la France son rang en Europe, c'est-à-dire le premier, suppose que ce système soit éliminé. Cette position porte, notons le, par un mouvement naturel, l'empereur à marquer un sentiment de méfiance, sinon d'hostilité à l'endroit de l'Autriche qui, avec Metternich, s'était érigée en gardienne de l'Europe de 1815.

Voici pour les principes et les intentions. Mais, dès qu'on passe au stade de la pratique, entrent en scène un certain nombre de facteurs qui sont susceptibles de se mettre en travers de la réalisation de ce programme, de conduire à des ajustements, à des atténuations, voire tout simplement à des mises en sommeil. Ils sont au moins au nombre de quatre :

1) D'abord la résistance des puissances qui n'ont évidemment pas vocation à tenir le rôle d'agneaux consentants. La restauration de l'Empire a suscité l'inquiétude des monarchies européennes. Le front de 1815, voire de 1840 n'a pas été cependant ressuscité. Napoléon III pourra s'employer à profiter des rivalités qui en ont empêché la reconstitution.

2) Ensuite la résistance des forces conservatrices présentes jusque dans l'entourage de Napoléon III. L'impératrice Eugénie, certains ministres, notamment Walewski et Drouyn de Lhuys, tous deux en charge des Affaires étrangères, s'inquiètent des audaces ou des rêveries de l'empereur et, en plusieurs occasions, cherchent à le freiner.
3) La force des choses, par quoi il faut entendre les intérêts des puissances et donc aussi les intérêts français. Or, il n'est pas certain que ceux-ci s'accordent toujours avec une application stricte du principe des nationalités.
4) Pour finir, le poids des circonstances. Par définition, les conjonctures changent qui appellent des adaptations régulières. Face à la marche des événements qui suit rarement un cours rectiligne, rien ne serait plus dangereux que de s'en tenir à des positions fixées une fois pour toutes. En clair, ces évolutions peuvent appeler des inflexions, voire, dans certains cas, des revirements, quand elles ne commandent pas d'avoir plusieurs fers au feu.

En nous intéressant à l'exemple des Balkans, plus particulièrement aux cas roumain et serbe, nous allons essayer de déterminer si la politique de Napoléon III y respecte intégralement le principe des nationalités ou si elle est amenée à passer des compromis.

Des deux, le cas roumain est celui où le principe et la pratique s'accordent le mieux[1]. On a souvent dit que Napoléon III avait porté la Roumanie sur les fonts baptismaux. Même si elle doit être assortie de quelques nuances, la formule est globalement juste. Napoléon III a, en effet, toujours suivi de près ce dossier et, sur le fond, son soutien à la cause roumaine, c'est-à-dire à l'union des principautés danubiennes de Moldavie et de Valachie, n'a jamais fléchi. Le comte Benedetti est fondé à écrire à Thouvenel, en novembre 1856, que le « secret de la ténacité » de la diplomatie française dans la question de l'union des principautés tient dans la position de l'empereur.

Napoléon III défend cette ligne alors que l'environnement international, même après le traité de Paris, n'est guère favorable. Il est acquis que la Sublime Porte ne peut qu'être opposée à l'union des principautés. Cette opposition ne tirerait peut-être pas à conséquence si les autres puissances soutenaient une opinion contraire. Mais les

---

[1] Sur Napoléon III et la question roumaine, on consultera l'étude de Dan Berindei, *Les Roumains et la France au carrefour de leur modernité*, Études Danubiennes, t. XVIII, 1-2, 2002.

deux grandes puissances voisines, l'Autriche et la Russie, sont l'une et l'autre hostiles à cette union qui risquerait de contrecarrer leurs ambitions dans la région. Quant à l'Angleterre, animée par le souci de défendre l'Empire ottoman, elle ne montre, au départ, pas de sympathie pour cette revendication. Seul le Piémont-Sardaigne, naturellement acquis au principe des nationalités, lui est franchement favorable, mais son poids dans le concert européen reste modeste. Il faut donc que Napoléon III navigue entre ces écueils.

Entre le traité de Paris et la double élection du prince Cuza en 1859, le soutien de Napoléon III ne se dément pas. Jusqu'à la double élection, le chemin connaît plusieurs étapes où l'entreprise menace de sombrer. À chaque fois aussi, l'appui de la France permet de franchir ce nouveau seuil qui, d'étape en étape, rend un retour en arrière plus difficile.

Les rapports de force peuvent certes conduire à des reculs tactiques. On pense par exemple au compromis d'Osborne conclu, durant l'été 1857, entre la France et l'Angleterre. Au terme de ce compromis, l'Angleterre ferait pression sur la Turquie pour qu'elle annule les élections qui venaient de se tenir sous son égide dans les principautés, élections notoirement truquées qui avaient donné des majorités aux adversaires de l'union. De son côté, la France renonçait à l'union des principautés sous un prince étranger, une revendication des patriotes roumains qui y voyaient une garantie contre des interventions extérieures et *a contrario* une formule rejetée par les Turcs qui la tenaient, non sans raison, pour un premier pas vers l'indépendance des principautés.

Cette inflexion doit sans doute à l'influence des partisans d'une politique prudente, au premier chef Walewski et Thouvenel, alors l'ambassadeur de France auprès de la Sublime Porte. Mais, pour Napoléon III, ces reculs tactiques ne remettent pas en cause l'objectif final. Après la convention de Londres d'août 1858, qui, tout en écartant l'union des principautés, leur reconnaît des institutions parallèles, Walewski peut déclarer, reproduisant la pensée de son maître : « Si la convention n'assure pas une unification immédiate, elle la prépare pour l'avenir ».

On en a la confirmation quand, après la double élection du prince Cuza, la diplomatie française s'oppose à sa remise en question. L'accord des puissances, établi le 6 septembre 1859, y met deux conditions : cette reconnaissance ne serait valable que pour le règne de Cuza ; en second lieu, les principautés resteraient séparées. Mais, de nouveau, grâce à l'appui de Paris, ces réserves sont vite dépassées.

Le soutien de Napoléon III à la jeune Roumanie ne se dément pas durant les sept années de l'ère Cuza. La France y acquiert alors, pour reprendre la formule de Dan Berindei, « la position d'une puissance protectrice et amie »[1]. Dans cette position, elle concourt à la modernisation de la Roumanie. Elle y contribue par l'envoi d'experts dans des domaines aussi divers que les finances, les travaux publics, le télégraphe, l'exploitation du pétrole. D'autre part, durant ces années où la Roumanie entreprend de se doter d'une armée nationale, l'aide militaire française est essentielle. Des officiers roumains sont reçus dans les écoles militaires de Saint-Cyr, Metz et Saumur. À quoi s'ajoute qu'une importante mission militaire française est envoyée en Roumanie sous le commandement du lieutenant-colonel Lamy. On n'oubliera pas une autre forme de l'influence française. En 1863, ce ne sont pas moins de 500 jeunes Roumains qui suivent les enseignements de lycées français. À la même date, on compte jusqu'à 400 étudiants roumains dans les universités françaises, notamment dans les facultés de droit.

La chute du prince Cuza, en 1866, aurait pu offrir aux adversaires de l'union l'occasion de la remettre en cause, en s'appuyant sur les clauses restrictives de l'accord de septembre 1859. Là encore, l'action de la diplomatie française permet de parer à ce péril. Pour succéder à Cuza, le choix des responsables roumains se porte sur le prince Charles de Hohenzollern-Sigmaringen, lié aux Bonaparte par sa mère, petite-fille de la reine Hortense. Le soutien de Napoléon III est décisif. Il fait barrage à la volonté de la Porte d'intervenir militairement pour chasser Charles Ier. Reste à savoir si, en prenant ce parti, Napoléon III n'a pas travaillé pour le roi de Prusse. Malgré son lien de parenté avec l'empereur des Français, le nouveau prince de Roumanie se sent d'abord un prince allemand et, avant même la guerre de 1870, sous son influence, les liens avec la France commencent à se distendre.

À ce tableau, il faut encore ajouter en bémol que, durant toutes ces années, une épée de Damoclès tenue par Napoléon III reste suspendue au-dessus des principautés. Cette épée est celle de la menace de les utiliser comme monnaie d'échange en vue de dédommager l'Autriche-Hongrie de la perte de ses provinces italiennes. D'abord conçu par Cavour avant la guerre de 1859, le projet reçoit l'agrément de Napoléon III. Celui-ci le reprend en 1863 dans le cadre du

---

[1] *Idem*, p. 138.

vaste plan de réorganisation de la carte de l'Europe qu'il échafaude en réaction à l'insurrection polonaise. Le refus de François-Joseph empêche qu'il ne prenne corps. Il reste que Napoléon III a joué avec cette idée et qu'il n'est pas exagéré d'y voir une limite à sa politique des nationalités.

Si son engagement en faveur de la Serbie est moins massif, Napoléon III lui témoigne une réelle sympathie dont il lui donne plusieurs marques fortes[1]. Dès le printemps 1852, il reçoit Ilija Garachanine, alors président du Conseil et ministre des Affaires étrangères du prince Alexandre. Grand avocat du nationalisme serbe, celui-ci est l'auteur d'un texte fondateur, le *Nacertanije* (L'Esquisse), qu'il a écrit en 1844. Il y fixait les termes d'un programme d'unification des pays serbes, tourné alors uniquement vers les territoires sous domination ottomane. Il y appelait au développement de la coopération yougoslave en vue de l'unification de la Serbie, dans un premier temps avec la Bosnie et l'Herzégovine, puis avec le Monténégro, la Vieille Serbie et la Macédoine. Cette politique, analysait-il, ne pourrait que se heurter à l'opposition de l'Autriche et de la Russie qui, l'une et l'autre, avaient des visées sur la Turquie d'Europe. À partir de ce constat, Garachanine concluait que, pour faire triompher ce programme, la Serbie devrait s'appuyer sur les puissances qui n'avaient pas d'intérêt direct dans les Balkans, en d'autres termes la France et l'Angleterre.

Ses sympathies pro-françaises, confirmées par un voyage à Paris, exposent Garachanine aux foudres de la Russie. Soucieux d'avoir les mains libres dans les Balkans, Nicolas Ier intervient, en 1853, auprès de Belgrade pour exiger et finalement obtenir son renvoi. Le voyage de Garachanine n'en porte pas moins des fruits. Intervenant en juillet 1852, la transformation du consulat de France à Belgrade en un consulat général est une suite directe de l'entrevue que Napoléon III lui avait accordée. Il s'agit d'une mesure significative de l'intérêt marqué par la France à la Serbie puisque ce consulat général est le premier à être ouvert dans la capitale de la principauté. L'année suivante, alors que des bruits de bottes autrichiennes se font entendre

---

[1] Les ouvrages de référence pour l'étude des rapports entre la France et la Serbie à cette époque sont dus à deux historiens serbes. Nous en donnons ici les titres dans leur traduction française : L.J Aleksic, *L'attitude de la France envers la Serbie pendant le deuxième règne des princes Milos et Mihailo (1828-1868)*, Belgrade, 1957 et Grugr Jaksic et Vojislav J. Vuckovic, *La politique extérieure de la Serbie sous le règne du prince Michel*, Belgrade, 1963. Chacun de ces ouvrages est accompagné d'un résumé en français.

aux frontières de la Serbie, l'intervention de la diplomatie française la préserve d'une invasion étrangère. Au congrès de Paris, l'intervention de Napoléon III pèse lourdement dans la décision de placer la Serbie sous le contrôle des puissances, ce qui revient à la garantir contre l'arbitraire turc. Ces diverses manifestations concrètes de sympathie pour la cause serbe expliquent qu'en 1859, les Serbes s'enthousiasment pour les victoires françaises sur l'Autriche.

Cette guerre coïncide avec le retour des Obrenovitch à la tête de la Serbie. Le prince Milos, puis son fils, le prince Michel, à partir de 1860, développent un grand dessein d'unité yougoslave sur la base du *Nacertanije*, une entreprise qui, pour réussir, devrait s'appuyer sur un réseau d'alliances avec les autres États balkaniques, le Monténégro, la Grèce et la Roumanie. Afin que nul ne s'y trompe, Michel replace, en 1861, Garachanine à la tête de la diplomatie serbe.

Dans l'esprit du *Nacertanije*, le prince Michel et Garachanine comptent sur l'appui de la France. Des missions diplomatiques ont pour but d'intéresser Napoléon III à ce programme, notamment la mission de Jovan Marinovitch, un choix qui n'est pas fortuit, puisque celui-ci avait été le premier Serbe à étudier en France. Il est porteur d'une lettre du prince Michel à Napoléon III, dans laquelle celui-ci explique son intention de « toujours mener sa politique en plein accord avec le gouvernement français », ce qui ressemble fort à une offre de se placer sous la protection de la France, mais une protection qui, du fait de l'éloignement ne serait pas dommageable à la liberté de la Serbie.

La question se pose alors de savoir si les réponses de Napoléon III ont satisfait cette attente. Pour partie certainement. La France soutient les réformes constitutionnelles du prince Michel qui visent à renforcer son pouvoir face à la Sublime Porte. Après avoir annoncé sa volonté de doter la Serbie d'une armée nationale, c'est à un Français, le commandant Mondain que le prince Michel confie la direction du ministère de la guerre, poste qu'il occupe de 1861 à 1865. Or, cette nomination n'a été possible que parce que Paris a donné son accord à ce détachement. C'est encore pour partie à l'action diplomatique de la France que la Serbie doit, en 1867, l'évacuation des garnisons turques qui y étaient encore stationnées.

Cet engagement trouve cependant ses limites. Napoléon III souhaite certainement aider la Serbie à se libérer de la tutelle ottomane. Rien n'indique, en revanche, qu'il fasse sien le programme yougoslave du prince Milos et de Garachanine. D'ailleurs il est significatif que, comme variante à son plan d'échanges de territoires avec l'Autriche, il propose à François-Joseph la Bosnie-Herzégovine en dédommagement de la Vénétie.

Dans les rapports de Napoléon III avec la Serbie, l'année 1866 marque un tournant. Dans un mémoire adressé, en septembre 1866, à Napoléon III, Garachanine prend l'Autriche pour cible :

> « Il est impossible, y explique-t-il, dans ce siècle d'unification nationale de consolider d'une manière durable l'Empire autrichien, cet étrange conglomérat non pas de peuples, mais de fragments de différentes nations ».

Or, à cette date, Napoléon III n'est plus prêt à le suivre sur ce terrain, à supposer qu'il l'ait jamais été. Son sentiment spontané ne le porte pas à éprouver de la sympathie pour l'Autriche qui a parrainé l'ordre européen de 1815 et qui, au surplus, incarne un principe antinomique de l'idée nationale. Mais, après Sadowa, ce n'est plus le temps de lui intenter ce procès, alors que la menace prussienne se précise. Il va falloir, au contraire, essayer de trouver un terrain d'entente avec elle. Cette recherche d'un accord serait difficilement compatible avec un soutien actif à une entreprise dans les Balkans, dirigée, au moins en partie, contre l'Autriche. Donnant la priorité à un rapprochement avec Vienne, Napoléon III ne cautionne pas les alliances balkaniques conclues par la Serbie en 1867 et 1868. Tirant la leçon de cette réorientation de la politique française, le prince Michel se tourne alors vers la Prusse dans l'espoir de trouver auprès d'elle l'aide que Paris ne peut plus lui donner.

En définitive, conformément à la logique du principe des nationalités, Napoléon III s'engage dans les Balkans en faveur de peuples amis sur lesquels il pourrait appuyer demain un système français. Il est donc bien exact qu'il porte la Roumanie sur les fonts baptismaux ; il est tout aussi vrai qu'il donne à la Serbie des signes tangibles de son soutien en vue de sa libération de la tutelle ottomane. Pourtant, dans les deux cas, 1866 marque un tournant. L'élection d'un prince allemand commence de développer ses conséquences en Roumanie. Par rapport à la Serbie, l'intérêt national interdit à Napoléon III de soutenir une politique en contradiction avec sa recherche d'une alliance avec Vienne. Bref, la force des choses reprend le dessus sur les principes.

Florin Platon

LE CONGRÈS DE PARIS ET LE DÉBUT DE LA MODERNITÉ POLITIQUE ROUMAINE

Moment cardinal dans l'histoire politique et diplomatique de l'Europe, ayant marqué la fin officielle du système de pouvoir qui avait gouverné les relations internationales du continent, depuis les années 1814 – 1815, le congrès de la paix de Paris de 1856 a été, sans nul doute, un « événement fondateur » non seulement par ses conséquences sur le plan de l'équilibre et des rapports entre les grandes puissances, mais aussi – et peut-être surtout – par ses implications, à long ou à court terme, pour le destin historique des nationalités du continent, et tout spécialement pour les Roumains.

Les événements qui ont conduit au dénouement de 1856 sont fort bien connus. Mais un bref aperçu de ces faits n'est tout de même pas dépourvu d'intérêt si l'on se propose de comprendre les circonstances dans lesquelles les grandes puissances ont pris en considération le problème de l'organisation politique des principautés roumaines et pour quelles raisons ce problème est devenu, selon les dires des historiens roumains, qui citent d'ailleurs les sources de l'époque, « la pierre angulaire de l'équilibre européen » de ce moment-là.

Dans l'esprit de son projet multiséculaire de démembrement de l'Empire ottoman, par l'annexion de Constantinople et des Détroits, considérant aussi que, dans les circonstances créées par la proclamation, en France, du Second Empire, une alliance franco-anglaise était à ce moment-là impossible, la Russie a ouvert en 1853 les hostilités contre la Turquie, comptant sur une victoire sûre et rapide. La suite des événements est connue. Non seulement la France et l'Angleterre se sont donné la main, comme on dit, surmontant les animosités qui les séparaient afin de protéger l'intégrité de l'Empire ottoman, mais elles ont aussi constitué autour d'elles une large coalition européenne, dont faisaient partie ces États qui, comme l'Autriche, ne désiraient pas une solution unilatérale du problème oriental, ou bien, comme la Sardaigne ou la Prusse, espéraient que la guerre de Crimée allait leur offrir l'occasion de promouvoir leurs propres projets politiques. Dans ces conditions, le dénouement était prévisible, et c'est seulement la ténacité des armées russes qui l'a ajourné de trois ans.

Inauguré le 25 février 1856, le congrès de paix de Paris devait nécessairement prévenir, par les décisions qui allaient y être adoptées, la répétition d'une probable et parfaitement possible agression russe contre l'Empire ottoman, dont l'intégrité représentait, comme on le sait, à partir du XVIIIe siècle, sinon un peu avant, la garantie de l'équilibre de forces sur le continent. Élaboré autour des quatre points établis par les trois grandes puissances dans le cadre de la conférence de Vienne de 1855, comme base de la future paix avec la Russie, le traité adopté le 30 mars 1856 prévoyait, pour l'essentiel, les questions suivantes, à même d'empêcher, à l'avenir, une nouvelle agression russe contre l'Empire ottoman :

– Le remplacement d'un protectorat exclusif de la Russie sur les principautés par un régime de garantie collective.
– La libre navigation sur le Danube.
– La révision du traité de 1841 et la neutralisation de la mer Noire.
– Le renoncement, de la part de la Russie, au protectorat sur les populations orthodoxes de l'Empire ottoman.

Comme on peut le constater, les stipulations qui concernaient les principautés ne visaient pas les questions d'ordre national qui préoccupaient, à l'époque, les Roumains ; elles concernaient seulement l'intégrité de la Turquie, l'éloignement de la Russie des bouches du Danube, et le protectorat exclusif de celle-ci sur les deux principautés. La modification du statut juridique des territoires roumains ne concernait pas directement l'essence du problème national : la fondation d'un État roumain, conformément au désir exprimé à la suite des événements de 1848 par l'émigration roumaine.

Malgré cela, le problème de la réorganisation des principautés est loin d'avoir été ignoré par la diplomatie européenne. Au contraire, on pourrait affirmer que ce problème a constitué à Paris en 1856, mais aussi un peu auparavant, pendant les négociations de 1854-1855, l'un des sujets les plus intensément débattus par les grandes puissances, cependant pas toujours dans le sens souhaité par les Roumains. À la conférence de Vienne, par exemple, l'empereur Napoléon III aurait eu l'idée de céder les principautés à l'Autriche, en l'échange de la Lombardie (qui allait revenir à la Sardaigne), projet repris en 1856, sous la forme – sensiblement changée – de la constitution d'un État roumain indépendant, conduit par le duc de Modène, mais soumis à l'influence de l'Autriche[1]. Dans la version qui allait se concrétiser quelques années plus tard, le problème de la Moldavie et de la Valachie a été nettement énoncé pour la première fois lors de la sixième séance du congrès. Le comte Alexandre Walewski a proposé à cette occasion l'union des deux principautés, soutenu par le ministre anglais de Affaires étrangères, puis par les représentants de la Sardaigne et de la Prusse. Mais la proposition n'a pas été retenue, en raison de l'opposition exprimée par la Turquie et l'Autriche, dont les diplomates soutenaient que la population des deux provinces roumaines ne désirait pas cette union. Lors des débats qui ont suivi, les stipulations concernant le statut et l'organisation des territoires roumains ont été incluses dans les articles 22 à 26 du traité. L'union des principautés (ou le maintien de leur séparation) allait être décidée à la suite de la consultation des habitants des deux pays roumains. En même temps, on a constitué une commission des représentants des grandes puissances à qui il revenait de se renseigner sur place sur les doléances des Roumains et de proposer des solutions de réorganisation des deux principautés[2].

Somme toute, le problème de la constitution d'un État national roumain – si incertaine que cette possibilité ait pu paraître dans les circonstances données – n'a pu être ignoré. Sa mise en discussion en vue d'une solution ultérieure a été due à une série de plusieurs facteurs.

Le premier de ces facteurs découle de la situation géographique des territoires roumains, qui constituaient, avec la zone de la mer Noire, la voie la plus directe d'accès de la Russie vers Constantinople et vers les Détroits. Ce n'est pas par hasard si deux des plus importantes conditions de la paix, imposées à la Russie en 1856 – la

---

[1] *Cf.* Dan Berindei, *Constituirea statului național român în conștiința europeană* (*L'État national roumain dans la conscience européenne*) dans le vol. *Cuza Vodă. In memoriam* (*Le prince. Cuza. In memoriam*), Iași, 1973, *passim*.

[2] Voir Gheorghe Platon, *Românii în veacul construcției naționale. Națiune, frământări, mișcări sociale și politice, program național* (*Les Roumains au siècle de la construction nationale. La Nation, les troubles et les mouvements sociaux et politiques, le programme national*), Bucarest, 2005, p. 330.

garantie collective des grandes puissances et la libre navigation sur le Danube – les concernaient tout spécialement. Le fait en soi n'a rien d'étonnant dans la mesure où le problème de l'arrêt de l'expansion russe constituait le but fondamental du traité de paix. D'accord sur ce principe, les puissances victorieuses ne partageaient pas le même point de vue sur sa réalisation. Il était, de toute façon, évident pour tout le monde que le mode d'organisation des principautés ne pourrait pas rester intact, conformément aux stipulations de l'article 23 du traité, qui prévoyait que « *les lois et les statuts [des principautés] en vigueur seront révisés* »[1].

À l'occasion de la mise en discussion des deux points, ont pu apparaître, entre les États vainqueurs, des divergences considérables à propos du régime juridique international et de l'organisation intérieure des territoires roumains, qui allaient constituer un obstacle dans la voie de l'expansion russe. Les implications de ces questions n'étaient pas mineures, surtout pour l'Autriche et la Turquie, préoccupées d'assurer l'intégrité de leurs propres empires. Tandis que la Turquie désirait perpétuer sa souveraineté sur les deux principautés, l'Autriche était profondément inquiète des conséquences que l'apparition d'un nouvel État au Sud et à l'Est des Carpates pouvait avoir sur les possessions roumaines placées sous la domination de l'Empire des Habsbourgs. C'est pour cela que les deux puissances voulaient que la réorganisation des deux provinces et leur nouveau statut juridique soient réalisés de manière à ne pas mettre en péril leurs intérêts politiques et stratégiques. Après certaines hésitations, l'Angleterre a adopté la même position, fidèle à sa politique traditionnelle de défense de l'intégrité de l'Empire ottoman, et méfiante envers l'ambition de la France de revenir au premier plan de la politique européenne.

Le second facteur qui a contribué à la mise en discussion de la réorganisation territoriale roumaine, mais sous la forme d'un État national, c'est, évidemment, la politique française.

Ayant décisivement contribué à la victoire sur le champ de bataille, la France était la seule des quatre grandes puissances – à l'exception de la Prusse et de la Sardaigne – qui n'avait pas d'intérêts directs

---

[1] Ces « *lois et statuts* » qui devraient être « *révisés* » dataient de 1829-1831/1832 et avaient été élaborés de manière à affirmer le contrôle de la Russie sur les deux principautés. Elles ont été restaurées par la Convention russo-turque de Balta Liman, en 1849. Or, c'est justement le problème de leur révision qui contribua, lors du congrès de Paris, à faire de la situation des deux principautés une « question internationale ».

dans les principautés. Elle s'est engagée, avec toute sa force politique, dans un soutien à la cause roumaine et à la solution nationale du problème de la réorganisation des principautés, même si ce n'était pas, du moins au début par une sympathie envers cette cause. Elle l'a fait, certainement, tout d'abord, pour valider et imposer le principe des nationalités dans la pratique politique internationale, ce qui devait lui permettre de rétablir son prestige perdu en 1815. Les principautés sont ainsi devenues le sujet d'expérimentation de cette nouvelle politique. L'intérêt de la France dans cette question est facile à entrevoir, comme nous apparaît aussi le fait que l'application du principe des nationalités – par l'union des principautés, leur organisation constitutionnelle et la consultation populaire – dépassait de loin, par ses implications, le cadre strictement roumain des réalités du Bas Danube.

De manière paradoxale, la Russie a constamment soutenu la politique de la France, afin de disloquer l'alliance qui avait été la cause de sa défaite. L'Angleterre, à son tour, bien qu'initialement d'accord avec la France, le sort des Roumains restant en dehors de ses intérêts centraux, s'est déclarée par la suite contre, suspectant à juste titre l'apparente sympathie de la diplomatie tsariste pour une cause que, normalement, elle aurait dû combattre. Elle a embrassé ainsi la position de la Turquie et de l'Autriche qui étaient, certainement, les adversaires inébranlables de la solution nationale préconisée. La Prusse et la Sardaigne se sont ralliées elles aussi, mais avec modération, à la politique française, étant intéressées à promouvoir leurs propres objectifs nationaux, pour la réalisation desquels elles avaient compris que le même soutien politique leur était nécessaire.

Le rôle décisif dans l'élaboration et surtout dans la mise en application de cette politique, est revenu à l'empereur Napoléon III. Rien, ou, de toute façon, presque rien n'aurait été fait pour les Roumains si le fondateur du Second Empire n'avait jeté dans la balance des décisions qui allaient être prises, son propre engagement politique, voire même son prestige. Maître de la politique extérieure de la France, Napoléon III a été celui qui a inspiré la ligne politique de son pays à l'égard des Roumains. Il l'a fait de manière constante, et – ce fait mérite d'être souligné – parfois même à l'encontre de l'opinion de ses diplomates envoyés dans les capitales européennes, plus conscients peut-être qu'il ne l'était des risques considérables qu'entraînait une pareille politique pour les relations de la France avec ses alliés. Édouard Thouvenel, ambassadeur de France à Constantinople et très bon observateur de la scène politique internationale, avait raison de craindre – étant données les positions divergentes des grandes puissances au sujet de la réorganisation des principautés – que cette question ne pût déclencher une nouvelle crise orientale, dans laquelle la France, séparée de ses alliés d'hier (La Turquie, l'Angleterre et l'Autriche), n'aurait plus eu d'autre possibilité que celle de se rallier à la Russie, qui serait ainsi devenue, d'un État vaincu, le nouvel arbitre de forces sur le continent[1]. On a affirmé, en parlant de la diplomatie française de cette période, qu'elle n'a pas eu « une ligne politique spécialement élaborée »[2]. Plus exactement, on pourrait la définir comme fidèle au principe qu'elle voulait imposer, mais incohérente dans la stratégie utilisée. Le fait que ceux qui étaient appelés à la mettre en pratique dans diverses capitales européennes n'étaient pas toujours au courant de la stratégie qui devait être adoptée dans telle ou telle situation, et que même le ministère français des Affaires étrangères ne pouvait fournir des renseignements très clairs dans ce sens, tout cela confirme le constat que seule la volonté de l'empereur a compté. C'est le mérite de Napoléon III d'avoir imposé, dans la pratique politique européenne, une solution au problème des principautés en concordance avec le principe au nom duquel la France visait à gagner à nouveau le statut de puissance continentale.

Cela nous montre que ce qui compte parfois dans la diplomatie, ce n'est pas toujours (ou pas seulement) le calcul prudent des petits pas et l'attention accordée aux détails, mais la vision politique et le courage de la mettre en œuvre. On pourrait croire que l'insistance inhabituelle de l'empereur de promouvoir la cause des principautés sans trop tenir compte des risques d'une pareille démarche, et sans avoir minutieusement préparé ses subordonnés au sujet de la stratégie à suivre dans ce sens, est la preuve, dans la meilleure des hypothèses, d'un manque d'expérience diplomatique. Mais ce n'est pas de cela qu'il s'agit. En témoigne la souplesse de la politique de l'empereur et sa capacité à soupeser attentivement les chances de réussite réelles de la politique préconisée. On sait quel a été *initialement* le projet de Napoléon III : l'union des principautés sous le règne d'un prince étranger. Ultérieurement, dans des circonstances connues, l'empereur a été obligé de renoncer à ce programme maximaliste, et d'opter

---

[1] Idem, *Diplomația europeană și unirea Principatelor române. O încercare de reevaluare* (*La diplomatie européenne et l'union des principautés roumaines. Essai de réévaluation*) in idem, *De la constituirea națiunii la Marea Unire. Studii de istorie modernă* (*Depuis la formation de la nation roumaine à la Grande Union de 1918. Études d'histoire moderne*), t. V, Iași, 2005, p. 170.

[2] *Ibid.*, p. 172.

pour une forme de réorganisation des principautés laissant aux Roumains la possibilité d'avoir le dernier mot dans ce processus.

L'historiographie roumaine des dernières décennies a insisté sur le rôle décisif que les Roumains – non seulement leur élite politique, mais aussi les gens du peuple – ont eu dans le déroulement des événements postérieurs au congrès de Paris, qui ont culminé avec la double élection d'Alexandru Ioan Cuza comme prince régnant de la Moldavie et de la Valachie. Malgré toutes les exagérations concernant tel ou tel aspect de l'histoire roumaine du XIXe siècle, cette appréciation est, pour une fois, correcte non seulement dans son ensemble, mais aussi dans ses détails. La guerre de Crimée, le congrès de la paix de Paris, et tous les autres événements qui se sont succédés jusqu'à l'acte du 24 janvier 1859 ont offert à la nation roumaine des deux provinces danubiennes la chance historique – qu'elle n'avait pas eue auparavant, et dont elle ne jouira pas souvent après – de jouer littéralement un rôle clé dans la politique européenne, et de décider seule de son destin. Le problème des Roumains était devenu, dans les conditions de la crise de 1853-1856, vital pour l'équilibre européen, ou, comme on l'a dit, un vrai « baromètre » des relations entre les puissances, voire même une « cause virtuelle » de l'éclatement d'un nouveau conflit sur le continent, mené par les anciens participants, mais disposés selon une configuration nouvelle[1]. Plus que cela, l'internationalisation de la névralgique question danubienne a amené les Roumains devant un vrai test européen, dont allait dépendre leur sort. Dans les nouvelles conditions, leur volonté ne pouvait plus être ignorée, comme auparavant, en raison des pressions exercées par les trois empires limitrophes, et du régime juridique de la suzeraineté et du protectorat. Théoriquement au moins, le nouveau régime de la garantie collective, instauré à la suite du congrès de Paris, offrait à la nation roumaine l'occasion d'exprimer ses options en toute liberté. Les puissances hostiles pouvaient déformer ou modifier ces options, mais elles ne pouvaient pas les annuler.

En contraste avec la situation antérieure, lorsque les principes de la légitimité et de la défense de l'intégrité de l'Empire ottoman avaient empêché toute manifestation libre des options nationales et tout soutien de la part des puissances signataires des traités internationaux, la défaite, à la suite de la guerre de Crimée, du système établi par le congrès de Vienne et par les traités qui l'ont suivi, tout

---

[1] Idem, *Românii în veacul construcției naționale* (*Les Roumains au siècle de la construction nationale…*), p. 333.

comme l'établissement du nouveau principe des nationalités dans les relations internationales, tous ces aspects ont radicalement modifié la situation. Les Roumains ont obtenu la possibilité d'organiser leur mouvement national, et d'affirmer légalement leurs desiderata politiques ; ils ont également reçu un important soutien extérieur, diplomatique et public, de la part de la presse française.

Les instructions voilées transmises par le comte Walewski aux consuls français nommés dans les principautés sont, de ce point de vue, fort édifiantes.

> « Si les populations moldo-valaques, à en croire leurs dires – écrivait-il à Béclard en mai 1856 à Bucarest – tiennent à ce que leur union soit réalisée, il est fort nécessaire qu'elles le déclarent hautement. Ces populations doivent bien savoir que l'affirmation de leurs vœux, pour formelle qu'elle soit, trouvera un appui sans réserves auprès du gouvernement de Sa Majesté Impériale »[1].

Malgré tous les obstacles dressés sur leur chemin par les forces hostiles à l'union, les Moldaves et les Valaques ont pu y aboutir, inaugurant ainsi dans l'histoire de l'Europe et dans leur propre histoire, une nouvelle époque.

Pour conclure, quelles ont été les conséquences du congrès de Paris sur le sort des populations danubiennes ?

La première est que l'événement a inauguré l'âge de l'organisation moderne des deux principautés. L'union de la Moldavie et de la Valachie, par la double élection du prince Alexandru Ioan Cuza, le 24 janvier 1859, tout comme les réformes à caractère moderne initiées par celui-ci dans la période qui a suivi, n'auraient pas été possibles – ou, du moins, pas immédiatement possibles – si les circonstances favorables créées par le congrès de la paix de Paris n'avaient pas existé. L'union des deux principautés ne constituait pas un but en soi. Elle était seulement une condition, dont la réalisation devait ouvrir la voie à une série de mesures à même de moderniser les structures politiques et sociales roumaines, en les mettant en accord avec les structures européennes. La sécularisation des propriétés monastiques, la réforme de l'éducation, celle de la justice, de l'agriculture, etc., ont joué justement ce rôle. Tout cela n'aurait pas été possible sans les perspectives ouvertes par le congrès de Paris.

---

[1] T. W. Riker, *Cum s-a înfăptuit România. Studiul unei probleme internaționale, 1856-1866* (*La naissance de la Roumanie. Étude d'un problème international, 1856-1866*), Bucarest, 1940, p. 98.

Certainement, l'acte international de 1856 n'a pas pris de décision concernant l'organisation définitive des deux principautés et leur modernisation intérieure. L'attitude différente des puissances signataires à l'égard de cette question délicate, l'opposition véhémente de l'Autriche et de la Turquie face à l'éventualité de la création d'un État national sur le Bas Danube, tout comme le changement de la politique anglaise à l'égard de l'union, ont empêché, comme on l'a vu jusqu'ici, la solution du problème roumain à ce moment-là. Mais, les stipulations de l'acte final du congrès ont engendré toute une série d'évolutions impossibles à contrôler entièrement. Comme il arrive souvent dans la politique, la dynamique même du processus de paix a entraîné des résultats qui n'étaient, au moment de l'élaboration du traité, ni entièrement prévisibles, ni désirables pour certains des signataires.

En second lieu, le congrès de Paris est, au plus haut degré, significatif de la manière dont s'est déroulé, depuis le XIXe siècle jusqu'à présent, le dialogue pas facile et sinueux des Roumains avec l'Europe. En 1856, comme aujourd'hui ou comme il y a 17 ans (en 1989), les circonstances extérieures ont été décisives pour l'évolution de la politique et des institutions roumaines. Le changement du rapport de forces entre les grandes puissances, suite à la guerre de Crimée, a fait du problème des principautés un problème-clé de l'équilibre européen, en fonction duquel on a redéfini les relations internationales. Certes, cet intérêt européen a répondu aux objectifs politiques des puissances, et n'a pas été déterminé par les réalités roumaines. On ne devrait pas croire que, dans les conditions créées par la guerre, et dans la période d'après le congrès de la paix, les puissances européennes se sont montrées disposées à réparer une injustice historique et à rendre aux principautés le rôle d'un défenseur de la civilisation européenne dans la région du Bas Danube. Parmi les clauses qui ont permis de résoudre le conflit, celles qui concernaient les principautés ont occupé une place importante, vu le statut juridique international de celles-ci, tout comme leur situation de *territoire-tampon*. Le remplacement du protectorat tsariste sur la Moldavie et sur la Valachie par la garantie collective des puissances européennes, qui envisageaient de séparer la Russie de la Turquie, d'empêcher l'accès de l'Empire tsariste aux Détroits et d'assurer l'intégrité de l'Empire ottoman, s'est imposé comme une mesure *nécessaire et immédiate.*

Si les questions d'intérêt général européen pouvaient être résolues sans l'accord des Roumains, par l'institution d'un nouveau régime juridique international, la réorganisation intérieure des principautés en un sens national, telle que Napoléon III la désirait, supposait, en contrepartie, leur participation directe. Les Roumains étaient appelés à faire la preuve, devant l'Europe, de leur capacité à réaliser et à sauvegarder ce projet, d'autant plus que, pour la première fois en Europe, par leur concours, le principe des nationalités était expérimenté comme un élément de droit international.

Or, comme tant de fois dans l'histoire contemporaine de la nation danubienne, l'impulsion européenne a été suivie, dans les principautés, par une série d'actions qui ont poussé les choses beaucoup plus loin qu'on ne l'avait prévu initialement, modifiant l'esprit dans lequel avaient été adoptées les décisions du congrès de la paix. La concordance parfaite des décisions des deux assemblées *ad hoc*, comme l'élection du même prince régnant à Iasi et à Bucarest, ont modifié radicalement les données initiales de la situation, ouvrant ainsi la perspective de la solution du « problème roumain » dans le sens que les Roumains eux-mêmes désiraient. De cette manière, sans avoir ouvertement affronté l'Europe, les élites des deux pays ont imposé aux puissances – non sans l'appui de certaines d'entre elles et, en premier lieu, de la France – leurs propres options politiques, faisant ainsi leur entrée symbolique dans le monde civilisé de l'époque. Aujourd'hui, 150 ans après ces événements, dans d'autres circonstances et conditions, mais dans l'esprit du même modèle d'interaction dans la modernisation politique, les Roumains s'apprêtent à en refaire l'histoire.

Dusan T. Batakovic

LA SERBIE AU TEMPS DU TRAITÉ DE PARIS : UN PAS VERS L'EUROPE

I

La Serbie moderne fut instaurée par une révolution nationale sous Karageorges (1804-1813) : la révolte paysanne du pachalik de Belgrade, limitrophe à l'empire des Habsbourg, contre les janissaires locaux se transforme en deux ans de guerre en une véritable révolution nationale et sociale. Restant à l'ombre des guerres napoléoniennes, la révolution serbe, cherchant un appui de Saint-Pétersbourg, Vienne et Paris respectivement, fut finalement réduite, à la suite du manque d'un appui réel de la part des autres puissances, à l'offre russe d'une autonomie au sein de l'Empire ottoman. Prévue par le traité de Bucarest de 1812 entre les Russes et les Ottomans, l'autonomie proposée pour la Serbie fut finalement rejetée par les insurgés indépendantistes de Karageorges. L'expérience pénible de la répression brutale de la révolution serbe en 1813 par les forces ottomanes, limita les ambitieuses aspirations serbes à des objectifs plus réalistes.[1]

Le but des nouveaux dirigeants serbes, dans le contexte post-révolutionnaire établi par le congrès de Vienne, était d'obtenir une

---

[1] Émile Haumant, *Karageorges, son armée, ses adversaires*, Paris, Nogent-le-Rotrou, 1916 ; Grégoire Yakchitch, *L'Europe et la résurrection de la Serbie 1804-1834*, Paris, Hachette, 1917 ; Wayne S. Vucinich (ed.), *The First Serbian Uprising 1804-1813*, Boulder & New York, Columbia University Press, 1982 ; Lawrence P. Meriage, *Russia and the First Serbian Insurrection*, New York & London, Garland, 1987 ; Dusan T. Batakovic, « La France et la Serbie 1804-1813 », *Balcanica*, vol. XXIX, Belgrade 1998, pp. 117-157.

autonomie garantie par la Russie, protectrice officielle, depuis 1774, des chrétiens orthodoxes dans l'Empire ottoman. Relevée à la suite d'une autre insurrection en 1815, la Serbie obtint, la même année, une autonomie interne par des accords politiquement fragiles conclus entre le successeur de Karageorges, le prince Milos Obrénovitch, et les dirigeants ottomans locaux.

Après plus d'une décennie d'efforts diplomatiques auprès de la Sublime Porte, soutenus par la diplomatie russe, l'autonomie serbe, en échange de la neutralité serbe, fut renégociée durant la nouvelle guerre russo-turque. L'autonomie de la Serbie fut évoqué par la convention d'Ackermann (1827) imposée aux Ottomans, et intégrée dans le traité d'Andrinople de 1829. Le statut de principauté autonome au sein de l'Empire ottoman fut accordé à la Serbie par un *hatti-chérif* impérial en 1830. Les stipulations concernant l'autonomie serbe furent conjointement garanties par les Russes et les Ottomans.[1]

L'autonomie de la Serbie, même renforcée par un *hatti-chérif* supplémentaire (1833), fut en fait fortement limitée par l'influence russe. Le prince Milos Obrénovitch essaya, en vain, de contrecarrer l'ambition de Saint-Pétersbourg à gouverner la Serbie — à travers le Sénat ou Conseil (*Sovjet*) des 17 notables établi par la Constitution de 1838 — comme une province russe. À la suite de conflits internes, le prince Milos, soutenu par les Britanniques contre les Russes, fut finalement contraint d'abdiquer en 1839, de même que son fils cadet et successeur le prince Michel Obrénovitch en 1842.[2]

Sous le règne du nouveau prince, Alexandre Karageorgevitch (1842-1858), fils de Karageorges, gouvernée en fait par l'oligarchie des notables, les constitutionalistes, la Serbie restait profondément affaiblie par le *berat* du sultan, adressé au prince Alexandre. Le sultan avait en effet révoqué l'investiture héréditaire accordée en 1830 au prince Milos et à ses fils, rabaissant le prince Alexandre, le chef de l'État autonome serbe, au rang d'un haut fonctionnaire révocable.

---

[1] Benoit Brunswick, *Recueil de documents diplomatiques relatifs à la Serbie (1812-1876)*, Constantinople, S.-H. Weiss, 1876 ; voir : Rados Ljusic, *Knezevina Srbija 1815-1839 (La principauté de Serbie, 1815-1839)*, Belgrade, Académie serbe des Sciences et des Arts, 1985.

[2] Mihailo Gavrilovic, « The early Diplomatic Relations of Great Britain and Serbia », *Slavonic Review*, vol. I (1922-1923), pp. 86-109 ; Stevan K. Pavlowitch, *Anglo-Russian Rivalry in Serbia 1837-1839. The Mission of Colonel Hodges*, Paris & La Haye, Mouton, 1961.

Dépendant de l'Empire ottoman en tant que suzerain, de la Russie en tant que puissance protectrice et de l'empire des Habsbourg sur le plan économique, la Serbie était aussi divisée par les querelles internes. Les représentants des puissances – en 1836, on ouvrit le consulat autrichien, en 1837 le britannique, le russe en 1838, et le français en 1839[1] – essayaient d'influencer, suivant leurs propres intérêts, les dirigeants serbes. Le développement intérieur de la Serbie dépendait de plus en plus des relations entre les puissances étrangères, du fait de l'habitude du prince Alexandre et des Constitutionnalistes de résoudre leurs conflits internes en s'appuyant sur les différents consuls étrangers.[2]

Les dirigeants serbes étaient divisés en quatre partis principaux : les partisans de la Russie (la majorité des vieux notables) ; les partisans de l'Occident et en particulier de la France (Elias Garachanine et les « Parisiens », c'est-à-dire les jeunes fonctionnaires serbes formés en France)[3] ; les partisans de l'Autriche (le prince Alexandre et « les Allemands », les haut fonctionnaires serbes venues de l'empire des Habsbourg) ; et un certain nombre de notables turcophiles.[4]

La rivalité russo-autrichienne se reflétait sur la situation interne en Serbie. Privé du charisme de son père et d'un large soutien populaire, le faible prince Alexandre, ainsi que les « Allemands » de son entourage, furent contraints de s'appuyer sur l'Autriche dans son conflit avec le tout-puissant Conseil, alors que la plupart des Constitutionnalistes de la vieille école, comme la grande majorité du peuple, étaient russophiles. Un petit groupuscule des Constitutionnalistes restait turcophile par pragmatisme.

---

[1] Georges Castellan, « Aux origines de l'établissement des relations diplomatiques entre la France et la Serbie », *Rapports franco-yougoslaves. À l'occasion de 150 ans de l'ouverture du premier consulat français en Serbie*, Belgrade, Institut d'histoire, 1990, pp. 73-75.

[2] Slobodan Jovanovic, *Ustavobranitelji i njihova vlada 1838-1858* (*Les Constitutionalistes et leur gouvernement 1838-1858*), Belgrade, Geca Kon, 1925, pp. 122-128.

[3] Dusan T. Batakovic, « Les premiers libéraux de Serbie : le cercle des 'Parisiens' », *Balkan Studies*, vol. 41/1, Thessalonique, 2000, pp. 83-111.

[4] Voir : Dragoslav Stranjakovic, *Vlada ustavobranitelja 1842-1853. Unutrasnja i spoljna politika* (*Le règne des Constitutionnalistes 1841-1853. La politique interne et la politique étrangère*), Beograd, 1932.

II

Le plus influent de tous les Constitutionalistes, Elias Garachanine (Ilija Garasanin) représentait une exception importante, à la tête d'un groupe de francophiles, modeste mais influent. En dépit des querelles internes, soutenu et conseillé par les représentants de l'émigration polonaise du Prince Czartoryski en Serbie, Garachanine développait depuis 1844 une vaste action nationale afin de créer dans l'avenir un puissant État des Slaves du Sud, ralliés autour de la Serbie.[1]

Dans son fameux plan d'action dit *Nacertanije* (*L'Esquisse*), élaboré conjointement avec les Polonais, Garachanine envisageait une Serbie forte englobant les provinces ottomanes peuplées par les Slaves dans les Balkans, appuyée par la France et la Grande-Bretagne. Après neuf ans d'une propagande habile destinée à créer un réseau de collaboration secrète entre Serbes et autres Slaves du sud, surtout dans les provinces ottomanes (y compris les catholiques romains en Bosnie et Herzégovine et les Bulgares orthodoxes), et menée avec le concours du Monténégro semi indépendant et des intellectuels croates de Zagreb, Belgrade devint, selon le consul français, « le centre politique, moral et presque religieux des pays slaves de Turquie. »[2] Avant tout, Garachanine cherchait à se débarrasser de la tutelle russe et autrichienne, dominante dans la principauté serbe et qui empêchait son développement autonome sur le plan politique et national.[3]

Au début du règne de Napoléon III, la France soutenait les chrétiens des Balkans, promettant de les appuyer quand ils régleraient leurs comptes avec l'Empire ottoman. Le consulat français à Belgrade construit en juillet 1852 fut la première représentation diplomatique d'une grande puissance en Serbie, ayant le rang de consulat général.[4] Ce fut un signe important pour les Serbes qui cherchaient l'appui de la France pour leurs plans ambitieux concernant le futur de la

---

[1] Anton Cetnarowicz, *Tajna dyplomacija Adama. Jerzy Czartoriskiego na Balkanah. Hotel Lambert a kryzys serbski 1840-1844* (*La diplomatie secrète d'Adam Jerzy Czartoryski dans les Balkans. L'Hôtel Lambert et la crise serbe 1840-1844*), Cracovie, Université Jagiellonski, 1993.

[2] Archives du ministère des Affaires étrangères, CPC Turquie, vol. 8, rapport de Belgrade, le 12 mars 1853.

[3] La biographie de cet homme d'État : David MacKenzie, *Ilija Garasanin : Balkan Bismarck*, Boulder & New York, Columbia University Press, 1985, sur *Nacertanije*, pp. 42-61 ; voir aussi : Dusan T. Batakovic, « Ilija Garasanin's Nacertanije : A Reassessment », *Balcanica*, vol. XXV-1, Belgrade 1994, pp. 157-183.

[4] *Pisma Ilija Garasanina Jovanu Marinovcu* (*Les lettres d'Ilija Garasanin à Jovan Marinovic*), vol. I, Belgrade, Académie royale serbe, 1931, pp. 26-30.

péninsule balkanique. Lors d'une visite à Paris au printemps 1852, Garachanine, en qualité de président du gouvernement et ministre des Affaires étrangères, souligna que la Serbie, de par sa situation géographique et politique, était prédestinée à devenir le centre de rassemblement des chrétiens des Balkans, notamment par l'unification de la Bosnie et de la Bulgarie avec la Serbie. Lors d'une conversation avec Napoléon III, il obtint l'assurance que la France, dans des circonstances favorables, soutiendrait les aspirations serbes à l'indépendance et à l'extension territoriale dans les provinces slaves de Turquie d'Europe.[1] Les aspirations serbes, dans le contexte de la politique d'affirmation du principe des nationalités de Napoléon III, furent compatibles avec la politique générale de la France dans l'Est européen, insistant sur la protection efficace des droits des chrétiens balkaniques au sein de l'Empire ottoman.[2]

La chute de Garachanine en 1853 fut la conséquence d'une intervention du prince Menchikov par le biais du consulat de Russie à Belgrade. Les liens avec la France apportèrent à Garachanine un certain soutien de la diplomatie britannique. Mais cela poussa les Russes à demander au Prince Alexandre, faible et docile, sa destitution immédiate. Avant d'être destitué, Garachanine protesta vivement contre la tentative de la Russie de dominer complètement la vie politique en Serbie.[3] La déposition brutale de Garachanine provoqua un mouvement de solidarité parmi les notables serbes, protestant contre l'intervention directe de l'empire russe dans les affaires politiques serbes. Cette solidarité influença, dans une certaine mesure, la position des élites serbes envers la Russie pendant la guerre de Crimée.

---

[1] Grgur Jaksic et Dragoslav Stranjakovic, *Srbija od 1813 do 1858 godine* (*La Serbie entre 1813 à 1858*), Belgrade, Geca Kon, 1937, p. 148.

[2] Voir : Vasilj Popovic, *Politika Francuske i austrije na Balkanu u vreme Napoleona III* (*La politique de la France et de l'Autriche dans les Balkans en temps du Napoléon III*), Belgrade & Zemun, Académie royale serbe, 1925.

[3] *Pisma Ilije Garasanina Jovanu Marinovicu* (*Les lettres d'Ilija Garasanin à Jovan Marinovic*), vol. I, p. 144-145.

III

À la veille de la guerre de Crimée, les puissances jugeaient que la Serbie, seule province slave dotée d'une administration nationale, disposant de forces armées, et de réseaux importants dans les autres provinces ottomanes, pouvait considérablement influencer les chrétiens slaves à travers les Balkans. Soutenue par la Russie, la Serbie, déjà armée, fut capable de susciter des troubles importants qui déstabilisèrent profondément le pouvoir ottoman dans la péninsule.[1]

Cependant, après le commencement de la guerre, la Serbie se trouva dans une situation difficile. La Russie ne fut pas en mesure d'exercer son droit de puissance protectrice conformément aux stipulations du traité d'Andrinople.[2] Avant le début du conflit russo-turc, le gouvernement serbe avait solennellement déclaré que la Serbie resterait neutre dans une guerre entre sa puissance suzeraine et sa puissance protectrice. En même temps le gouvernement serbe déclarait sa résolution de défendre les frontières de la Serbie contre toutes les forces étrangères, annonçant aussi ses plans pour l'armement de milices populaires.[3] Avec moins d'un million d'habitants, sans ressources économiques stables, et souffrant d'une fragilité institutionnelle, la Serbie n'était pas préparée pour des opérations militaires sérieuses.

Les projets secrets russes sur le rôle de la Serbie dans la guerre prochaine oscillèrent entre les plans d'une révolution générale des chrétiens balkaniques (Serbes, Monténégrins, Bulgares et Grecs), afin de substituer au pouvoir ottoman une protection russe, et la coordination des opérations militaires avec l'armée du tsar. Selon le plan initial de l'empereur Nicolas Ier, en cas d'une victoire russe dans la guerre, la Serbie serait un État indépendant sous la protection russe, avec la Valachie, la Moldavie et la Bulgarie, doté d'une administration comme dans les deux provinces danubiennes.[4] Ce projet,

---

[1] Grgur Jaksic et Dragoslav Stranjakovic, *Srbija od 1813 do 1858 godine* (*La Serbie entre 1813 à 1858*), pp. 149-150.

[2] Jovan Milicevic, « Polozaj Srbije uoci Pariskog mira 1856 (La position de la Serbie à la veille de congrès de Paris de 1856) », *Istorijski casopis* (*Revue historique*), vol. XXIV, Belgrade, 1976, pp. 249-256.

[3] Jovan Ristic, « Srbija i Krimska vojna » (« La Serbie et la guerre de Crimée »), *Istorijski spisi* (*Les écrits historiques*), Belgrade, Srpska knjizevna zadruga 1940, pp. 105-106.

[4] Jovan Ristic, *Spoljasnji odnosaji Srbije novijeg vremena* (*Les relations internationales de la Serbie contemporaine*), vol. I (1848-1860), Belgrade, Stamparija Kraljevine Srbije, 1887, pp. 151-152.

néanmoins, fut abandonné à cause des difficultés internationales et de la faible position de la diplomatie russe au début de la guerre. La question serbe fut, dans la première phase de la guerre, subordonnée aux relations entre Saint-Pétersbourg et Vienne afin de tenir compte des intérêts de la Russie dans le théâtre de la guerre.[1]

À l'été 1853 déjà, Nicolas Ier prévoyait la possibilité d'une occupation autrichienne de la Serbie et de l'Herzégovine dès le mois d'août de la même année. Un autre plan envisageait comme alternative une occupation austro-russe de la Serbie. La troisième combinaison envisagée par la Russie au début de la guerre prévoyait l'occupation autrichienne de la Serbie, de la Bosnie et de l'Herzégovine afin de rééquilibrer l'occupation russe des provinces danubiennes de Valachie et de Moldavie.[2]

Pour prix de sa neutralité dans la guerre de Crimée, en dépit de ses liens très étroits avec la Russie, la Serbie devait être, selon les propositions d'un envoyé spécial français dès août 1853, récompensée par le transfert des garanties de son autonomie, de la Russie à celle, collective, des puissances, avec une interprétation plus large de ses droits autonomes.[3] Même s'il était fort improbable que les Serbes fussent prêts à soutenir les Ottomans dans leur lutte contre les Russes – leurs coreligionnaires et protecteurs traditionnels – les responsables français redoublaient d'efforts pour obtenir un rapprochement entre Belgrade et Constantinople.

Dans ce contexte, le consul général français à Belgrade, de Ségur, lança une nouvelle initiative afin d'assurer la neutralité absolue de la Serbie dans la guerre de Crimée. Ce fut à l'initiative de Paris que le sultan Abdulmedjid adressa aux derniers jours de 1853 au prince Alexandre un nouveau *firman* confirmant tous les privilèges accordés aux Serbes par les *hatti-chérifs* précédents conclus entre la Sublime Porte et Saint-Pétersbourg. Malgré une forte opposition russe, le *firman* fut accepté par les autorités serbes et solennellement présenté à Belgrade en février 1854. Le *firman* accordait à la Serbie le droit

---

[1] Jovan Milicevic, « Polozaj Srbije uoci Pariskog mira 1856 » (« La position de la Serbie à la veille de congrès de Paris de 1856 »), p. 249 ; Evgenii Viktorovich Tarle, *Krimskaia voina*, vol. I, Mocou, 1950[2], p. 248.

[2] Jovan Milicevic, « Polozaj Srbije uoci Pariskog mira 1856 » (« La position de la Serbie à la veille de congrès de Paris de 1856 »), p. 250.

[3] Archives du ministère des Affaires étrangères, correspondance politique Turquie, vol. 318a, rapport de Bourèe de Belgrade, le 26 août 1853 ; Lj. Aleksic, « Francuski uticaj u spoljnoj i unutrasnjoj politici Srbije za vreme krimskog rata 1853-1856 » (« L'Influence française sur la politique extérieure et intérieure de la Serbie pendant la guerre de Crimée »), *Istorijski casopis* (*Revue historique*), vol. XI, Belgrade 1961, p. 63.

de rester neutre même dans le cas où son suzerain serait en guerre, réduisant considérablement l'ampleur de la vassalité de la Serbie à l'égard de Constantinople.¹

En même temps, le *firman* abolissait le principe de garantie par la Russie du respect des droits et privilèges de la Serbie au sein de l'Empire ottoman. Selon l'analyse de Jovan Marinovitch, chef du département des affaires étrangères, c'était un pas de plus vers l'indépendance de la Serbie.²

Les efforts russes répétés en vue d'engager la Serbie dans la guerre contre les Ottomans, surtout après la révolte des Grecs de Thessalie, restèrent sans réponse positive de la part de Belgrade. En dépit des querelles internes, des rivalités renouvelées entre les partisans russes, autrichiens et français parmi les responsables serbes, son comportement neutre et équilibré durant la guerre de Crimée montra néanmoins la capacité de la Serbie à survivre en tant qu'État autonome dans des conditions difficiles sans la protection russe, obligatoire dans les deux décennies précédentes.

IV

La menace provenant de l'empire des Habsbourg pendant la première année de la guerre fut la source principale de toutes les frustrations politiques de Belgrade. Redoutant une réaction pro-russe en Serbie, après l'occupation russe des provinces danubiennes en juillet 1853, l'Autriche projetait d'occuper militairement Belgrade pour s'assurer de ses positions dans les Balkans. L'expérience de la révolution de 1848 (la Serbie envoya quelques milliers de volontaires soutenir militairement leurs compatriotes dans leur lutte contre les Hongrois en Hongrie du sud, la Voïvodine actuelle) faisait considérer la Serbie comme une menace potentielle pour la sécurité de l'empire des Habsbourg, qui englobait certaines provinces peuplées de Serbes, avant tout les confins militaires (*Vojna Krajina*).³

---

[1] Jovan Ristic, « Srbija i Krimska vojna » (« La Serbie et la guerre de Crimée »), pp. 114-118.

[2] Bernard Lory, « La Serbie et la guerre de Crimée », Vladimir Stojancevic (ed.), *Ilija Garasanin (1812-1874)*, Colloques scientifiques, vol. LIV, Belgrade, Académie serbe des Sciences et des Arts, 1991, p. 85.

[3] Dusan T. Batakovic, *Yougoslavie. Nations, religions idéologies*, Lausanne, L'Âge d'Homme, 1994, pp. 56-59.

Dans la « phase danubienne » de la guerre de Crimée, entre juillet 1853 et avril 1854, les opérations militaires étaient très proches des frontières serbes à l'Est et au Sud, inquiétant à la fois les Autrichiens, les Russes et les Serbes.[1] Les agents russes demandaient que la Serbie entre dans la guerre comme un allié de la Russie. Les responsables serbes répondaient en demandant une extension territoriale englobant la Bosnie, l'Herzégovine et la Vieille Serbie (Kosovo, Metohija, sandjak de Novi Bazar, Macédoine du Nord), tout en gardant, malgré des pressions redoublées, une position strictement neutre.[2]

Les généraux russes, malgré tout, n'avaient pas renoncé à envoyer des troupes en Serbie. Le chef d'État major autrichien, le général Hess, prévint alors l'ambassadeur russe à Vienne que l'Autriche occuperait la Serbie si les forces russes commençaient à avancer vers ses frontières. D'importantes forces armées autrichiennes étaient déjà réunies le long des rives de la Save et du Danube aux frontières serbes, comptant près de 50 000 soldats en février 1854. Le gouverneur du duché serbe (actuelle Voïvodine) en Autriche du sud, ne cachait pas que les forces autrichiennes entreraient en Serbie en cas de pénétration militaire russe dans la principauté serbe. Ce ne fut qu'après l'évacuation russe de la Petite Valachie, que les troupes autrichiennes se retirèrent des frontières serbes.[3]

La Serbie entreprit des préparatifs militaires de défense contre l'invasion potentielle autrichienne, demandant l'aide militaire française et même ottomane. Le 5/17 avril 1854, devant la concentration des troupes autrichiennes sur ses frontières, le gouvernement serbe soumit à la Sublime Porte un mémorandum, dénonçant les plans agressifs de l'Autriche, tandis que les préparatifs militaires dirigés par un officier français, Hyppolite Mondain, s'accéléraient.[4] Le gouvernement serbe envoyait, en même temps, des diplomates en mission spéciale à Vienne et à Paris. Jovan Marinovitch, un diplomate francophile proche de Garachanine, fut envoyé à Paris afin d'obtenir le

---

[1] Bernard Lory, « La Serbie et la guerre de Crimée », pp. 84-85.

[2] Jovan Ristic, *Spoljasnji odnosaji Srbije novijeg vremena* (*Les relations internationales de la Serbie contemporaine*), vol. I (1848-1860), pp. 155-157 ; idem, « Srbija i Krimska vojna » (« La Serbie et la guerre de Crimée »), pp. 128-129.

[3] Evgenii Viktorovich Tarle, *Krimskaia voina*, vol. I, p. 432, 460; Jovan Milicevic, « Polozaj Srbije uoci Pariskog mira 1856 » (« La position de la Serbie à la veille du congrès de Paris de 1856 »), p. 251.

[4] Vasilj Popovic, *Politika Francuske i Austrije na Balkanu u vreme Napoleona III* (*La politique de la France et de l'Autriche dans les Balkans en temps du Napoléon III*), pp. 57-58.

soutien de la France. Après de longues négociations avec les responsables français, Marinovitch promit à Napoléon III une neutralité absolue de la Serbie dans la guerre en échange de sa médiation pour arracher à Vienne une garantie de non intervention. Confrontée à une forte pression française, l'Autriche dut renoncer à son expédition militaire après que Napoléon III lui eût garanti la neutralité de la Serbie.[1]

Les conseils prudents mais constants des diplomates français étaient très utiles, lorsqu'ils recommandaient la neutralité en échange de la garantie collective des puissances. Gérant du consulat français à Belgrade, Renouard expliqua au prince Alexandre et aux autres responsables serbes en février 1855 les avantages d'une garantie collective des puissances :

> « On comprend, leur dis-je, que les services reçus jadis de la Russie vous aient imposé pour un temps une obligation de reconnaissance mais, aujourd'hui votre dette est payée, car, pour l'acquitter, vous vous étiez abstenus vis-à-vis du sultan, de l'aide que, comme vassaux, vous étiez tenus de lui prêter. Les puissances, la Porte elle-même, ont fermé les yeux sur ce que vous avez appelé votre neutralité : n'oubliez pas que cette neutralité a été une concession, non un droit. Aujourd'hui qu'auriez-vous à redouter de la part de la Turquie ? Et, en tout cas, un protectorat collectif ne vous offre-t-il pas plus de sécurité que celui d'un seul ? »[2]

Les conseils venant des représentants français exercèrent une influence importante sur les dirigeants serbes, qui redoutaient la possibilité d'un retour de la Serbie sous l'autorité exclusive des Ottomans. Un autre avertissement de l'ambassadeur français à Constantinople aux responsables serbes sur l'avenir des trois provinces danubiennes (y compris, donc, la Serbie elle-même) en octobre 1855 eut aussi une influence considérable :

> « Les droits et les privilèges des trois principautés du Danube seront placés à la paix sous une garantie collective, il va de soi qu'ils seront examinés avec soin et que les réformes propres à assurer un avenir tranquille et prospère à la Serbie, à la Valachie et à la Moldavie, devront être introduites d'un commun

---

[1] Ljiljana Aleksic, « Francuski uticaj u spoljnoj i unutrasnjoj politici Srbije za vreme krimskog rata 1853-1856 » (« L'influence française sur la politique extérieure et intérieure de la Serbie pendant la guerre de Crimée »), pp. 56-58.

[2] Il a aussi souligné dans son rapport au ministre que « ce protectorat, a titre égal, de toutes les puissances, avec la conservation et la garantie de leurs privilèges actuels, c'est là, Monsieur le Ministre, à entendre les Serbes, l'objet unique de leurs vœux, de leurs espérances » (Archives du ministère des Affaires étrangères, correspondance politique des consuls Turquie – Belgrade, dépêche n° 6, rapport du 15 février 1855).

accord entre les trois intéressés dans l'organisation respective de ces provinces. Toute précipitation intempestive compromettrait une cause qui a toute les sympathies de la France. »[1]

Après que l'effort, tacitement soutenu par Paris, de réinstaller Garachanine à la tête du gouvernement eut échoué, le consul général de France à Belgrade, Des Essards, face à un projet de coup d'État du prince Alexandre, mettaient en garde tous les responsables serbes sur les conséquences fatales d'une telle mesure :

« Attendez, le moment viendra où toutes les questions relatives aux principautés seront examinées avec l'intérêt qu'elle méritent, où vos droits, vos privilèges, vos griefs respectifs, seront soumis au tribunal le plus solennel qui ait jamais existé. »[2]

Dans la phase finale de la guerre, lors des réunions des ambassadeurs des trois puissances à Vienne, l'accord sur la protection collective de la Serbie fut facilement obtenu, avec certaines nuances parmi les participants.[3] La France insistait pour que tous les droits accordés aux Serbes par les traités précédents entre les Russes et les Ottomans restent intacts sous la protection collective, pour que les Serbes ne regrettent pas la protection russe, tandis que l'extension des privilèges, dangereuse pour l'intégrité de l'Empire ottoman, fut rejetée. Après le baron de Bourqueney, représentant français à la conférence de Vienne, le comte de Buol, ministre autrichien des Affaires étrangères, confirmait les trois points relatifs aux principautés :

« La politique de l'Autriche est identiquement la même que celle de la France et de l'Angleterre. On a posé dans les conférences de Vienne de larges bases sur lesquelles nous sommes complètement d'accord, et le protectorat des cinq puissances est adopté en principe. Quant aux questions de détail, on s'est

[1] Archives du ministère des Affaires étrangères, correspondance politique des consuls Turquie – Belgrade, vol. 8, dépêche n° 19, 15 octobre 1855.

[2] *Idem*, dépêche n° 18, 15 octobre 1855.

[3] Le gérant du consulat français à Belgrade rapportait après la fin de la conférence que « l'attention publique est absorbée ici par la publications des protocoles de la conférence de Vienne, c'est-à-dire par la partie de ces documents qui touche d'une manière directe les intérêts de la Serbie. On lit, on traduit, on commente, et jusqu'à présent l'impression reçue parait être celle de la satisfaction. Un article néanmoins excite quelques inquiétudes que partagent indistinctement tous les partis. C'est celui dans lequel on peut trouver pour la Porte le droit de requérir, en cas de guerre le concours de la Serbie. On veut voir, dans cet article, l'exigence, prochaine peut-être, d'un contingent en argent et en hommes. Or, les Serbes ne renonceraient pas de bonne grâce aux loisirs que leur a fait la condescendance de la Turquie et de ses alliés, en leur laissant, de l'ouverture de la guerre, la faculté pour eux si précieuse de n'y prendre aucune part active » (Archives du ministère des Affaires étrangères, correspondance politique des consuls Turquie – Belgrade, vol. 8, dépêche n° 18, 24 mai 1855.)

réservé de les traiter plus tard. L'Autriche, quoiqu'on en ait dit, n'a aucune prétention sur la Serbie, mais il est évident que sa position de pays limitrophe et son voisinage de la Hongrie lui font un devoir et un droit de surveiller activement ce qui se passe dans cette principauté. »[1]

Avant le congrès de Paris, en janvier 1856, la diplomatie française, en réponse à une note autrichienne, étudia l'organisation interne de la Serbie, tout en soulignant la nécessité d'une réorganisation de ses relations avec l'Empire ottoman :

« La Serbie est à l'égard de la Porte sous beaucoup de rapports dans la même situation que la Grèce. L'assimilation que les instructions d'Aali-Pacha, aux conférences de Vienne, établissaient entre ce pays et les trois principautés du Danube, essentiellement fausse pour celles de la rive gauche, est parfaitement vraie pour l'autre. La Serbie a des liens de race et de langue avec la Bulgarie et la Bosnie ; elle y exerce même, dès à présent, une certaine influence. Cette influence s'accroîtra inévitablement à mesure qu'il y aura plus de frottement entre la principauté, déjà constituée sur un pied d'autonomie, et les deux autres provinces voisines. Cet avantage de position ne manquera pas d'être pour elles un objet d'envie ; les Serbes pourront s'en faire, à un moment donné, un moyen d'action très puissant… »[2]

Afin d'accommoder les besoins de la Serbie, il fallait, selon la proposition française, revenir aux dispositions de la constitution de 1838 et « rechercher une combinaison plus propre à atténuer des frottements qui, depuis cette époque, encore récente, se sont si souvent traduits en révolutions. »[3] Le diplomate français adoptait

« l'opinion exprimée par le cabinet de Vienne, dans la note communiquée par M. de Hübner, que le Sénat serbe peut être modifié dans sa composition et ses attributions en prenant pour point de départ le principe de l'administration nationale et indépendante du pays. »

Cependant, les deux propositions suivantes à la fin de ce mémoire furent supprimées :

« Les institutions de la Serbie modifiées en ce sens seraient placées comme celles de la Moldo-Valachie sous la garantie des grandes puissances. Cette garantie serait l'objet d'un acte distinct et séparé entre les puissances et la Porte. »[4]

---

[1] Archives du ministère des Affaires étrangères, correspondance politique des consuls Turquie – Belgrade, vol. 8, dépêche du 2 août 1855.

[2] Archives du ministère des Affaires étrangères, correspondance politique des consuls Turquie – Belgrade, vol. 8, note sur la Serbie, Paris, le 7 janvier 1856.

[3] *Idem.*

[4] *Idem.*

La note sur la Serbie du 7 janvier 1856 fut le fondement de la politique française envers la principauté serbe pendant le congrès de Paris. Les intérêts de l'Autriche furent pris en compte, surtout la possibilité d'une expansion territoriale vers la Bosnie, déjà vue comme une sphère d'influence non contestable de Vienne, et vers la Bulgarie, où l'influence russe était toujours présente par la proximité des frontières russes. La suppression de l'influence russe sur la politique serbe, ouvrirait la voie à une influence autrichienne de premier rang. La réorganisation interne de la Serbie (avec un prince héréditaire, l'évacuation des garnisons turques de six forteresses à l'intérieur des frontières serbes, la nouvelle constitution), facilitera l'émancipation nationale et augmentera ses prétentions territoriales. Cette réorganisation, cependant, fut abandonnée par Paris et par Vienne, comme restèrent lettre morte les promesses faites à Garachanine en 1852 à Paris sur la formation, dans les circonstances favorables, d'une nation homogène autour de la Serbie, avec la Bosnie-Herzégovine et la Bulgarie.[1]

V

Après la guerre de Crimée (1853-1856), la position de neutralité de la Serbie fut modestement récompensée. Lors de la conférence des ambassadeurs à Constantinople en février 1856, précédant la réunion des puissances à Paris, les garanties concernant les trois principautés danubiennes autonomes, étaient déjà entérinées, avec une proposition de réforme constitutionnelle en Serbie.

Selon les stipulations du traité de Paris, la principauté de Serbie fut placée sous la protection collective des six puissances européennes : empire des Habsbourg, Grande Bretagne, France, Prusse, Sardaigne et Russie. D'après les articles 28 et 29 du traité de Paris, la Serbie en tant que principauté vassale de l'Empire ottoman, de même que la Valachie et la Moldavie, recevait à nouveau les prérogatives de l'autonomie, sans modifications substantielles.

Pendant le congrès, la Serbie n'avait pas d'agent officiel à Paris qui puisse, par des contacts privés, influencer la formulation des décisions concernant la principauté serbe. La raison n'en fut pas seulement le

---

[1] Lj. Aleksic, « Francuski uticaj u spoljnoj i unutrasnjoj politici Srbije za vreme krimskog rata 1853-1856 » (« L'Influence française sur la politique extérieure et intérieure de la Serbie pendant la guerre de Crimée »), p. 86.

renouvellement des querelles internes, reprises immédiatement après la fin de la guerre de Crimée. Le prince Alexandre voulait envoyer comme représentant à Paris Alexa Yankovitch, chef du gouvernement serbe, mais il en fut découragé par le consul général de France à Belgrade.[1]

Cependant, le texte du traité concernant la Serbie, proposé lors de la quinzième séance (le 25 mars), fut intégré, presque en totalité, avec de petites modifications dans le texte final. La discussion concernant le statut de la Serbie se déroula dans les treizième (24 mars), quatorzième (25 mars) et seizième (27 mars) séances du congrès de Paris. Le comte Alexandre Walewski, représentant français, lut les articles concernant la Serbie, qui furent appuyés par Lord Clarendon, représentant britannique, proposant de les intégrer dans le protocole du congrès.[2]

Néanmoins, l'un des paragraphes adoptés lors de la quinzième séance du congrès fut omis dans les protocoles finaux. La discussion envisageait la possibilité de réformes constitutionnelles en Serbie, par un accord général entre la Sublime Porte et les autres puissances contractantes, afin d'améliorer les institutions existantes, notamment les stipulations de la constitution du 1838. Dans la session suivante il fut décidé que le sultan, en accord avec les puissances, examinerait quels étaient les besoins de réorganisation interne de la principauté serbe. Cette proposition fut omise du protocole de la seizième session du congrès, probablement sur l'insistance des représentants ottomans, Aali Pacha et Mehemmed Djémil Bey. La position de la principauté de Serbie restait encadrée par la constitution, dite turque, de 1838, imposée conjointement par la Russie et la Turquie.[3]

---

[1] Le consul général Bernard des Essards rapportait que le prince lui disait « qu'il avait l'intention d'envoyer M. Yankovitch à Paris. Je lui ai fait observer que, dans ma pensée, c'était une démarche inutile. Ce n'est pas à Paris, lui ai-je dit, que se traiteront les questions relatives aux principautés : c'est à Constantinople. » Le prince insistait : « Mais le congrès qui va se réunir à Paris ? » Le consul répondait : « Le congrès ne s'occupera que des questions générales, dont la sommaire est indiqué dans les cinq propositions [par la Russie]. Mais, comme tout ce qui se rapporte aux principautés doit émaner de l'initiative et de l'autorité du sultan, je pense que c'est à Constantinople que ces affaires seront réglées ». Selon le consul général « le prince a paru adopter cette opinion... » (MAE, CPC Turquie – Belgrade, n° 36, rapport du Belgrade du 25 février 1856.)

[2] Pour la politique anglaise voir : Cedomir Antic, *Velika Britanija, Srbija i Krimski rat 1853-1856* (*La Grande-Bretagne, la Serbie et la guerre de Crimée 1853-1856*), Belgrade, Zavod za udzbenike i nastavna sredstva, 2004.

[3] Jovan Ristic, « Srbija i Krimska vojna » (« La Serbie et la guerre de Crimée »), pp. 168-169.

L'article 28 du traité de Paris confirmait les privilèges serbes, soulignait que

> « La principauté de Serbie continuera à relever de la Sublime Porte, conformément aux Hats (*hatti-chérifs*) impériaux, qui fixent et déterminent ses droits et immunités, placés désormais sous la garantie collective des puissances contractantes. En conséquence la dite principauté conservera son administration indépendante et nationale ainsi que la pleine liberté de culte, de législation, du commerce, et de navigation ».

L'article 28 abolissait définitivement la tutelle russe sur la principauté serbe.

L'article 29 laissa à la Sublime Porte le droit de maintenir des garnisons dans les forteresses frontalières serbes, avec l'interdiction d'intervenir avec l'armée à l'intérieur du pays et de traverser la Serbie sans un accord préalable des grandes puissances. (« Aucune intervention armée ne pourra avoir lieu en Serbie sans un accord préalable entre les hautes puissances contractantes »). Cette stipulation fut très favorable à la principauté serbe, potentiellement menacée, avant le traité de Paris, par une intervention militaire des forces ottomanes ou autrichiennes. Cette stipulation, en plus, fut essentielle contre les projets d'interventions militaires d'Autriche en Serbie en 1858 et 1862.[1]

L'inclusion de la Serbie dans la liberté de navigation sur le Danube et la formation de la Commission du Danube (les articles 17 et 18 du traité), avec un représentant de la Serbie, ouvrit une possibilité, même modeste, de protéger les intérêts économiques et commerciaux de la principauté.[2]

VI

En Serbie, le déroulement du congrès fut suivi avec un intérêt extraordinaire. Le prince Alexandre Karageorgévitch pensait, suivant ses préférences austrophiles, que l'empire des Habsbourg jouerait

---

[1] Jovan Ristic, « Srbija i Krimska vojna » (« La Serbie et la guerre de Crimée »), p. 170. ; Grgur Jaksic et Dragoslav Stranjakovic, *Srbija od 1813 do 1858 godine* (*La Serbie entre 1813 à 1858*), p. 150.

[2] Jovan Ristic, « Srbija i Krimska vojna » (« La Serbie et la guerre de Crimée »), p. 167. Le premier représentant serbe nommé au Commission du Danube fut Filip Hristic, l'un des « Parisiens » serbes.

un rôle prépondérant, et il en attendait, en vain, le règlement de la question de la succession héréditaire dans sa famille.[1] Le jour après la signature de traité de Paris, « Srbske Novine » (« la Gazette serbe ») annonçait sa conclusion, tandis que, le jour suivant, un *Te Deum* fut célébré dans la cathédrale de Belgrade, en présence du prince, des fonctionnaires de l'État, des officiers de l'armée, des représentants des puissances, des étudiants et d'un grand nombre d'habitants de la capitale serbe. Les consuls étrangers, le métropolite, chef de l'Église orthodoxe serbe et les hauts fonctionnaires furent reçus à la Cour pour féliciter le prince des stipulations du traité de Paris.[2] La fête consacrée au traité de Paris se termina par des salves d'artillerie dans le quartier serbe de la ville. Par contre, les citoyens turcs vivant à Belgrade attaquaient le traité comme « une perfidie *djaour* (infidèle) contre l'Islam ».[3]

Le texte final du traité fut officiellement communiqué au prince de Serbie par une lettre du ministre des Affaires étrangères de Turquie, Fouad pacha, suivie par une proclamation du prince Alexandre, qui tout en saluant les décisions du congrès de Paris, soulignait son propre rôle dans la politique de neutralité pendant la guerre. Le texte intégral du traité de Paris fut officiellement publié par « la Gazette serbe », fin avril–début mai 1856.[4]

Le consul général de France informa le Quai d'Orsay, le 8 mai, que

> « le traité du 30 mars, ainsi que les protocoles des séances du congrès de Paris, sont connus à Belgrade depuis quelques jours. L'impression produite par ces documents est considérable. La partie intelligente de la population comprend toute l'importance de la situation nouvelle faite à la Serbie, et

---

[1] Le consul autrichien déclarait au Prince que « S. M. l'empereur d'Autriche lui engage sa parole impériale que l'hérédité lui sera accordée ; tantôt il lui annonce que ses affaires sont dans la meilleure voie, et que l'Autriche triomphera de toutes les difficultés ; tantôt, enfin, il lui confie que son gouvernement a ratifié le traité du 30 mars et qu'il est chargé de l'assurer qu'il usera de sa haute influence pour assurer le bonheur de la Serbie » (MAE, CPC Turquie – Belgrade, n° 44, rapport de Belgrade du 13 avril 1856).

[2] « Srbske Novine », Belgrade, le 19 mars (le 1er avril) et le 20 mars (le 2 avril) 1856.

[3] Public Record Office, Londres, Foreign Office 78/1197, rapport de Belgrade, le 12 avril 1856 ; cf. aussi : Ljubodrag Ristic, *Engleska i Srbijq od Pariskog mira do Kanlicke konferencije 1856-1862* (*L'Angleterre et la Serbie entre traité du Paris et la conférence de Kanlidja 1856-1862*), doctorat du troisième cycle, Université de Belgrade 1995, p. 45-54.

[4] « Srbske Novine », Belgrade, n° 82 à 96, du 25 avril (7 mai) à 12 (24) mai 1856.

j'ai recueilli de nombreux témoignages de satisfaction et de gratitude. On ne peut se dissimuler la part qui, dans cette circonstance revient aux puissances occidentales et l'on a compris facilement, que ce n'étaient ni l'Autriche ni la Russie qui avaient fait insérer dans le traité la clause relative aux interventions... Le prince m'a dit qu'il savait combien il était redevable à l'empereur et à la France et que le traité de Paris du 30 mars le lui avait bien prouvé. »[1]

Néanmoins, le prince protestait contre le fait que les améliorations d'organisation interne de la Serbie n'étaient pas garanties par le traité de Paris. Le consul de France, « voyant chez le prince la conviction que ce serait lui qui aurait à réformer les abus qui peuvent exister », cherchait « à lui faire comprendre le sens de la déclaration insérée au protocole n° 14. » La confusion du prince fut accrue par une dépêche de l'agent serbe à Constantinople, avec la déclaration suivante de Thouvenel, l'ambassadeur de France : « le sort de la Serbie était fixé comme suit (suivent ici les deux paragraphes de l'article 28 du traité). » Thouvenel déclarait à l'agent serbe « que tout était fini de cette manière, qu'aucune commission ne viendrait en Serbie, et qu'aucune commission serbe ne serait appelée à Constantinople. »[2]

Le chef de la direction politique du Quai d'Orsay répondit au consul des Essards, qu'il avait

« su avec plaisir que la partie éclairée de la nation [serbe] ne s'est pas méprise sur la portée des résolutions arrêtées dans le congrès de Paris et apprécie les avantages qui en résultent pour la principauté. Le prince Alexandre, au contraire... se trompe complètement en regardant comme écartée par le congrès la disposition relative aux améliorations à introduire et aux abus à corriger en Serbie et qui après avoir trouvé place dans le projet inséré dans le 14e protocole n'a pas été maintenue, dans le traité de Paix... La déclaration insérée dans le 16e protocole n'aurait dû laisser aucune doute à cet égard dans l'esprit du prince et de son premier ministre, et en résumé, il doit demeurer bien entendu que c'est à la Porte et aux autres puissances contractantes qu'il appartient d'aviser à la recherche et à la réformation des abus existant dans l'organisation actuelle de la Serbie ; quant à la marche à suivre pour atteindre ce but, les puissances auront à s'en entendre entre elles ultérieurement. »[3]

---

[1] Archives du ministère des Affaires étrangères, correspondance politique des consuls Turquie – Belgrade, vol. 8, dépêche n° 47, rapport du Belgrade, le 8 mai 1856.

[2] *Idem.*

[3] Archives du ministère des Affaires étrangères, correspondance politique des consuls Turquie – Belgrade, vol. 8, dépêche n° 2, Paris, le 28 mai 1856.

VII

Comme le soulignait un expert français pour les affaires serbes, le traité de Paris « portait virtuellement abolition du protectorat de la Turquie sur la Serbie en décidant que les privilèges et immunités concédés à la Serbie seraient désormais placés sous la garantie collective des puissances ».[1] En outre, le traité de Paris fut le premier acte européen qui mentionnait explicitement la Serbie en tant que principauté autonome avec des droits garantis, très importants pour sa future émancipation nationale. L'inclusion de la Serbie dans la Commission du Danube ouvrirait des voies importantes à ce petit pays, sans accès à la mer, des voies non seulement commerciales mais aussi politiques, des voies vers l'Occident et vers la mer Noire. Les garanties du traité de Paris accrurent le prestige de la Serbie parmi les Slaves du Sud, consolidèrent sa position sur la scène européenne et lui permirent d'espérer un succès définitif dans son chemin vers l'indépendance, obtenu deux décennies plus tard, en 1878.

---

[1] Joseph Mallat, *La Serbie contemporaine. Études, enquêtes statistiques*, t. I, Paris, J. Maisonneuve, 1902, p. 309.

Emre Öktem

LE TRAITÉ DE PARIS DE 1856 REVISITÉ À SON 150ᵉ ANNIVERSAIRE : QUELQUES ASPECTS JURIDIQUES INTERNATIONAUX

La guerre de Crimée avait quatre enjeux principaux, à savoir : le statut des sujets non musulmans de l'Empire ottoman et la question de l'ingérence étrangère qui y est afférente ; le statut des principautés danubiennes et de la Serbie ; la régulation de la navigation sur le Danube ; la neutralité de la mer Noire et la question des Détroits[1]. L'issue de ces problèmes, éminemment politiques, était étroitement liée à leur règlement juridique. Le congrès de Paris introduisit parmi ses considérations de droit international la question du caractère « européen » de l'Empire ottoman.

Il est intéressant de relever qu'à l'exception des problèmes danubiens, toutes ces questions n'ont rien perdu de leur actualité. Avant d'aborder ces questions toujours présentes, il est également intéressant d'étudier les techniques d'élaboration du traité de Paris, qui constitue un pas important dans l'histoire du droit international.

---

[1] I. H. Danişmend, *İzahlı Osmanlı Tarihi Kronolojisi* (*Chronologie commentée de l'Empire ottoman*), vol. 4 Türkiye Yayınevi, Istanbul, 1972, p. 173.

L'ÉLABORATION DU TRAITÉ DE PARIS : UNE NOUVELLE TECHNIQUE DIPLOMATIQUE

La première question est de nature purement technique : le traité de Paris de 1856 constitue le premier traité international véritablement multilatéral. Jusqu'au congrès de Vienne, la pratique internationale ne connaissait que le traité bilatéral. Même le traité de Westphalie était en réalité une accumulation de traités bilatéraux conclus entre deux groupes d'États. Ce n'est qu'au XIXe siècle que les puissances européennes prendront conscience de leur solidarité pour s'engager dans la voie du règlement collectif des problèmes d'intérêt commun et se doter d'un instrument simple et commode. L'acte final du congrès de Vienne de 1815, qui est traditionnellement considéré comme le premier traité multilatéral, n'était, en fait, qu'un instrument général, rassemblant dans le même document tous les traités particuliers conclus entre les participants du congrès. En réalité, c'est le traité de Paris de 1856 qui est le premier traité collectif parfait. Quant à la convention annexée sur les Détroits, elle est élaborée par une technique mixte, à cheval entre le traité bilatéral et le traité multilatéral. Elle est signée, d'une part, par l'Empire ottoman, et d'autre part, par les cinq grandes puissances européennes. Cette catégorie d'instruments que la doctrine qualifie de traité semi-collectif connaît aujourd'hui une résurgence, notamment avec les traités conclus d'une part, par les États-membres de l'Union européenne et d'autre part, des États tiers.[1]

Ce détail, apparemment insignifiant, révèle sans doute un esprit de rapprochement plus étroit dans la société internationale. Il était passé bien de l'eau sous les ponts depuis le traité de Westphalie, qui fut négocié dans deux villes différentes, car les délégations de confessions différentes ne supportaient pas de se voir en face[2]. Le changement dans la confection des traités, qui sera suivi par d'autres conférences, souligne encore une fois l'importance du traité de Paris.

---

[1] Cf. N.Q. Dinh, P. Daillier, A. Pellet, *Droit international public*, Paris, LGDJ, 1999, pp. 164-165, § 99.

[2] Hobza, A., « Questions de droit international concernant les religions », *Recueil des cours de l'Académie de droit international*, 1924/IV, t. 5, s. 377.

La question des Détroits et de la démilitarisation de la mer Noire

Le traité de Paris marque un moment crucial dans l'histoire de la question des Détroits. Il comporte une convention relative aux Détroits et une seconde convention relative aux bâtiments de guerre que les puissances riveraines entretiendraient dans la mer Noire.

Des dispositions relatives aux Détroits sont contenues soit dans l'acte général, soit dans la convention qui lui est annexée.[1] Le traité de Paris reprend textuellement certaines dispositions du traité de Londres de 1841 et confirme « l'ancienne règle de l'Empire »[2], en vertu de laquelle « il est de tout temps défendu aux bâtiments de guerre des puissances étrangères d'entrer dans les détroits des Dardanelles et du Bosphore, tant que la Porte se trouve en paix ». Les puissances signataires s'engagent à respecter cette prérogative du sultan et à se conformer à ce principe, non seulement vis-à-vis du sultan mais également les unes envers les autres (art. 10). Il s'agit bien d'une obligation solidaire et indivisible entre les puissances contractantes. Mais, le changement vraiment fondamental et significatif décidé par le traité de Paris par rapport au statut antérieur se rapporte à la proclamation de la neutralisation de la mer Noire. Selon l'article 11 :

> « La mer Noire est neutralisée ; ouverte à la marine marchande de toutes les nations, ses eaux et ses ports sont formellement et à perpétuité interdits aux pavillons de guerre, soit des puissances riveraines, soit de toute autre puissance ».

L'article 13 pousse l'interdiction encore plus loin :

> « la mer Noire étant neutralisée, aux termes de l'article 11, le maintien ou l'établissement sur son littoral d'arsenaux militaires maritimes devient sans nécessité comme sans objet ; en conséquence, Sa Majesté l'empereur de toutes les Russies et Sa Majesté impériale le sultan s'engagent à n'établir et à ne maintenir sur ce littoral aucun arsenal militaire maritime. »

---

[1] Pour le texte du traité, cf. Bibliothèque diplomatique – Comte d'Angeberg, *Le traité de Paris du 30 mars 1856 et les conférences de Londres de 1871, le traité modificatif du 13 mars 1871, traités, correspondances diplomatiques, protocoles et documents*, Paris, Mayot, éditeur des archives diplomatiques, 1873.

[2] Cf. S. A. Scharfenberg, « Regulating Trafic Flow in the Turkish Straits : A Test for Modern International Law », *Emory International Law Review*, vol. 10, spring 1996, p. 341.

L'article 14 prévoit que les gouvernements turc et russe peuvent entretenir dans la mer Noire des bâtiments légers, nécessaires au service de leurs côtes, sans pour cela violer le principe de neutralisation de cette mer.

L'article 2 de la convention annexée réaffirme la possibilité pour le sultan de délivrer des firmans de passage aux bâtiments légers sous pavillons de guerre et employés au service de légations.

> « La convention de Paris consacre la victoire de la coalition turco-anglo-française contre les desseins russes d'exécuter la politique de Pierre le Grand de hâter le décès de l'homme malade et de faire ouvrir sa succession. L'équilibre établi par la convention de Londres de 1841 était rompu aux dépens de la Russie. La neutralisation de la mer Noire constituait une innovation en droit international. Son grave défaut était d'être un simple avantage stratégique, produit éphémère d'une victoire plutôt que de l'application d'un principe généralement admis. Ce que le législateur de Paris avait cru établir à perpétuité ne devait avoir qu'une vie de quinze ans. Il était à attendre que la Russie profiterait de la première occasion fournie par la situation internationale pour secouer un joug qui lui paraissait trop lourd. Cette occasion se présenta lors de la défaite française à l'issue de la guerre franco-allemande de 1870. L'Europe était trop préoccupée par ses problèmes pour réagir devant la volonté russe »[1].

La Prusse de Bismarck soutint la Russie et conclut un accord secret avec elle.

La correspondance diplomatique entre Saint-Pétersbourg et l'ambassade russe à Londres exprime clairement la logique de la démarche du tsar.

> « L'expérience de quinze années a prouvé que [le principe de la neutralisation de la mer Noire] duquel dépend la sécurité de toute l'étendue des frontières de l'Empire russe dans cette direction, ne repose que sur une théorie. En réalité, tandis que la Russie désarmait dans la mer Noire et s'interdisait, même loyalement, la possibilité de prendre des mesures de défense maritime efficaces dans les mers et ports adjacents, la Turquie conservait le droit d'entretenir des forces navales illimitées dans l'archipel et les Détroits ; la France et l'Angleterre gardaient la faculté de concentrer leurs escadres dans la Méditerranée. (…) S. M. I. ne saurait admettre en fait que la sécurité de la Russie dépende d'une fiction qui n'a pas résisté à l'épreuve du temps (…) L'empereur vous ordonne de déclarer que S. M. I. ne saurait se considérer plus longtemps comme liée aux obligations du traité du 18/30 mars 1856, en tant qu'elles restreignent ses droits de souveraineté dans la mer Noire ; Que S. M. I. se croit en droit et en devoir de dénoncer à S. M. le sultan

---

[1] F. C. Erkin, *Les relations turco-soviétiques et la question des Détroits*, Ankara, 1968, p. 34.

la convention spéciale et additionnelle audit traité qui fixe le nombre et la dimension des bâtiments de guerre que les deux puissances riveraines se réservent d'entretenir dans la mer Noire. »[1]

Ainsi, prétextant un changement d'équilibre qui exposerait la Russie aux attaques en la privant des moyens de se défendre, le tsar se déclarait délié de ses obligations découlant du traité de Paris.

Il s'agit d'une invocation implicite de la clause *rebus sic stantibus*, qui, comme le constate l'éminent juriste français, Le Fur, « jouait le rôle d'un prétexte juridique, et même fort mal choisi. Ce que la Russie invoquait en réalité, c'était bien plutôt le droit de nécessité de son développement ».[2] Les puissances protestèrent avec véhémence contre la dénonciation russe, au mépris du principe essentiel du droit des gens qu'aucune partie ne peut se délier des obligations du traité si ce n'est qu'avec le consentement des autres parties contractantes. Pourtant, les puissances finirent par s'incliner devant le fait accompli et mirent fin au régime de neutralisation par le traité de Londres du 13 mars 1871. Les fruits de la guerre de Crimée étaient anéantis[3]. Les traités de Paris et de Londres se verront également violés par le traité de San Stefano[4].

La clause *rebus sic stantibus* au sujet des détroits turcs fut invoquée de manière bien plus appropriée et « honnête » en 1936 par la Turquie pour remanier les dispositions de la convention des Détroits de Lausanne de 1923. Fondée essentiellement sur le changement de la situation politique en Europe, sur le fait que les garanties prévues en 1923 étaient devenues inopérantes en 1936 et sur l'éventualité d'une menace de guerre, la thèse turque fut bien accueillie et déclencha un processus qui donna lieu à la conclusion de la convention concernant le régime des Détroits signée à Montreux, le 20 juillet 1936[5].

---

[1] Le prince Gorschakoff au Baron de Brunnow, à Londres, 19-31 octobre 1870, in *Le traité de Paris du 30 mars 1856 et les conférences de Londres de 1871, le traité modificatif du 13 mars 1871, traités, correspondances diplomatiques, protocoles et documents*, pp. 177-180.

[2] L. Le Fur, « La théorie du droit naturel depuis le XVIIe siècle et la doctrine moderne », *Recueil des cours de l'Académie de droit international*, t. 18, 1927/III, p. 433.

[3] H. Bonfils, *Manuel de droit international public (Droit des gens)*, Paris, Arthur Rousseau éditeur, 1912, p. 206, § 341.

[4] Sir J. F. Williams, « La doctrine de la reconnaissance en droit international et ses développements récents », *Recueil des cours de l'Académie de droit international*, 1933/II, t. 44, p. 281.

[5] F. N. Berkol, *Le statut juridique actuel des portes maritimes orientales de la Méditerranée (les Détroits – le canal de Suez)*, Paris, Recueil Sirey, 1940, pp. 163 *et ss.*

Il serait superflu de rappeler l'actualité de la question des détroits turcs. En effet, la convention de Montreux se trouve toujours en vigueur. Elle est toutefois largement dépassée par le temps, en raison, notamment de la recrudescence du trafic maritime, surtout pétrolier. Des propositions de modification, voire de dénonciation sont à l'ordre du jour. Pourtant, malgré les dispositions de la convention qui prévoient un mécanisme de dissolution unilatérale (art. 28) et des possibilités de proposer des amendements (art. 29), aucun État partie n'a osé en prendre l'initiative. Une nouvelle conférence serait une table de jeu de hasard dont le gagnant est imprévisible. Il s'agit d'enjeux complexes : les intérêts régionaux des États riverains, les préoccupations de la Turquie de sauvegarder sa sécurité militaire et d'éviter des accidents dont les antécédents sont nombreux, et enfin, les intérêts des grandes puissances maritimes. Depuis 1856, les acteurs n'ont que partiellement changé : la géographie, pas plus que la géologie n'a pas changé et la mer Noire n'a toujours qu'une entrée.

3. Le statut des principautés

Le traité de Paris consacre plusieurs articles au règlement de la question du statut des principautés danubiennes :

« Art. 22. Les principautés de Valachie et de Moldavie continueront à jouir, sous la suzeraineté de la Porte et sous la garantie des puissances contractantes, des privilèges et des immunités dont elles sont en possession. Aucune protection exclusive ne sera exercée sur elles par une des puissances garantes. Il n'y aura aucun droit particulier d'ingérence dans leurs affaires intérieures.

Art. 23. La sublime Porte s'engage à conserver aux dites principautés une administration indépendante et nationale, ainsi que la pleine liberté de culte, de législation, de commerce et de navigation.

Les lois et statuts aujourd'hui en vigueur seront révisés. Pour établir un complet accord sur cette révision, une commission spéciale, sur la composition de laquelle les hautes puissances contractantes s'entendront, se réunira sans délai à Bucarest, avec un commissaire de la Sublime Porte.

Cette commission aura pour tâche de s'enquérir de l'état actuel des principautés et de proposer les bases de leur future organisation.

Art. 24. S. M. le sultan promet de convoquer immédiatement, dans chacune de ces provinces, un divan *ad hoc*, composé de manière à constituer la représentation la plus exacte des intérêts de toutes les classes de la société. Ces divans seront appelés à exprimer les vœux des populations relativement à l'organisation définitive des principautés.

Une instruction du congrès règlera les rapports de la commission avec ces divans.

Art. 25. Prenant en considération l'opinion émise par les deux divans, la commission transmettra sans retard, au siège actuel des conférences, le résultat de son propre travail.

L'entente finale avec la puissance suzeraine sera consacrée par une convention conclue à Paris entre les hautes parties contractantes ; et un hatti-chérif, conforme aux stipulations de la convention, constituera définitivement l'organisation des ces provinces, placés désormais sous la garantie collective de toutes les puissances signataires.

Art. 26. Il est convenu qu'il y aura dans les principautés une force armée nationale, organisée dans le but de maintenir la sûreté de l'intérieur et d'assurer celle des frontières. Aucune entrave ne pourra être apportée aux mesures extraordinaires de défense que, d'accord avec la Sublime Porte, elles seraient appelées à prendre pour repousser toute agression étrangère.

Art. 27. Si le repos intérieur des principautés se trouvait menacé ou compromis, la Sublime Porte s'entendra avec les autres puissances contractantes sur les mesures à prendre pour maintenir ou rétablir l'ordre légal. Une intervention armée ne pourra avoir lieu sans un accord préalable entre ces puissances. »

Les dispositions ci-dessus avaient été arrêtées, dans leurs grandes lignes, lors des séances du 14 mars et du 25 mars 1856 du congrès de Paris. La « convention pour l'Organisation des principautés unies de Moldavie et de Valachie » prévue par l'article 25 fut conclue le 19 août 1858. Cette convention confirme que les principautés demeurent sous la suzeraineté du sultan, mais leur octroie une administration autonome, en dehors de toute ingérence de la Sublime Porte (art. 2). Les pouvoirs publics sont confiés, dans chaque principauté, à un hospodar et à une assemblée élective. Le pouvoir exécutif est exercé par l'hospodar, alors que le pouvoir législatif est partagé entre l'hospodar, l'assemblée et la commission centrale, commune aux deux principautés. (art. 3,-5) L'institution de la commission centrale, ainsi que d'une Haute cour de justice et de cassation commune siégeant à Fockshani (art. 27, 36) tend à unifier les principautés, sous forme d'une monarchie constitutionnelle[1].

Le traité de Paris était l'instrument d'un équilibre et d'une stabilité régionaux qui reposaient sur l'intégrité de l'Empire ottoman. Or, c'est le traité de Paris qui érigea la Moldavie, la Valachie et la Serbie en principautés, gouvernées par des princes dont l'élection devait obtenir l'entérinement de la Sublime Porte (art. 8). En fait,

---

[1] Danişmend, *İzahlı Osmanlı Tarihi Kronolojisi*, p. 187.

le démembrement de l'Empire commençait à la suite d'une guerre entreprise et d'un traité conclu pour défendre son intégrité[1] : l'autonomie accordée aux principautés en question ne faisait que paver le chemin de l'indépendance.

L'origine de la guerre de Crimée : la protection internationale des minorités religieuses

Le congrès de Paris se réunit pour régler les conditions de paix au terme de la guerre de Crimée. Or, cette guerre avait été déclenchée par une querelle entre les religieux catholiques, protégés de la France et les orthodoxes, protégés de la Russie, qui se disputaient la possession des Lieux saints de Palestine (Bethléem, le Saint Sépulcre). La question, à portée purement religieuse à l'origine, fit immédiatement l'objet d'une lutte politique internationale. La Russie, jouissant déjà d'un certain prestige auprès des orthodoxes de l'Empire ottoman, ne voulait pas, en se désintéressant de leur sort, perdre cette influence. Après de longues négociations, le tsar chercha à régler le conflit en faisant entrer son armée en Moldavie, en déclarant qu'il venait protéger l'Église orthodoxe. La France et l'Angleterre étaient liées par la convention de 1841, qui interdisait de porter atteinte à l'intégrité ottomane. La nouvelle de l'anéantissement de la flotte ottomane par les forces navales russes en rade de Sinope, le 30 novembre 1853, provoqua dans ces deux pays une véritable levée de boucliers. Le 12 mars 1854, fut signé à Istanbul un traité d'alliance défensive et offensive entre la Sublime Porte, la Grande-Bretagne et la France. L'Autriche adhéra à l'alliance le 14 juin 1854. L'évacuation par la Russie des principautés danubiennes, de même que des négociations pour fixer le futur statut de la mer Noire ne purent empêcher la guerre. La prise de Sébastopol par les alliés européens en septembre 1855 porta le coup de grâce aux armées du tsar.[2]

Le traité des Paris comporte une disposition relative aux minorités religieuses : d'après l'article 9 du Protocole XV,

> « Sa Majesté impériale, dans sa constante sollicitude pour le bien-être de ses sujets, ayant octroyé un firman qui, en améliorant leur sort, sans distinction de religion ni de race, consacre ses généreuses intentions envers

---

[1] Bonfils, *Manuel de droit international public*, p. 51, § 122.

[2] Cf. Ch. Seignobos, *Histoire politique de l'Europe contemporaine – Évolution des partis et des formes politiques*, 1814-1896, Paris, Armand Colin et Cie, 1897, pp. 595 *et ss.* ; Berkol, *Le statut juridique...*, pp. 78 *et ss.*

les populations chrétiennes de son Empire et, voulant donner un nouveau témoignage de ses sentiments à cet égard, a résolu de communiquer aux puissances contractantes le dit firman, spontanément émané de sa volonté souveraine ».

Lors de la séance du 28 février 1856 du congrès de Paris, Aali Pacha avait annoncé

« qu'un nouvel hatti-chérif a renouvelé les privilèges religieux octroyés aux sujets non musulmans de la Porte, et prescrit de nouvelles formes réformes qui attestent la sollicitude de Sa Majesté le sultan pour tous les peuples indistinctement ».

Les plénipotentiaires décidèrent, lors de la même séance, qu'il soit fait mention dans le traité général des mesures prises par le gouvernement ottoman et jugèrent indispensable de rappeler que les dispositions en question ne font nullement naître un droit quelconque d'immixtion dans les rapports du gouvernement de S. M. le sultan avec ses sujets.[1]

Ainsi, les assurances et les garanties promises par le concert européen avaient bien un prix[2]. Mais la protection d'une minorité confessionnelle particulière par telle ou telle puissance est remplacée par la protection collective de toutes les puissances signataires[3], ce qui est plutôt un bénéfice pour la Porte.

Le firman en question est l'édit de l'Islahat du 28 février 1856, qui fut proclamé par le Grand vizir Aali Pacha à la Sublime Porte, devant tous les ministres, hauts fonctionnaires et dignitaires religieux. L'édit débutait par des dispositions qui assuraient aux diverses communautés non musulmanes la jouissance de leurs immunités traditionnelles, le libre exercice de culte, privé ou public, l'administration de leurs biens, la rétribution des ecclésiastiques, de manière à éviter des exactions dont se plaignaient souvent les chrétiens eux-mêmes. La disposition sans doute la plus importante de l'édit stipulait que tous les sujets de l'Empire sans distinction, étaient admissibles aux emplois et pouvaient être reçus dans les écoles civiles et militaires

---

[1] *Le traité de Paris du 30 mars 1856 et les conférences de Londres de 1871, le traité modificatif du 13 mars 1871, traités, correspondances diplomatiques, protocoles et documents*, pp. 9-10.

[2] P. Dumont, « Europe-Turquie : Une histoire partagée », *Questions internationales*, n° 12, mars-avril 2005 (Dossier *La Turquie et l'Europe*), p. 8.

[3] A. Hobza, « Questions de droit international concernant les religions », *Recueil des cours de l'Académie de droit international*, t. 5, 1924/IV, p. 412.

de l'État. Les affaires commerciales, correctionnelles et criminelles entre musulmans et non musulmans ou entre non musulmans de confessions différentes seraient jugées par des tribunaux mixtes. Les impôts étaient exigibles au même titre de tous les sujets de l'Empire ; le mode de perception serait réformé de manière à éviter les abus, notamment ceux qui résulteraient de l'affermage des dîmes. Il serait procédé à une réforme des conseils provinciaux et communaux, pour garantir la sincérité des choix des délégués musulmans, chrétiens ou autres, et la liberté de vote dans les conseils. Un des passages de l'édit précisait que l'égalité des droits entraînant celle des devoirs, les sujets chrétiens ou autres non musulmans devaient, comme les musulmans, satisfaire à la loi de recrutement[1]. C'était promettre d'ôter à l'Empire ottoman son caractère confessionnel[2], ou une ébauche du processus de laïcisation qui aboutirait par les réformes républicaines.

L'édit de l'Islahat sembla satisfaire les exigences européennes, mais causa un mécontentement chez les minorités de l'Empire. L'instauration de l'égalité signifiait également perte des privilèges. Ainsi, un non musulman avait dorénavant le droit d'accès à l'école militaire, mais aussi... l'obligation du service militaire[3]. La dispense du service militaire pour les sujets non musulmans avait, jusqu'alors, contribué à l'enrichissement des minorités, pendant que les musulmans passaient une grande partie de leur vie sous les drapeaux[4].

L'édit de l'Islahat n'est pas un acte isolé mais s'inscrit dans le processus de réforme interne que subit l'Empire ottoman au XIXe siècle[5]. Ce processus ne saurait être considéré indépendamment des interventions étrangères. L'édit impérial du Tanzimat de 1839 avait été

---

[1] Pour le texte en turc, cf. Gözübüyük & S. Kili, *Türk Anayasa Metinleri*, 1839-1980 (Textes constitutionnels turcs), Ankara, 1982, pp. 7-13. Pour le texte en français, cf. *Législation ottomane ou Recueil des lois, règlements, ordonnances, traités, capitulations et autre documents officiels de l'Empire ottoman*, par Aristarchi Bey (Grégoire), publiée par Démétrius Nicolaides, deuxième partie, *Droit public Intérieur*, Constantinople, Bureau du Journal Thraky, 1874, pp. 14-24. Pour un résumé en français, cf. Colonel Lamouche, *Histoire de la Turquie depuis ses origines jusqu'à nos jours*, Paris, Payot, 1934, pp. 287-288 et Rinaldo Marmara, *Précis historique de la communauté latine de Constantinople et de son église. De l'Empire byzantine à la République de Turquie*, Istanbul, Latin Katolik Ruhani Reisliği, 2003, pp. 96-99.

[2] Seignobos, *Histoire politique de l'Europe...*, p. 596.

[3] A. Özgürel, « Tam bir buçuk asır önceki Paris Anlaşması-Batı ile ilk çerçeve belgesi », *Radikal*, 9 octobre 2005.

[4] Marmara, *Précis historique de la communauté latine de Constantinople...*, p. 95.

[5] Dans un mémoire explicatif sur l'édit de l'Islahat adressé aux représentants de la Sublime Porte pour en faire un usage propre à rétablir la vraie position de l'Empire,

promulgué immédiatement après des traités de commerce conclus avec l'Angleterre. Le principe de libéralisme absolu qui dominait dans ces traités, exigeait naturellement un minimum de libéralisme politique et de réformes institutionnelles[1]. Étant donné que la grande majorité de la classe commerçante de l'Empire était formée par des non musulmans, les facteurs internationaux sous-jacents à l'édit du Tanzimat se devinent aisément. Les mêmes considérations économiques sont valides pour l'édit de l'Islahat.

La protection des minorités religieuses est une institution juridique qui a vu le jour dans l'Empire ottoman[2]. À cet égard, les interventions étrangères en faveur des minorités et leur impact en droit international offrent d'intéressants points d'analyse, notamment sur les moyens d'instrumentalisation politique. Avec l'insertion des dispositions religieuses aux traités des capitulations à partir du XVIe siècle, les grandes puissances disposeront d'un nouvel outil pour intervenir dans les affaires intérieures de l'homme malade du Bosphore. Cette intervention, rarement dépourvue de calculs égoïstes, perdra bientôt son caractère purement religieux pour viser le droit des nationalités[3]. Le droit des minorités, y compris, évidemment, leurs libertés religieuses, a été avancé par le concert des États-nations européennes comme technique de guerre ou diplomatique contre l'Empire ottoman, puissance islamique[4].

Le premier traité de capitulation conclu en 1536 entre Soliman le Magnifique et François Ier reconnaissait au consul de France la compétence judiciaire exclusive sur les sujets du roi, qui ne pourraient être considérés comme turcs, ni convertis, à moins qu'ils ne le désirent et ne le professent ouvertement et sans contrainte[5]. Gênes,

---

Fuad Pacha précisait que le firman en question n'est que la confirmation et le développement de l'acte de Gul-hane (L'édit de Tanzimat de 1839) qui a solennellement décrété le régime de l'égalité et ouvert l'ère de la réforme dans l'Empire ottoman, en rupture avec la vieille époque d'inégalité fondée sur un dogme politique sans légitimité. Cf. *Législation ottomane...*, 1874, pp. 24 *et ss*.

[1] Cf. Kançal, Salgur, « La conquête du marché ottoman par le capitalisme industriel concurrentiel (1838-1881) », *Colloques internationaux du CNRS*, n° 601 – *Économie et Sociétés dans l'Empire ottoman (fin du XVIIIe – début du XXe siècle)*, Paris, éd. du CNRS, 1983, p. 363.

[2] Hobza, *Questions de droit international...*, 419.

[3] Mandelstam, A., « La protection des minorités », *Recueil des cours de l'Académie de droit international*, t. 1, 1923, p. 373.

[4] Yadh ben Achour, « Souveraineté et protection internationale des minorités », *Recueil des cours de l'Académie de droit international*, t. 245, 1994/I, p. 423.

[5] Evans, *Religious Liberty...*, p. 61.

en 1615 et 1655, la Pologne en 1673, bénéficièrent du même régime. En 1615, par la paix de Vienne l'Autriche obtint la protection des pèlerins à Jérusalem et des religieux vivant dans l'Empire ottoman. Selon l'article 7 :

> « Ceux qui professent être le peuple de Jésus-Christ et qui obéissent au Pape, de quelque nomination que ce soit, ecclésiastiques, moines ou jésuites, auront le droit de construire des églises dans les états du sérénissime empire des Turcs où ils pourront d'après leur usage, conformément au statut de leur ordre et d'après l'antique rite, lire l'évangile, se réunir en assemblée et vaquer au service divin ; ils seront traités avec bienveillance par le sérénissime empereur des Turcs et par ceux qui dépendent de lui...[1] »

Avec le déclin de l'empire, le libellé des traités change de ton : Le traité de Karlowitz qui dispose expressément que les religieux catholiques romains pourront exercer leurs fonctions conformément aux ordres émanés de la Sublime Porte, reconnaît à l'ambassadeur de Pologne près de la Sublime Porte le droit « d'exposer devant le trône impérial toutes les demandes qu'il aura ordre de faire au sujet de la religion. » Est-ce là un premier signe de sanction internationale de la protection des minorités ? Le droit d'intervention ou de remontrance en faveur des catholiques a été obtenu, dans le même traité, par l'Autriche et confirmé par les traités de Passarowitz (1718), de Belgrade (1739) et de Sistov (1791)[2]. Le traité de Kutchuk-Kaïnardji (1774) contenait des formules plus vagues : il permettait la construction d'une nouvelle église à Istanbul et reconnaissait au tsar le droit d'intervenir en son propre nom et au nom des ministres de la foi orthodoxe. Toutefois, la Russie interpréta cette dernière disposition comme reconnaissant un droit d'intervention au nom de tous les fidèles orthodoxes, à l'instar des puissances catholiques[3]. Le traité de Kutchuk-Kaïnardji, auquel tous les traités ultérieurs se réfèrent, a été comparé, par rapport à l'Europe de l'Est, aux traités de Westphalie, en tant que point de départ d'un « système » russo-turc qui débouchera sur le traité de Paris du 30 mars 1856. L'évolution de ce système est allée dans le sens d'un rapprochement avec le droit public de l'Europe. Les traités, jusqu'alors conclus comme de simples trêves par la Porte, sont désormais conclus à perpétuité[4]. En outre, le traité de

---

[1] P. Lanarès, *La liberté religieuse dans les conventions internationales et dans le droit public en général*, Paris, éd. Horvath, 1964, p. 79.
[2] Hobza, *Questions de droit...*, p. 409.
[3] Evans, *Religious Liberty...*, p. 63.
[4] Truyol y Serra, *Histoire du droit international*, Paris, Economica, 1995, p. 74-75.

Kutchuk-Kaïnardji garantit de manière détaillée la liberté de culte des Tatars de Crimée[1]. La convention explicative entre la Russie et l'Empire ottoman conclue à Istanbul le 10 mars 1779, le traité d'Andrinople (Edirne) du 14 septembre 1829 et le traité de Hünkar-Iskelesi du 8 Juillet 1833 contiennent des dispositions qui confirment celles de Kutchuk-Kaïnardji. Le 14 septembre 1782, l'Espagne obtint des droits religieux pour ses pèlerins en Terre sainte[2].

La cession des territoires ottomans au profit des nouveaux États-nations indépendants engendra des problèmes symétriques. Dans le protocole du 3 février 1830 établi à la conférence de Londres et signé par les représentants de la France, de la Grande-Bretagne et de la Russie, le respect de la liberté du culte musulman fut stipulé comme l'une des conditions de la reconnaissance de l'indépendance de la Grèce par les puissances signataires[3]. Les dispositions garantissant la liberté religieuse et interdisant la discrimination religieuse se cristalliseront en un modèle pour s'intégrer au *corpus iuris publici orientalis.* Des dispositions similaires s'appliquent à la cession des Îles ioniennes à la Grèce en 1863. De même, lorsque des territoires ottomans s'ajoutent à la Grèce en vertu du traité de Constantinople de 1881, il est prévu que « la vie, les biens, la religion et les coutumes des habitants des localités cédées à la Grèce seront scrupuleusement respectés »[4].

Il est curieux de noter que la question des minorités non musulmanes de la Turquie est actuellement à l'ordre du jour, notamment dans le cadre de l'adhésion de la Turquie à l'Union européenne. Les communautés non musulmanes jouissent d'une certaine autonomie, définie par le traité de Lausanne du 24 juillet 1923 qui constitue en quelque sorte l'acte fondateur de la République. Le traité de Lausanne diverge des autres traités de l'époque par le fait qu'il stipule l'égalité des droits civils et politiques au profit des non musulmans[5]. Une partie considérable des « Rapports réguliers sur les progrès réalisés par la Turquie sur la voie d'adhésion » préparés annuellement par la Commission européenne est consacrée à la question des

---

[1] R. Redslob, *Histoire des grands principes du droit des gens depuis l'Antiquité jusqu'à la veille de la Grande guerre*, Paris, Rousseau et Cie, 1923, p. 229.

[2] Lanarès, *La liberté religieuse...*, p. 80.

[3] Pazartzis, Photini, « Le statut des minorités en Grèce », *Annuaire français de droit international*, XXXVIII, 1992, p. 386.

[4] Evans, *Religious Liberty...*, pp. 66-67.

[5] Mandelstam, A., « La protection des minorités », *Recueil des cours de l'Académie de droit international*, t. 1, 1923, p. 418.

minorités religieuses. De nombreuses réformes virent le jour dans le contexte des « paquets d'harmonisation » depuis 2002, en vue d'adapter la législation turque aux standards européens et d'autres projets d'améliorations figurent au calendrier[1].

4. « ... L'EMPIRE OTTOMAN DOIT PARTICIPER AUX AVANTAGES DU DROIT PUBLIC EUROPÉEN... »

Le traité de Paris constitue un tournant capital dans l'histoire des relations internationales[2]. En effet, il déclare « que l'Empire ottoman doit participer aux avantages du droit public européen et doit voir respecter son indépendance et son territoire. »

Il est intéressant de suivre le processus de la formulation de cette expression. Le 26 février, le ministre des affaires étrangères français, le comte Walewski déclara devant la conférence qu'il n'y avait pas lieu de confirmer l'adhésion de la Turquie au droit public européen. Les délégués convinrent qu'il fallait exprimer ce point avec un article spécial à insérer dans l'acte final[3].

Le 25 mars, le délégué britannique, le comte de Clarendon, dit qu'en appelant la Turquie à faire partie du système politique de l'Europe, les puissances contractantes donneraient un témoignage éclatant des dispositions qui les unissent et de leur sollicitude pour les intérêts généraux de leurs sujets respectifs, si elles cherchaient à s'entendre dans le but de mettre les rapports de leur commerce et de leur navigation en harmonie avec la position nouvelle qui sera faite à l'Empire ottoman. Le comte Walewski appuya cet avis en se fondant sur les principes nouveaux qui allaient sortir des délibérations du congrès et sur les garanties que les récentes mesures prises par le gouvernement du sultan donnaient à l'Europe. Le comte de Cavour fit remarquer qu'aucune puissance ne possédait une législation commerciale d'un caractère plus libéral que celle de la Turquie, et que l'anarchie qui régnait dans les transactions ou plutôt dans les rapports personnels des étrangers résidant dans l'Empire ottoman

---

[1] Cf. E. Öktem, « La spécificité de la laïcité turque », *Islamochristiana*, 29, 2003, pp. 98-102.

[2] Cf. Legohérel, Henri, *L'histoire du droit international public*, Paris, PUF, 1996, p. 98.

[3] Ahmed Salaheddin, Hukuk-u Beyn-ed-düvelin Mukaddemat-ı Nazariye ve Safahat-ı Tekamüliyesi, Kanaat Kütübhanesi, Dersaadet (Istanbul) 1331 (de l'Hégire) / 1915, pp. 91-94.

tenait à des stipulations nées d'une situation exceptionnelle. Le baron de Manteuffel dit que la Prusse ayant eu à négocier un traité de commerce avec la Porte, y eut l'occasion de constater les difficultés de toute nature auxquelles donnaient lieu la multiplicité des conventions conclues avec la Turquie et la stipulation, pour chaque puissance, du traitement de la nation la plus favorisée. Le comte de Buol reconnut qu'il résulterait certains avantages du règlement des relations commerciales de la Turquie avec les autres puissances ; mais les intérêts différant avec les situations respectives, il ne pouvait être procédé qu'avec une extrême circonspection à un remaniement qui toucherait à des positions acquises et remontant aux premiers temps de l'Empire ottoman. Aali Pacha attribua toutes les difficultés qui entravaient les relations commerciales de la Turquie et l'action du gouvernement ottoman à des stipulations qui avaient fait leur temps. Entrant dans les détails, il établit que les privilèges acquis par les Européens grâce aux capitulations nuisaient à leur propre sécurité et au développement de leur transactions, en limitant l'intervention de l'administration locale ; et que, d'autre part, la juridiction des agents étrangers sur leurs nationaux créait une multiplicité de gouvernements dans le gouvernement, et par conséquent, un obstacle infranchissable à toutes les améliorations. Le baron de Bourqueney et les autres plénipotentiaires reconnurent que les capitulations répondaient à une situation à laquelle le traité de paix tendrait nécessairement à mettre fin, et que les privilèges qu'elles stipulaient pour les personnes circonscrivaient l'autorité de la Porte dans des limites regrettables ; qu'il y avait donc lieu d'aviser à des tempéraments propres à tout concilier ; mais qu'il n'était pas moins important de les proportionner aux réformes que la Turquie introduisait dans son administration, de manière à combiner les garanties nécessaires aux étrangers avec celles qui naîtraient des mesures dont la Porte poursuivait l'application. Ces explications échangées, les plénipotentiaires reconnurent unanimement la nécessité de réviser les stipulations qui fixaient les rapports commerciaux de la Porte avec les autres puissances, ainsi que les conditions d'établissement des étrangers résidant en Turquie, et ils décidèrent de consigner dans un protocole le vœu qu'une délibération soit ouverte à Constantinople, après la conclusion de la paix, entre la Porte et les représentants des autres puissances contractantes, pour décider d'une mesure propre à donner une entière satisfaction à tous les intérêts légitimes[1].

[1] *Le traité de Paris du 30 mars 1856 et les conférences de Londres de 1871, le traité modificatif du 13 mars 1871, traités, correspondances diplomatiques, protocoles et documents*, pp. 42-43.

L'expression sibylline « ... doit participer aux avantages du droit public européen... ». donna lieu a maintes interprétations. Pour Truyol y Serra, il s'agit de la conjonction du droit public européen avec l'Islam, qui finira par être absorbé par le droit international classique[1]. Cette stipulation, selon Abi Saab, ne fait qu'affirmer une évidence : l'Empire ottoman se rangeait dans cette guerre dans le camp des vainqueurs européens d'une autre puissance européenne, la Russie. Le droit public européen du XIXe siècle se référait aux normes de droit international qui concernaient plus particulièrement l'organisation de la communauté européenne, fondée sur le principe de l'équilibre, ce qui n'enlève pas aux autres États, comme l'Empire ottoman avant 1856, leur statut de sujet de droit international général[2]. Marshal Brown s'interroge sur la question de savoir, si, avant 1856, l'Empire ottoman avait existé en tant que membre de la famille des nations et sujet de droit international. Il conclut que, malgré de nombreux problèmes, notamment ceux résultant des limitations de souveraineté du régime des capitulations, l'Empire ottoman avait entretenu des relations diplomatiques et conventionnelles avec beaucoup de nations. La reconnaissance de la participation de l'Empire ottoman aux avantages du droit public européen n'était, par conséquent, rien de plus qu'un geste de politesse[3]. Pour Danişmend, « la participation aux avantages du droit public européen » n'élève pas l'Empire ottoman à un niveau d'égalité mais confirme, au contraire, une situation juridique où l'Empire est en état d'infériorité, une sorte de *capitis diminutio*. Selon cet auteur, au début des relations entre l'Empire ottoman et l'Europe, la Sublime Porte se jugeait supérieure aux autres chancelleries et traitait, par exemple, l'empereur autrichien sur un pied d'égalité avec le grand vizir, le statut du sultan étant placé au dessus de tous les monarques. L'égalité est reconnue progressivement par les traités de Tsitva-Torok (1606) et de Karlowitz (1699) et le traité de Paris ne change en rien cette situation[4].

---

[1]   A. Truyol y Serra, *Histoire du droit international public*, Paris, Economica, 1995, p. 3.

[2]   G. Abi Saab, « Cours général de droit international public », *Recueil des cours de l'Académie de droit international*, t. 207, 1987/VII, p. 55.

[3]   Ph. Marshall Brown, « The Legal Effects of Recognition », *American Journal of International Law*, vol. 44, No. 4, 1950, p. 623. Dans le même sens, cf. H. Wheaton, *Elements of International Law*, 1866, p. 19, cité par S. Toluner, *Milletlerarası Hukuk ile İç. Hukuk Arasındaki İlişkiler (Relations entre droit international et droit interne)*, Istanbul, 1973, p. 683-684.

[4]   Danişmend, *İzahlı Osmanlı Tarihi Kronolojisi*, p. 181.

D'autres auteurs sont plus sceptiques et estiment que l'Empire ottoman ne devient sujet du droit international qu'après le traité de Paris[1]. Pour Bonfils,

« Jusqu'en 1856, la Turquie, malgré ses possessions et le siège de son empire en Europe, était exclue du concert des États européens. Il existait bien depuis de longues années des traités entre la Porte ottomane et les États européens. La Porte recevait des ambassadeurs et leur envoyait les siens. Elle avait fait la guerre contre ou avec plusieurs de ces États. Ils s'étaient bien immiscés dans ses propres affaires, lors de l'émancipation de la Grèce ou de la révolte de Méhémet-Ali. Néanmoins, elle n'était pas traitée sur un pied d'égalité par les autres États. À la suite de la guerre de Crimée, l'article 7 du traité de Paris du 30 Mars 1856 déclara que la Sublime Porte était admise à participer aux avantages du droit public et du concert européen. Mais, malgré cette déclaration, les grandes puissances repoussèrent la demande de la Sublime Porte tendant à la suppression de la juridiction des consuls étrangers et des capitulations... qui sont contraires à l'exercice de la souveraineté de tout gouvernement régulier, européen ou américain. La participation au droit public n'est donc que partielle[2]. »

Aux yeux de Williams, la reconnaissance de la participation de l'Empire ottoman aux avantages du droit public de l'Europe n'est pas la reconnaissance d'un statut nouveau. Il s'agit de l'acceptation du fait qu'une communauté a atteint pour la première fois un niveau de civilisation que l'on croit (sic, E. Ö.) plus élevé[3].

Jackson observe que

« La Turquie entretenait des relations avec l'Europe depuis des siècles, mais en tant que principal représentant de la civilisation islamique, la Sublime Porte a historiquement refusé d'observer le droit international européen et était assez puissante pour ne pas s'incliner devant lui. En fait, les Européens qui cherchaient à établir des relations avec l'Empire ottoman étaient obligés de se conformer à ses règles inspirées par la tradition islamique... En acceptant, bon gré mal gré, au fil du XIXe siècle, des principes tels que l'égalité souveraine, la réciprocité et la liberté de commerce, et finalement introduite dans la société internationale européenne par le traité de 1856, la Turquie répudia ses traditions islamiques dans ses relations extérieures et contribua ainsi à l'universalisation du système des États »[4].

---

[1] Cf. L. Oppenheim, *International Law-A Treaties*, vol. I, 1905, pp. 32-33, cité par S. Toluner, *Milletlerarası Hukuk...*, p. 683.

[2] Bonfils, *Manuel de droit international public*, p. 19 § 42.

[3] Williams, *La doctrine de la reconnaissance...*, p. 232.

[4] R. H. Jackson, *Quasi-States : Sovereignty, International Relations and the Third World*, Cambridge University Press, 1990, pp. 62-63.

À notre sens, il s'agit d'un faux débat, motivé moins par un souci d'analyse juridique que par des desseins politiques. Historiquement, l'Empire ottoman commença à faire partie du système du droit des gens européen au plus tard au XVIIIᵉ siècle. Le traité de Karlowitz de 1699, qui marque également le déclin de l'Empire ottoman, est le premier traité conclu entre un État musulman et des États chrétiens selon le droit des gens dont les principes furent énoncés par Grotius. Désormais, l'Empire ottoman était tenu de respecter les coutumes, les conventions et les règles diplomatiques internationales bien établies en matière de commerce, de navigation etc. Ce système se verra renforcé par les traités de commerce et de navigation de Passarowitz de 1718 et de Belgrade de 1739[1]. C'est une époque où les pratiques s'institutionnalisent : les premières relations conventionnelles entre l'État ottoman et les États européens remontent en fait au XIVᵉ siècle, qui connaît une intense activité diplomatique entre les Ottomans et les Républiques italiennes, à commencer par le traité sur la protection du commerce avec Raguse en 1365, le traité de commerce avec Gênes en 1387, le traité sur la protection des possessions de Venise sur la côte albanaise en 1408[2].

Dès le XVIᵉ siècle, les véritables pères fondateurs ibériques du droit international, que Grotius honorait du titre de « *magni Hispani* » concevaient le *jus inter gentes* comme un ensemble de règles s'imposant à toutes les nations civilisées, sans distinction de culture ni de religion. Francisco Suarez nous dit : « Le genre humain n'a pas seulement une unité spécifique, mais encore politique et morale. Les républiques ou royaumes sont des communautés parfaites qui ne connaissent pas de hiérarchies entre elles »[3]. Les grands juristes jusnaturalistes du XVIIIᵉ suivront cette ligne. Il faudra attendre le XIXᵉ siècle pour voir des internationalistes qui prônent la discrimination. Pour Wheaton, le droit international n'est pas universel. Il est une discipline chrétienne et n'oblige que des États de culture et

---

[1] I. Ortaylı, *İmparatorluğun En Uzun Yüzyılı* (*Le siècle le plus long de l'Empire*), Istanbul, éd. Hil, 1995, p. 78. Selon Moser, la participation de l'Empire ottoman au droit international remonte à la Paix de Kutchuk-Kainardji de 1774 (Moser, *Versuch des Neuestes Europaiscen Völkerrecht*, 1777, cité par Williams, *La doctrine de la reconnaissance...*, p. 217.)

[2] Cf. Reşat Ekrem (Koçu) *Osmanlı Muahedeleri ve Kapitülasyonlar, (1300-1920) ve Lozan Muahedesi* (*Traités ottomans, capitulations et le traité de Lausanne*), Istanbul, Muallim Ahmet Halit Kütüphanesi, 1934, pp. 8 *et ss.*

[3] C. Barcia Trelles, « Francisco Suarez (1548-1617) (Les théologiens espagnols du XVIᵉ siècle et l'école moderne du Droit International) », *Recueil des cours de l'Académie de droit international*, 1933/I, t. 43, p. 462.

de religion similaires. Le droit international des nations chrétiennes d'Europe et d'Amérique est « une chose » et le droit des nations mahométanes est « une autre et très différente chose »[1]. Lorimer estime que les gouvernements influencés par le christianisme sont supérieurs aux gouvernements laïques ou appartenant à d'autres religions. Les États musulmans ne peuvent devenir des sujets de droit international. Le caractère international de l'Empire ottoman ne pouvait être développé, même avec des réformes constitutionnelles radicales[2].

Que s'est il passé entre le XVIe et le XIXe siècle ? À notre sens, il serait naïf de croire que le changement de discours est dû à des considérations purement scientifiques et désintéressées. Durant cette période de grandes transformations, le monde vit naître le colonialisme, phénomène politique et économique, ainsi que l'orientalisme, qui en serait le corollaire idéologique. Pour préparer le terrain à exploiter et légitimer l'exploitation, il fallait évidemment commencer par le réduire à un statut d'infériorité sur le plan juridico-politique.

L'invocation du régime des capitulations pour considérer l'Empire ottoman comme une puissance n'ayant pas le même droit des gens que les Européens[3] aboutit à un paradoxe : ce sont les mêmes puissances européennes qui imposèrent le régime des capitulations à la Porte par le moyen des pressions économiques !

Il est intéressant d'observer que le discours politique turc se réfère souvent au traité de Paris dans le contexte du débat actuel sur l'adhésion de la Turquie à l'Union européenne, en vue de dissiper les doutes sur le caractère européen de la Turquie. Un curieux parallèle se dessine : le caractère européen de la Turquie apparaît comme une question purement politique et juridique dans le contexte du traité de Paris. Or, les propos prononcés par les plénipotentiaires lors des délibérations révèlent que derrière le débat politique, se dissimule le véritable enjeu, d'ordre économique : les relations commerciales et

---

[1] M. W. Janis, « Religion and the Literature of International Law : Some Standard Texts », in Mark W. Janis (ed.), *The Influence of Religion on the Development of International Law*, Martinus Nijhoff Publishers, 1991, pp. 70-75.

[2] J. E. Noyes, « Christianity and Late Nineteenth-Century Bristish Theories of International Law », in Mark W. Janis (ed.), *The Influence of Religion on the Development of International Law*, Martinus Nijhoff Publishers, 1991, pp. 87-96.

[3] Lord Stowell, *The Madona del Burso*, 4. Ch. R, (Admiralty), cité par Williams, *La doctrine de la reconnaissance...*, p. 232. ; Marshall Brown, *The Legal Effects of Recognition*, p. 623.

le régime des capitulations. Aujourd'hui, c'est à l'occasion du processus d'adhésion à l'Union européenne, organisation d'intégration essentiellement économique, que « l'européanité » de la Turquie est mise en question.

Jean-Claude Yon

EN MARGE DES NÉGOCIATIONS : MONDANITÉS ET SPECTACLES PENDANT LE CONGRÈS DE PARIS

Étudier les mondanités et les spectacles qui ont accompagné le congrès de Paris pourrait sembler futile et anecdotique, ou, pour parler encore plus nettement, indigne d'un véritable travail historique. Cette communication s'inscrit bien sûr en faux contre une telle appréciation. L'histoire du congrès de Paris ne saurait se limiter à l'étude des vingt-quatre séances qui se sont tenues au Quai d'Orsay du 25 février au 16 avril 1856. La *Revue des deux mondes*, à la mi-mai 1856, évoquait le congrès comme « ayant été un moment la grande assemblée délibérante de l'Europe[1] » ; il va de soi que cette « grande assemblée » n'a pas seulement concerné les plénipotentiaires de paix mais aussi toute la bonne société parisienne qui les a accueillis et, par-delà, l'opinion publique française et internationale qui, grâce aux nombreux articles parus dans la presse, a suivi avec beaucoup d'intérêt les travaux du congrès. Une appréhension globale du phénomène politique, social et culturel que constitue l'organisation d'un congrès de la Paix à Paris en février, mars et avril 1856 est donc à la fois possible et nécessaire. Dans cette optique, évoquer les fêtes données pendant le congrès et chercher à savoir comment celui-ci s'est inséré dans la saison mondaine et artistique parisienne, ce n'est pas faire de la « petite histoire » mais enrichir – tel est du moins notre espoir – la compréhension de cet événement diplomatique. On aura compris que le rédacteur de ces lignes plaide pour

---

[1] *Revue des deux mondes*, livraison du 14 mai 1856, « Chronique de la Quinzaine » par Charles de Mazade.

une histoire culturelle du congrès de Paris, qui se veut complémentaire d'autres approches historiques. Ces quelques principes théoriques très brièvement affirmés, il convient d'ajouter immédiatement qu'une telle histoire culturelle du congrès de Paris peut être envisagée de bien des façons et que, faute de place, la présente communication se contentera d'évoquer trois aspects – à savoir l'appréhension du congrès comme événement médiatique, l'évocation des multiples réunions mondaines et réceptions qui se sont tenues pendant que les plénipotentiaires étaient à Paris et enfin l'étude des spectacles donnés en leur honneur.

Le congrès comme événement médiatique

Ce premier aspect semble sortir du programme annoncé par le titre de cette communication et, en effet, seule l'étude concrète des différentes sources[1] a fait ressortir, au fil de nos lectures, la dimension médiatique du congrès de Paris. Le 22 février 1856, Horace de Viel-Castel remarque : « Les journaux dissertent à perte de vue sur les conditions de la paix[2] ». L'annonce de la réunion d'un congrès diplomatique ayant pour mission de mettre fin à la guerre de Crimée est en effet le sujet qui domine l'actualité depuis le début de l'année 1856 et la presse lui consacre de très nombreux articles. Les Parisiens se sentent d'autant plus concernés lorsque se répand la nouvelle que le congrès se tiendra dans la capitale impériale. La *Revue des deux mondes* écrit fin janvier :

> « Ce n'est plus à Vienne que la diplomatie va délibérer cette fois : Paris est la ville universellement désignée, comme par un secret hommage à la civilisation, dont elle est l'expression, et à la puissance militaire, qu'elle retrouve toujours quand il lui est donné de la montrer[3] ».

Plus on se rapproche de l'ouverture du congrès et plus celui-ci alimente les colonnes des journaux et les conversations des Parisiens.

---

[1] Précisons d'emblée qu'a été fait le choix de ne recourir qu'aux sources imprimées et que les archives, notamment celles de la Maison de l'empereur, ont été délibérément ignorées.

[2] Horace de Viel-Castel, *Mémoires sur le règne de Napoléon III, 1851-1864*, Paris, éd. d'Éric Anceau, Robert Laffont, coll. « Bouquins », 2005, p. 457.

[3] *Revue des deux mondes*, livraison du 31 janvier 1856, « Chronique de la Quinzaine » par Charles de Mazade.

Louis Huart observe, non sans ironie, dans *Le Charivari* du 24 février :

« Vous rencontrez depuis quelques jours un certain nombre de gens pleins d'importance qui sont parfaitement au courant de tout ce qui a trait aux prochaines conférences. Comme toutes les personnes bien renseignées, ils sont pleins de mystères, de réticences, de regards fins, de sourires significatifs. Vous les rencontrez dans les cafés, dans les spectacles, sur le boulevard, partout où il y a un groupe de quatre causeurs. Ils savent jusque dans les plus petits détails tout ce qui est relatif au congrès[1]. »

On peut parler, sans exagération, d'une véritable avidité d'informations concernant le congrès, ce qui est somme toute logique si l'on se rappelle l'importance de l'engagement français dans le conflit mené contre la Russie depuis 1854. Cette avidité est symbolisée par la présence des badauds qui stationnent sur le quai d'Orsay, devant l'entrée du Ministère des Affaires étrangères, lors de chaque séance du congrès – le maigre privilège de voir arriver puis repartir les équipages des diplomates leur conférant sans doute l'illusion de participer à l'événement qui occupe toutes les conversations[2].

Les journaux – on l'a déjà noté – entretiennent cet intérêt pour le congrès. Mais leur tâche est difficile en ce « moment de silencieuse incertitude et de curiosité attentive[3] ». Les plénipotentiaires ont reçu pour consigne de ne rien laisser filtrer de leurs discussions et leur parfaite discrétion complique singulièrement le travail des journalistes. La *Revue des deux mondes*, à la mi-mars, résume très bien la situation :

« Se résigner à ne rien savoir dans un moment où le destin de l'Europe est en suspens, et où l'Occident tout entier est intéressé à la solution du problème que la diplomatie tient en ses mains, interpréter des signes fugitifs, souvent peut-être contradictoires, attendre chaque soir ou chaque matin que quelque éclair de lumière jaillisse, c'est là une condition que l'opinion subit, c'est même, peut-on dire, une des nécessités des circonstances actuelles. Rien de sérieux en effet, rien de décisif ne s'est accompli ostensiblement depuis quelques jours. Tout ce qu'on peut savoir, c'est que les séances du congrès

---

[1] *Le Charivari*, n° du 24 février 1856, « Les gens qui ont des renseignements particuliers sur le congrès » par Louis Huart.

[2] Il est intéressant de noter que la présence de cette foule semble être interprétée comme un trait typiquement parisien. « Les correspondants des journaux étrangers signalent ce fait comme un exemple de badauderie parisienne », rapporte *Le Charivari* (n° du 29 février 1856, « La foule du quai d'Orsay » par Clément Caraguel).

[3] L'expression est utilisée dans la *Revue des deux mondes* (livraison du 29 février 1856, « Chronique de la Quinzaine » par Charles de Mazade).

se succèdent, entremêlées de réceptions et de fêtes, et que les délibérations suivent leur cours[1]. »

Ce silence officiel entretient un sentiment de frustration dans l'opinion publique. Rencontrant aux Tuileries le 6 mars – au soir de la cinquième séance du congrès – le baron de Bourqueney, l'un des deux plénipotentiaires français, le maréchal de Castellane note à ce propos dans son *Journal* :

> « Nous avons parlé de l'impatience du public qui croit que les conférences peuvent se terminer du jour au lendemain, ce qui n'est pas possible. Il faut d'abord s'entendre puis, lorsqu'on est d'accord, rédiger, ensuite que chacun approuve cette rédaction, puis copier[2] ».

Rythme diplomatique et rythme médiatique ne s'accordent pas, ce qui ajoute à l'embarras de ceux qui sont chargés de rendre compte de la partie décisive qui se joue au quai d'Orsay, dans le tout nouveau et somptueux ministère des Affaires étrangères – lui-même objet de nombreuses descriptions détaillées, bienvenues pour pallier l'absence d'articles de fond.

Face à cette pénurie d'informations et à la lenteur relative des discussions[3], les journalistes doivent trouver des subterfuges. Arnould Frémy, avec beaucoup de perspicacité, décrit, début mars dans *Le Charivari*, ce qu'il nomme « l'article congrès » et s'applique à débusquer les faux-fuyant des « tartiniers qui ont accepté la tâche délicate de parler tous les jours du congrès sans savoir un seul mot de ce qui se passe dans la salle des délibérations[4] ». Il note ainsi, spirituellement :

> « Il y a aussi un moyen de remplir la colonne sans se gêner, c'est de faire passer aux lecteurs un examen de baccalauréat sur les congrès en général. En quelle année le congrès de Munster ? En quelle année le congrès d'Aix-la-Chapelle ? Description du congrès de Tilsitt. Anecdotes, mélanges sur le congrès de Prague. Le congrès de Vienne, le congrès de Vérone, le congrès de Carlsbad, etc., etc. ».

---

[1] *Revue des deux mondes*, livraison du 14 mars 1856, « Chronique de la Quinzaine » par Charles de Mazade. Notons que cette citation correspond aux toutes premières lignes de l'article.

[2] *Journal du maréchal de Castellane. 1804-1862, tome V (1853-1862)*, Paris, Librairie Plon, 1897, p. 129.

[3] Il faut toutefois noter que beaucoup d'observateurs pensaient, à juste titre, que la paix avait de fortes chances d'être signée avant le 31 mars, date de la fin de l'armistice conclu entre les belligérants.

[4] *Le Charivari*, n° du 3 mars 1856, « L'article congrès » par Arnould Frémy.

La naissance du prince impérial, le 16 mars 1856, crée certes une sorte de diversion en focalisant l'attention publique sur un événement alors très largement perçu comme une heureuse nouvelle[1]. Cette naissance, qui précède de deux jours l'admission des diplomates prussiens aux négociations, est saluée par de multiples manifestations, comme par exemple une matinée gratuite dans tous les théâtres parisiens le lundi 19 mars. Mais la signature du traité de paix, le 30 mars 1856, n'est guère exploitable pour les journalistes. Certes, le canon tonne pour annoncer la paix, une proclamation est affichée, Paris se couvre de drapeaux et, le soir, les édifices sont illuminés :

> « les façades des théâtres, les bazars, les cafés, les marchés publics, les maisons particulières, tout était étincelant, dans la Chaussée-d'Antin, dans le faubourg Saint-Germain comme dans les quartiers commerçants et jusque dans les rues les plus reculées[2] ».

En outre, le lendemain, sous un soleil éclatant, une grande revue militaire réunit au Champ-de-Mars Napoléon III et certains plénipotentiaires, comme le comte Orlov et le grand Vizir Ali-Pacha. Mais la teneur du traité n'est pas rendue publique pour autant et la presse en est réduite à commenter d'incertaines indiscrétions[3].

La signature du traité de paix ne signifie même pas la fin du congrès dont les séances reprennent le 2 avril et se poursuivent jusqu'au 16. *L'Illustration* remarque le 19 avril :

> « Le même secret promis et gardé sur les solennelles séances qui ont amené la paix du monde règne encore dans les conférences qui ont suivi ce grand résultat d'une entente unanime vers un but commun. Cette discrétion impénétrable explique les différents commentaires fournis par toutes les feuilles publiques sur le caractère et le sujet des discussions soulevées dans les débats qui viennent de se terminer[4] ».

Le même journal, la semaine suivante, tout en notant qu'« on commence à ne plus guère s'occuper du congrès », signale comme un

---

[1] Cf. Jean-Claude Lachnitt, *Le Prince impérial « Napoléon IV »*, Paris, Perrin, 1997.

[2] *L'Illustration*, n° 684 du 5 avril 1856, « Histoire de la semaine » signée Paulin.

[3] Ces commentaires, du reste, ne sont pas tous simplement motivés par le désir de fournir de la copie et peuvent être liés à des spéculations. *L'Illustration* évoque certains journalistes qui propagent « des inventions concertées avec des spéculateurs qui se feraient peut-être un scrupule de voler une épingle, mais qui n'y regardent pas de si près quand il s'agit d'empocher un million dérobé aux dupes de la Bourse » (n° 680 du 8 mars 1856, « Histoire de la semaine » par Paulin).

[4] *L'Illustration*, n° 686 du 19 avril 1856, « Histoire de la semaine » signée Paulin.

point admis par tous les commentateurs qu'on a parlé de la situation italienne lors du congrès. Plus que l'échange solennel des ratifications le 27 avril, alors qu'une partie des plénipotentiaires a déjà quitté Paris, c'est la publication du traité de paix et des protocoles qui l'accompagnent dans *Le Moniteur universel* à partir du numéro daté du 30 avril 1856 qui clôt l'événement. En partie anticipée par des journaux belges et anglais, cette publication donne lieu à de multiples commentaires dans lesquels l'intérêt se déplace peu à peu de la question d'Orient à la question italienne. On le voit, le congrès de Paris, à chacune de ses étapes, est un événement hautement médiatisé, sans doute le premier congrès diplomatique à l'être autant[1]. Les progrès de la presse[2] mais aussi le désir de Napoléon III d'associer l'opinion publique à sa politique extérieure expliquent ce fait qui mériterait à coup sûr une étude plus détaillée.

LES MONDANITÉS LIÉES AU CONGRÈS

Il est fréquent, dans les articles de presse consacrés au congrès de Paris, que soit opposé au silence des diplomates, que l'on vient d'évoquer, le « bruit des fêtes[3] ». Ce rapprochement n'est pas seulement rhétorique. Négociations discrètes et réceptions de prestige sont en fait les deux faces d'un même processus. L'annonce de la tenue du congrès à Paris a du reste été accueillie avec faveur par le beau monde parisien.

> « Dans la haute société, toutes sortes de magnificences se préméditent en vue du congrès, notait *L'Illustration* au début du mois de février. N'est-il pas juste d'offrir le banquet de bal aux diplomates européens, en échange du rameau d'olivier qu'ils nous apportent ? Ces dames se mettent à l'envi sur le pied de guerre pour accélérer la paix qui ne marche jamais plus vite qu'au son des violons[4] ».

---

[1] C'est du moins une hypothèse qui peut être avancée.

[2] Sur les prémisses d'une culture de masse sous le Second Empire, nous nous permettons de renvoyer à notre ouvrage : Jean-Claude Yon, *Le Second Empire. Politique, société, culture*, Paris, Armand Colin, coll. U, 2004.

[3] L'expression apparaît notamment dans l'article déjà cité de la *Revue des deux mondes*, n° du 29 février 1856.

[4] *L'Illustration*, n° 675 du 2 février 1856, « Courrier de Paris » signé Philippe Busoni.

Les plénipotentiaires arrivent à Paris à partir de la mi-février, c'est-à-dire au moment où la saison mondaine bat son plein et où bals et concerts abondent. Rappelons qu'en 1856 le Mardi-Gras tombe le 5 février et le dimanche de Pâques le 23 mars. Le congrès se tient donc durant le Carême et le début de la belle saison, après une période de carnaval jugée sans grand éclat par les contemporains (le Bœuf-Gras avait pourtant été baptisé « Sébastopol »...). L'arrivée des diplomates est unanimement saluée comme un élément qui doit permettre une intensification de la vie mondaine – ce qui fut effectivement le cas. Les témoignages corroborant ce fait ne manquent pas. Madame Baroche, la femme du président du Conseil d'État, écrit ainsi dans son journal intime :

> « Les plénipotentiaires arrivent successivement à Paris ; les ministres se sont partagé l'honneur de les recevoir. Il y a banquet et concert presque tous les jours. On dit à ce propos : si Ces Excellences sont au congrès, elles ne sont pas à la *diète*[1] ».

On peut aussi citer le témoignage, rétrospectif, de la comtesse Stéphanie Tascher de la Pagerie, qui écrit :

> « La présence de ces grands personnages et l'espoir de voir la paix sortir triomphante de ces conférences, entourées d'ailleurs d'un grand mystère, comme il convient, ont donné une impulsion extrême à la vie mondaine : les dîners surtout étaient fréquents. Ce que les doctes diplomates eurent à avaler est inouï. Aux Tuileries, chaque couple de représentants a eu son dîner et sa soirée – ce qui n'empêchait point de continuer les réceptions du jeudi et du dimanche[2]. »

Cette effervescence mondaine, nul journal ne peut mieux en rendre compte que *Le Figaro*, créé alors depuis deux ans seulement par Hippolyte de Villemessant mais devenu très vite l'organe du beau monde. On y lit à la date du 6 mars :

> « Les conférences, comme il était aisé de le prévoir, ont donné un élan irrésistible à l'hiver parisien qui, jusque là, avait été boudeur et renfermé. Le congrès, cette fois, a trouvé le moyen de tout concilier ; – il marche, – il dîne, – il soupe, – il danse, et s'il dort, c'est si peu que ce n'est pas la peine

---

[1] Mme Jules Baroche, *Second Empire. Notes et Souvenirs*, Paris, Les Éditions G. Crès et Cie, 1921, p. 27. C'est Mme Baroche qui souligne.

[2] Comtesse Stéphanie de Tascher de la Pagerie, *Mon Séjour aux Tuileries. 1852-1858*, Paris, Paul Ollendorf, 7e édition, 1894, p. 113. Par « couple de représentants », il faut entendre le ministre des Affaires étrangères et l'ambassadeur à Paris de chaque puissance participant au congrès.

d'en parler. Il y a eu bal ou réception partout cette semaine dans les hautes sphères, aux Tuileries, – chez le roi Jérôme, – chez la princesse Mathilde, chez M. Fould, – chez M. Walewski, et probablement ailleurs encore[1]. »

Et le chroniqueur de conclure :

« Cette année donc, c'est le Carême qui nous dédommage d'un carnaval court et maussade ».

Ces soirées, plus ou moins fastueuses, sont en priorité organisées par les représentants de l'État, au premier rang desquels l'empereur et l'impératrice, la famille impériale et les ministres. Chaque ambassadeur, a fortiori s'il représente un pays participant au congrès, se doit également d'affirmer son rang en recevant richement. Au-delà de la sphère officielle, tout personnage important – français ou étranger – est amené, sous peine de déchoir, à organiser lui aussi une ou plusieurs soirées. Le retour de l'aristocratie russe, quasi-absente de Paris depuis le début de la guerre, est très remarqué :

« Que sont tous ces passeports signés par S. M. le czar [sic], sinon la signature des véritables préliminaires de la paix ? Voyez-vous d'ici ou d'ailleurs ces aimables ennemis, ces émigrés malgré eux de la France, attentifs au premier geste du télégraphe qui doit les rappeler à Paris ?[2] ».

Même les familles légitimistes du faubourg Saint-Germain, qui vont le 3 avril applaudir le discours de réception à l'Académie française du prince de Broglie, participent au mouvement général. Bien sûr, tous les salons s'arrachent les plénipotentiaires qui sont, en quelque sorte, les « coqueluches » de la saison. Le baron de Hübner, ministre plénipotentiaire de l'Autriche à Paris, est ainsi très surpris, le 18 février, d'être le « lion de la soirée » chez la marquise de Voguë[3] ! Mais les diplomates les plus recherchés sont incontestablement les deux serviteurs d'Alexandre II, le baron de Brunnow et surtout le comte Orlov, qui, de par son amitié avec le défunt tsar Nicolas Ier et sa parenté avec un favori de Catherine II, suscite une très vive curiosité. Grâce à divers journaux intimes, par exemple celui du baron de Hübner ou encore celui d'Hippolyte Fortoul, alors ministre de l'Instruction

---

[1]   *Le Figaro*, n°110 du 6 mars 1856, « Chronique parisienne » de Villemot.

[2]   *L'Illustration*, n°682 du 22 mars 1856, « Courrier de Paris » signé Philippe Busoni. Le retour à Paris des « boyards » fait également la joie des demi-mondaines, ravies de retrouver des protecteurs généreux.

[3]   Comte de Hübner, *Neuf ans de souvenirs d'un ambassadeur d'Autriche à Paris sous le Second Empire. 1851-1859 [...]*, Paris, Plon Nourrit, [1904], vol. Ier, p. 395.

publique, on peut reconstituer en détail la liste de ces mondanités qui se succèdent à un rythme véritablement effréné. Ces journaux apportent également des renseignements très précieux sur le rôle politique décisif que jouent ces rencontres mondaines. Celles-ci, alors que le congrès ne se réunit pas officiellement tous les jours[1], permettent aux négociations de se poursuivre avec plus de souplesse et, à ce titre, sont le complément indispensable de ce qui se déroule au quai d'Orsay.

L'importance de ces mondanités, qui pourraient sembler futiles au premier abord, est bien mise en relief par une belle formule d'un journaliste :

> « [...] l'on sait bien que les congrès ne marchent jamais mieux que quand ils dansent. L'histoire de tous les temps prouve que le parquet des Grâces fut toujours utile à la diplomatie, ne serait-ce que pour dissimuler ses faux-pas[2] ».

Le congrès de Paris illustre parfaitement cette maxime. Déjà, au début du mois de février, c'est au milieu des polkeurs et des polkeuses, lors d'un bal aux Tuileries, que le baron de Hübner avait plaidé auprès de Napoléon III l'admission de la Prusse au congrès[3]. Le 14 février, le comte Orlov et le baron de Brunnow, arrivés la veille à Paris, ont un long entretien avec le comte de Morny, chez la princesse de Lieven dont le salon est très prisé des diplomates ; le demi-frère de l'empereur donne des garanties quant aux bonnes dispositions de la France à l'égard de la Russie[4]. Une fois le congrès ouvert, les Tuileries font pour ainsi dire office de seconde salle de négociations. Le 9 février, Hübner s'y entretient longuement avec lord Clarendon et, le 28 février, Fortoul note la scène suivante :

> « Après dîner, nous allons aux Tuileries. Les plénipotentiaires russes y avaient dîné. Le comte Orlov avait beaucoup ri avec l'Impératrice. Puis l'empereur l'avait emmené dans son cabinet où il l'avait gardé une heure. Ils en sortaient tous deux assez soucieux quand nous sommes entrés. L'empereur a passé devant nous en ne saluant que les plénipotentiaires ; il a appelé lord Clarendon dans l'embrasure de la porte qui mène à la galerie de Diane ; il causait avec lui en face des Russes qui cherchaient à pénétrer dans la galerie ;

---

[1] Il est vrai qu'il faut aussi compter avec les réunions des commissions spécialisées formées au sein même du congrès et évoquées dans sa communication par Yves Bruley. Mais de telles réunions ont surtout un rôle technique.
[2] *L'Illustration*, n°677 du 16 février 1856, « Courrier de Paris » signé Philippe Busoni.
[3] Comte de Hübner, *op. cit.*, vol. Ier, pp. 388-391.
[4] Cf. Maurice Parturier, *Morny et son temps*, Paris, Hachette, 1969, p. 138.

y ayant vu sans doute quelque difficulté, il a entraîné lord Clarendon à son tour dans l'intérieur des appartements. À la fin de la soirée, il a pris de même le comte Buol[1]. »

Le même Fortoul note le lendemain : « Walewski dit que les conférences vont bien, mais qu'il y a des difficultés dans les conversations dont elles sont entremêlées extérieurement[2] ». D'après tous les témoignages connus, il est manifeste que Napoléon III dirige le congrès par le biais des entretiens particuliers qu'il a avec les plénipotentiaires lors des soirées organisées aux Tuileries. Ainsi, dans les différents salons où se rendent les diplomates, les négociations engagées au quai d'Orsay continuent d'une façon moins protocolaire et, le cas échéant, avec d'autres interlocuteurs ; au milieu des danses ou au cours d'un dîner d'apparat, le traité de paix se prépare aussi efficacement que lors des séances du congrès.

Les plénipotentiaires au spectacle

Si le congrès de Paris marque le rétablissement de la suprématie française sur la scène internationale, il est un élément du rayonnement de la France au XIXe siècle qui est très présent pendant toute la durée des négociations, à savoir l'hégémonie française en matière de théâtre dramatique et lyrique. Pour aucun de ses participants, le congrès de Paris n'était concevable sans spectacles et sans la réaffirmation de cette hégémonie (déjà bien mise en valeur lors de l'Exposition universelle de 1855). Dès lors, un grand nombre de soirées données à l'occasion du congrès de Paris comportent obligatoirement un divertissement théâtral et/ou musical. Napoléon III n'a, il est vrai, pas souhaité faire appel à l'Opéra ou à la Comédie-Française, comme il l'avait fait l'année précédente lors de la visite de la reine Victoria ou, en janvier 1856, en offrant aux soldats de retour de Crimée une représentation particulière à l'Opéra[3]. Cependant, lors du grand banquet de la paix

---

[1] *Journal d'Hippolyte Fortoul [...]*, publié par Geneviève Massa-Gille, Genève, Librairie Droz, 1989, T. II, p. 251. Deux jours plus tôt, Fortoul avait trouvé chez Fould le baron de Brunnow se confessant à Walewski « avec son obséquiosité passionnée » (*ibid.*, p. 249).

[2] *Ibid.*, p. 252.

[3] *La France musicale* rend compte de cette représentation dans son numéro du 20 janvier 1856. À cette occasion, une cantate dédiée aux valeureux soldats est composée par Daniel-François-Esprit Auber.

offert le 12 avril aux membres du congrès dans la salle des maréchaux du palais des Tuileries, l'orchestre et le chœur du Conservatoire sont réquisitionnés et installés dans la galerie afin d'assurer l'accompagnement musical du repas. Pour les multiples réceptions données aux Tuileries, on fait plutôt appel aux artistes des théâtres de Paris, le choix incombant au comte Baciocchi, premier chambellan de l'empereur et surintendant des spectacles de la Cour. Baciocchi, cependant, a la main peu heureuse et choisit surtout des vaudevilles assez médiocres. Par exemple, le 2 mars, il fait jouer par la troupe du Théâtre des Variétés *Un monsieur et une dame*[1], une comédie-vaudeville déjà ancienne écrite pour mettre en valeur l'acteur comique Arnal. Fortoul désapprouve ce choix, estimant que « c'était donner une trop faible idée de nos goût et de notre littérature aux étrangers qui représentent au milieu de nous les plus graves intérêts de l'Europe[2] ». Hübner n'est guère plus clément et note : « Décidément, ce pauvre Baciocchi n'est pas très heureux dans le choix des pièces[3] ». Quatre jours plus tard, c'est le Théâtre du Palais-Royal qui joue aux Tuileries deux comédies-vaudevilles de son répertoire, *Tambour battant*[4] et *Le Tueur de lions*[5], ce qui provoque ce commentaire de Fortoul : « J'ai rarement vu quelque chose de plus insipide[6] ». On n'établira pas ici la liste des pièces représentées aux Tuileries ; il suffit de dire que les trois exemples cités sont parfaitement représentatifs. Une telle « programmation », on s'en doute, n'a pas été sans déplaire et beaucoup, sans doute, des invités de l'empereur ont dû souscrire à ce jugement de la comtesse de Tascher de la Pagerie : « Je trouvais à part moi la note un peu forcée[7] ».

En tant qu'hôte et président du congrès, le comte Walewski se doit lui aussi de convoquer les Muses au quai d'Orsay. Lors du grand dîner qu'il organise le premier jour des négociations, le 25 février, un concert est donné dans le grand salon du ministère, appelé depuis

---

[1] *Un monsieur et une dame*, comédie-vaudeville en un acte de Duvert, Lauzanne et Boniface créée le 27 février 1841 au Théâtre des Variétés.

[2] Hippolyte Fortoul, *op. cit*, p. 256. Fortoul nous apprend également que, ce soir-là, l'acteur Brasseur se livre aussi à des imitations d'autres acteurs parisiens – exercice qui devait forcément laisser indifférent des hôtes étrangers.

[3] Comte de Hübner, *op. cit.*, vol. Ier, p. 399.

[4] *Tambour-battant*, comédie-vaudeville en un acte de Decourcelle, Barrière et Morand créée le 30 octobre 1851 au Théâtre du Palais-Royal.

[5] *Le Tueur de lions*, comédie-vaudeville en un acte de Lambert-Thiboust et Lehmann créée le 16 février 1856 au Théâtre du Palais-Royal.

[6] Hippolyte Fortoul, *op. cit.*, p. 260.

[7] Comtesse Stéphanie de Tascher de la Pagerie, *op. cit.*, p. 116.

« salon de l'horloge » et peut-être prédisposé au spectacle du fait qu'à sa décoration ont participé des décorateurs de théâtre tels Séchan, Rubé et Nolau. 700 invitations ont été envoyées pour l'occasion ! De façon assez traditionnelle, Walewski a fait appel à la troupe du Théâtre-Italien (qui s'est produite la veille aux Tuileries). Jules Alary, pianiste accompagnateur de la chapelle impériale, dirige le concert auquel participent le ténor Mario, le baryton Graziani, la mezzo-soprano Borghi-Mamo et la soprano Frezzolini. Donizetti, Verdi et Bellini sont au programme. En 1856, le Théâtre-Italien ne possède pas une troupe particulièrement remarquable (le *Don Giovanni* présenté mi-février a été particulièrement mauvais !) mais il attire le public le plus élégant de la capitale et ses chanteurs sont beaucoup sollicités durant le congrès (par exemple chez Troplong le 13 mars ou chez Baroche le 16). Avoir recours à eux est un choix à la fois facile et sans risque. Bien plus original est le concert offert aux plénipotentiaires par le préfet Haussmann à l'Hôtel de Ville le 14 avril. Cette réception est sans aucun doute la plus somptueuse de toutes les réunions mondaines organisées durant le congrès et elle a beaucoup frappé l'imagination des contemporains. La presse en rend largement compte :

> « La grande galerie des fêtes, pouvant contenir plus de cinq mille personnes, avait été convertie en salle de spectacle. Scène spacieuse et élevée, décoration fraîchement peinte, portes d'entrée et de sortie pour les acteurs, souffleur, orchestre, rien n'y manquait ; on aurait pu se croire à l'Académie impériale de musique ou au San Carlo de Naples, le plus vaste théâtre de l'Italie. Des banquettes étaient étagées en gradins pour les invités, de façon que les derniers voyaient ou entendaient tout aussi bien que les premiers. Dix-huit lustres projetant leur vive lumière sur les parures des dames qui occupaient les premières places, donnaient à la décoration blanc et or l'éclat scintillant du soleil[1]. »

Pour animer ce théâtre à la fois luxueux et éphémère, Haussmann a sollicité la troupe de l'Opéra-Comique et a placé l'orchestre sous la direction de Jules Pasdeloup. Il n'a pas hésité à demander à Auber, maître de chapelle de l'empereur, et à Eugène Scribe[2], le plus célèbre auteur dramatique français, de lui écrire une version plus développée d'un de leurs nombreux ouvrages communs, *Le concert à la cour* (1824). L'œuvre a l'avantage de comporter une scène de concert, ce

---

[1] *La France musicale*, n° du 20 avril 1856, « Spectacle à l'Hôtel de Ville en l'honneur des membres du congrès de Paris » par Marie Escudier.
[2] Auber et Scribe viennent alors de faire jouer à l'Opéra-Comique, le 23 février, *Manon Lescaut*, une œuvre très attendue mais accueillie avec une certaine réserve.

qui permet de faire intervenir la contralto Marietta Alboni, l'une des principales chanteuses de l'Opéra de Paris, le violoniste Alard et Bottesini, virtuose de la contrebasse. Un divertissement chorégraphique, avec quelques éléments du ballet de l'Opéra, termine le spectacle dont toute la presse vante la réussite.

Il reste toutefois un nom à citer pour que cette galerie d'artistes soit complète. Et ce nom est celui du musicien qui est demeuré, pour la postérité, le symbole même du Second Empire : Jacques Offenbach[1]. Le congrès de Paris est une étape importante dans la carrière du créateur du Théâtre des Bouffes-Parisiens car il s'agit de l'unique circonstance où l'Empire a fait officiellement appel à lui. Le 28 février, en effet, un petit théâtre est construit au fond de la galerie de Diane aux Tuileries et on y joue *Les Deux Aveugles*, la bouffonnerie musicale avec laquelle Offenbach a inauguré son théâtre, en juillet 1855. Le Figaro rapporte : « M. Offenbach a conduit l'orchestre, composé de douze de ses musiciens. L'empereur a ri aux larmes, et sur la demande de l'Impératrice, M. Baciocchi a fait bisser le boléro[2] ». Si Hübner parle d'un « petit spectacle détestable[3] », Fortoul est plus indulgent et avoue que « *Les Deux Aveugles* [...] m'ont fait rire, mais m'ont donné à songer que ce n'était pas là, en face des représentants de l'Europe, qu'il aurait fallu rire de pareilles choses[4] ». Le lendemain, le 29 février, le comte de Morny, le protecteur d'Offenbach, invite à son tour la troupe des Bouffes-Parisiens et lui fait jouer devant les diplomates, ses invités, *Pépito* et *Ba-Ta-Clan*, deux œuvres de proportions plus importantes. Librettiste de cette seconde pièce, Ludovic Halévy note fièrement dans le cahier où il consigne son activité théâtrale : « Le *Ba-Ta-Clan* est joué chez M. de Morny, président du Corps législatif, le vendredi 29 février 1856, à une grande soirée offerte aux plénipotentiaires du congrès[5] ». Fortoul est, cette fois-ci, plus sévère : « Je suis navré en pensant à l'impression que ces plénipotentiaires rapporteront dans leur pays.

---

[1] Sur Offenbach, on nous permettra de renvoyer à notre ouvrage : Jean-Claude Yon, *Jacques Offenbach*, Paris, Gallimard, coll. « NRF Biographie », 2000.
[2] *Le Figaro*, n°109 du 2 février 1856, « Échos de Paris » non signés.
[3] Comte de Hübner, *op. cit.*, vol. Ier, p. 398.
[4] Hippolyte Fortoul, *op. cit.*, p. 252.
[5] Répertoire théâtral de Ludovic Halévy, 1er cahier, 1855-1865, coll. privée. Il est intéressant de noter qu'Halévy avait d'abord écrit « plénipotentiaires russes ». Popularisée par un quadrille de Musard, la partition de *Ba-Ta-Clan* connaît un immense succès durant l'hiver 1855-1856. C'est sans doute la musique sur laquelle on a le plus dansé pendant le congrès de Paris.

La nation la plus spirituelle du monde devenue si folle et si plate. Comme le niveau est descendu ![1] ». On peut supposer que ces deux représentations offenbachiennes ont paru à une partie du public qui y assistait aussi peu à leur place que les pâles vaudevilles choisis par Baciocchi. Pour l'historien, cette présence au sein du congrès de celui qui s'est avéré être l'un des plus grands compositeurs du XIXe siècle est, au contraire, un élément qui valorise les choix artistiques de la cour de Napoléon III.

À la fin du mois de février 1856, la *Revue des deux mondes* écrivait : « Le silence s'est fait, disons-nous, autour de ces négociations. Le mouvement politique est remplacé par ce tourbillon de fêtes que provoquent toutes les grandes circonstances[2] ». On a vu que ce « tourbillon », tout en fournissant aux journalistes de quoi satisfaire la curiosité de leurs lecteurs, participait pleinement à la bonne marche du congrès. En homme d'État avisé, Napoléon III a parfaitement mis en scène le grand événement diplomatique qui se déroulait dans la capitale de son empire. Un chroniqueur du *Figaro*, le 10 avril, établit un parallèle qui pourrait sembler choquant au premier abord :

> « L'hiver expire sous des torrents de pluie et au bruit des orchestres. – Les bals, les bouquets, les comédies se multiplient pour fêter les derniers jours du congrès. J'ai déjà gémi sur le sort de ceux que j'appelle : *Les Martyrs du plaisir*. Les salons aussi sont des champs de bataille, et plus d'un glorieux soldat, qui a supporté pendant quinze mois le feu des Russes à Sébastopol, succombe devant les travaux forcés de la société[3] ».

Ce rapprochement, a priori incongru et de mauvais goût quand on sait combien le siège de Sébastopol fut éprouvant et cruel, a le mérite de nous rappeler que l'affrontement entre les puissances engagé en 1854 se poursuit vigoureusement durant tout le congrès de Paris et que, sur cet autre terrain non moins dangereux, le Second Empire a su, somme toute, faire un usage habile de cet « art des mondanités » qui, au XIXe siècle encore, est un des traits de la suprématie française.

---

[1] Hippolyte Fortoul, *op. cit.*, p. 253.
[2] *Revue des deux mondes*, livraison du 29 février 1856, « Chronique de la Quinzaine » par Charles de Mazade.
[3] *Le Figaro*, n° 120 du 10 avril 1856, « Chronique parisienne » de Villemot. C'est Villemot qui souligne.

L'EUROPE DU CONGRÈS DE PARIS EN 1856

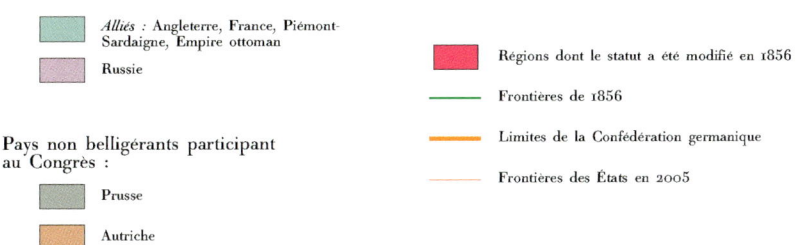

Division géographique de la direction des Archives du ministère des Affaires étrangères et européennes © 2008

Pays belligérants (1854 - 1856) :

- *Alliés* : Angleterre, France, Piémont-Sardaigne, Empire ottoman
- Russie

Pays non belligérants participant au Congrès :

- Prusse
- Autriche

- Régions dont le statut a été modifié en 1856
- Frontières de 1856
- Limites de la Confédération germanique
- Frontières des États en 2005

Alexandre Colonna, Comte Walewski (1810-1868), ministre des Affaires étrangères (1855-1860). Lithographie de Brunel-Rocque d'après un tableau de Victor-Louis Mottez, imprimerie Lemercier, vers 1855. Paris, Archives du ministère des Affaires étrangères et européennes, Collection iconographique

Édouard Dubufe. Le Congrès de Paris. 1856.
Huile sur toile. Versailles. Musée national du Château

Les plénipotentiaires du congrès de Paris. Lithographie de Victor Adam, Paris, chez Gosselin. Légende en français et en anglais : « L'empereur Napoléon Ier recevant dans le ciel les victimes de la guerre » / « The Emperor Napoléon I receiving in Heaven the dead Hero[e]s of the field of battle ».
Paris, Archives du ministère des Affaires étrangères, Collection iconographique

Traité de Paix, Paris, 30 mars 1856. Original en français. Pages de signatures.
Paris, Archives du ministère des Affaires étrangères, Traités multilatéraux

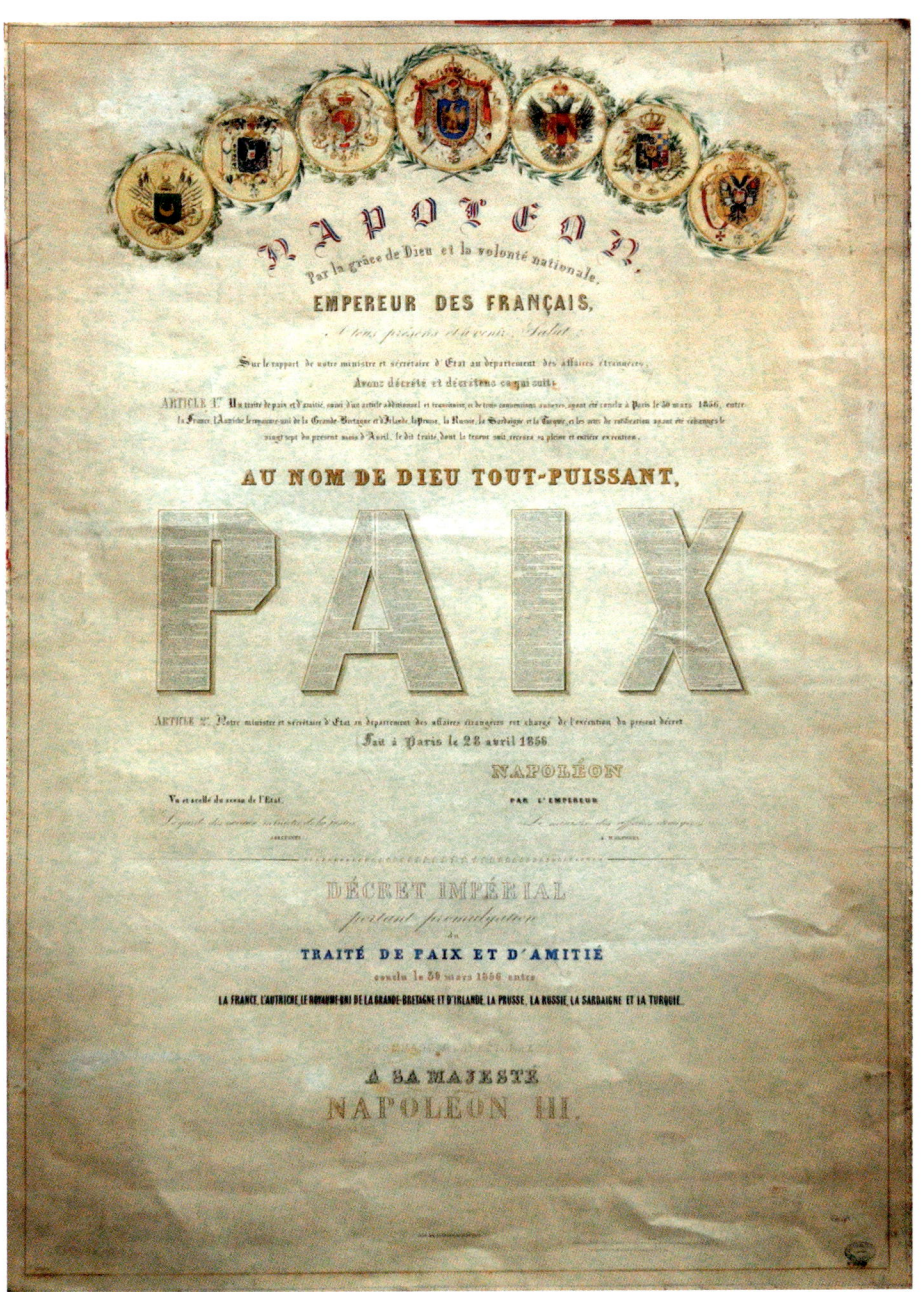

Affiche annonçant la promulgation du traité de Paris en date du 28 avril 1856.
Rio de Janeiro, 17 juin 1856. Paris, Archives du ministère
des Affaires étrangères, Collection iconographique

Alexandre Walewski, ministre des Affaires étrangères avec les membres de son cabinet. Photographie. Paris, Disderi et Cie, 1859. Paris, Archives du ministère des Affaires étrangères, Collection iconographique

Lord Cowley (1804-1884), plénipotentiaire au congrès de Paris et ambassadeur d'Angleterre en France. Album de caricatures. Dessins aquarellés à la plume par Auguste Louvrier de Lajolais, quatrains par Victor de Perrin, 1852-[1860]. Paris, Archives du ministère des Affaires étrangères, Bibliothèque

L'EUROPE EN 1878

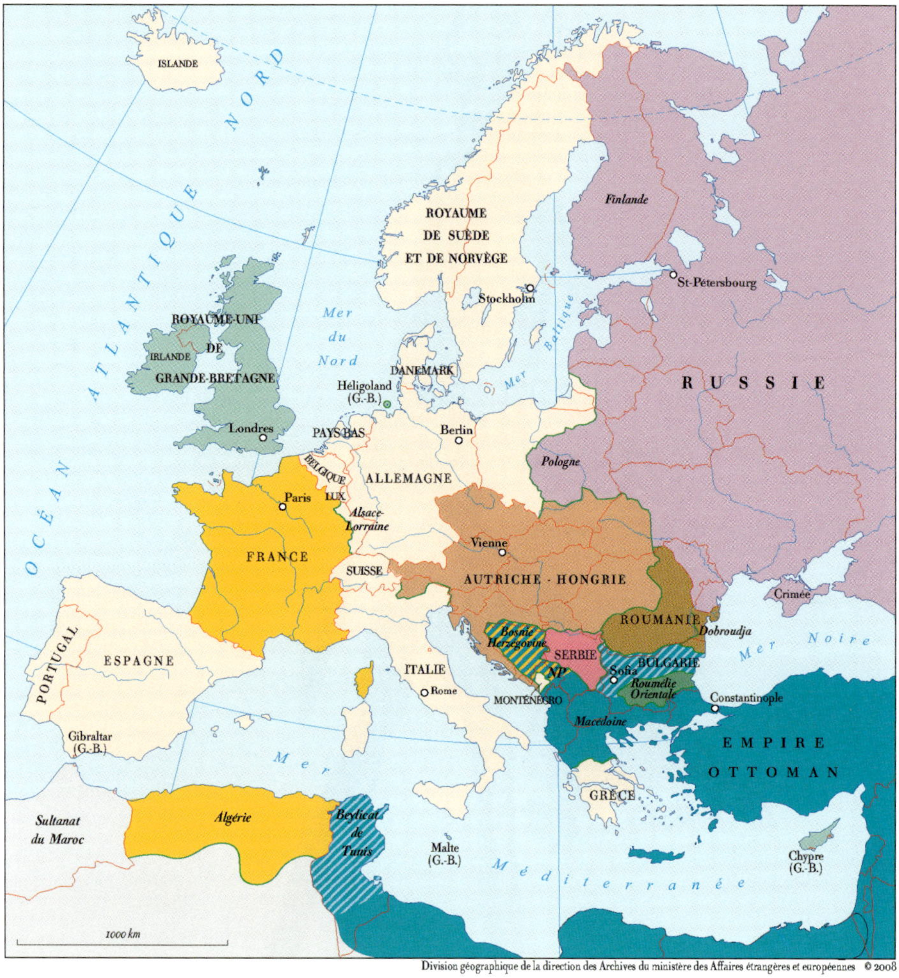

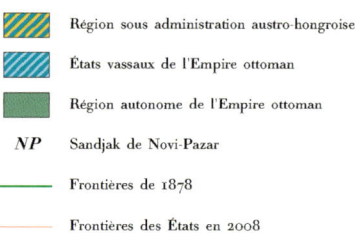

- Région sous administration austro-hongroise
- États vassaux de l'Empire ottoman
- Région autonome de l'Empire ottoman
- NP Sandjak de Novi-Pazar
- Frontières de 1878
- Frontières des États en 2008

Hélène Carrère d'Encausse

CONCLUSION

Il est inconfortable de conclure un colloque car après que l'assistance ait écouté un nombre important d'exposés remarquables, offrant un panorama de l'histoire européenne au milieu du XIXe siècle – il reste peu à dire dans une conclusion.

Il n'est pas question ici de réexpliquer le traité de Paris, ni la guerre de Crimée, je ne peux pas y ajouter d'éléments nouveaux. Je peux seulement évoquer ces événements à travers deux prismes.

Le premier est celui d'une question qui a durablement pesé sur l'histoire européenne. Il s'agit de la question de la place en Europe et de la nature européenne ou non de la Russie, car le congrès de Paris a été à cet égard un moment décisif dans l'affirmation de l'identité russe. Le second prisme est celui des conséquences de cet événement fondateur sur l'avenir de l'Europe.

La guerre de Crimée et le traité de Paris qui l'a conclue et en a tiré les leçons, ont constitué une charnière dans l'histoire européenne. Ce n'est pas une simple rupture européenne, car après le traité de Paris ce n'est pas seulement l'Europe qui change mais l'ensemble de la communauté internationale. Après ce traité, la communauté internationale est elle aussi, élargie C'est-à-dire que l'univers dans lequel évoluent les nations sera après ce traité fondamentalement différent.

La guerre de Crimée a aboli une certaine Europe, celle de 1815 où la France se trouvait dans une position de très grande faiblesse en raison tout à la fois des évènements de 1815, et de l'instabilité politique qui a suivi en France. La guerre de Crimée a ainsi mis fin à une Europe qui se trouvait dominée par la Russie dont la place y fut un temps démesurée. La Russie des années 1815-1856 est une

Russie arrogante. Nicolas Ier considérait qu'il appartenait à son pays de maintenir en Europe un ordre conservateur, d'être le pilier sur lequel se briseraient toutes les entreprises révolutionnaires. Alors que Catherine II avait été jusqu'en 1789 l'admiratrice des lumières, après la Révolution française la Russie eut la hantise des mouvements qui pouvaient déstabiliser l'Europe et Nicolas Ier hérita de cette obsession.

Cette Russie disposait d'une puissance extrême. En 30 ans, Nicolas Ier ne connut aucune défaite sauf un moment en face des Polonais mais cela fut vite rattrapé. Nicolas Ier tirait profit de cette situation exceptionnelle face à une France affaiblie qui jusqu'en 1815 avait été la grande puissance et qui s'était jusqu'alors opposée à la Russie. Nicolas Ier espéra alors réaliser de vieilles ambitions. La première était de réduire « l'homme malade de l'Europe » à sa plus simple expression, d'étendre l'influence russe en enlevant à cet « homme malade » les peuples qui étaient sous son autorité. Nicolas Ier était inspiré par plusieurs penseurs de son entourage. L'un de ses plus grands inspirateurs fut l'historien, Mikhail Pogodine, dont la grande idée était que la Russie devait non seulement dépouiller l'Empire ottoman ou se substituer à lui là où il exerçait une influence sur les peuples, mais devait aussi essayer d'arracher quelques peuples slaves à la domination et à l'influence autrichienne. Pogodine rêvait d'une communauté slave, d'une fédération slave dont la capitale serait – nous retrouvons là le vieux rêve de Catherine II – Constantinople baptisée tsargrad (la ville du tsar) ce qui eût donné à la Russie la dimension maritime qu'elle avait toujours recherchée en mer Noire ; et au-delà, l'accès d'autres mers, ce qui évidemment eut pour effet de dresser l'Angleterre contre elle.

Parfois, ce rêve russe a été soutenu par des non-Russes. Des Polonais ont imaginé à un moment donné, Czartoryski notamment, qu'une telle fédération slave règlerait leur « problème russe » en permettant dans ce cadre aux peuples slaves de s'épanouir et de progresser. Pour Czartoryski l'illusion fut brève et à partir de la guerre de Crimée, elle change de direction. Il imagine alors qu'une fédération des peuples slaves ne serait pas une mauvaise idée si elle était dirigée *contre* la Russie, et si elle cherchait des appuis en Europe pour être une arme contre la Russie, pour affaiblir son influence sur d'autres peuples.

La guerre de Crimée va tout transformer. Pour la France, Napoléon III s'est engagé dans une guerre qui n'était pas la sienne. Il était prêt à faire une guerre mais pas exactement celle-là. Mais il a su la faire et en a tiré les plus grands bénéfices en en sortant véritablement comme l'arbitre du nouvel ordre international.

Inversement, Nicolas Ier, qui était entré dans la guerre fort allègrement était convaincu que la puissance russe était invincible. A t-il été victime d'une illusion ? Ou a t-il ignoré profondément le monde dans lequel il vivait ? L'illusion portait sur ses rapports avec l'Autriche. Il était convaincu que l'Autriche ne prendrait pas position contre la Russie, qu'elle lui rendrait la monnaie de sa pièce, puisque la Russie l'avait soutenue contre le soulèvement hongrois. Par conséquent, il comptait sur la reconnaissance autrichienne. Il a été déçu : un chancelier autrichien a évoqué avec amusement « *notre capacité énorme d'ingratitude...* » Les responsables russes ont toujours gardé cette déception présente à l'esprit et l'on peut considérer que leur attitude, leur comportement en 1915 et 1916 – c'est-à-dire la volonté de ne pas écouter les propositions (celles des princes de Bourbon Parme encouragées par l'empereur Charles) de paix séparée surtout lorsqu'elle venait de l'Autriche – tenait à une méfiance profonde à l'égard de ce pays remontant à la guerre de Crimée. Cependant, le fait fondamental a été l'ignorance du monde dans lequel on vivait. Nicolas Ier croyait à la force de ses armées, il ne s'était pas aperçu que la Russie était un pays attardé qui n'avait pas engagé le développement comme les pays en guerre. Les armes russes étaient périmées, les transports étaient incapables d'assurer véritablement les nécessités d'une guerre moderne, alors qu'il fallait transporter les troupes russes au loin. Tout cela a abouti à un désastre dont Nicolas Ier est mort. Il est mort de désespoir en constatant son incapacité à faire face à cette guerre. Et on arrive ainsi au congrès de Paris où l'on voit le face à face des deux puissances véritables qui étaient au centre de la guerre, mais c'est la France qui en sort grande victorieuse et capable d'organiser l'Europe.

Ce n'est pas par hasard si le congrès se passe à Paris et pas ailleurs, parce que c'est la France qui est en tête des événements, non seulement pour le congrès de la paix mais aussi pour les conférences qui organiseront le sort de la Roumanie. La France renaissante tient alors une place centrale dans la vie internationale. À l'opposé est la place humiliée de la Russie, même si Napoléon III s'est montré fort courtois envers son envoyé le Prince Orlov. Il a souhaité adoucir l'humiliation ressentie par ce pays mais il est incontestable que la position russe est intenable, que la Russie apparaît véritablement comme la grande vaincue de ce conflit. La première image qu'on peut retenir du congrès de Paris, du traité et de l'Europe qui se dessine est l'image du triomphe français complétée par l'image de l'effondrement russe.

Et l'on revient ici à la question de la place que la Russie a perdue en Europe. Il apparaît au moment de sa défaite, au moment du congrès de Paris que ce pays attardé qui s'est effondré de façon spectaculaire, alors qu'on le croyait invincible, est en dehors de l'Europe. C'est là une vieille question, un vieux débat dont la France a été un des acteurs principaux. Il ne faut pas oublier que, depuis le règne de Louis XIV, la France conteste à la Russie un véritable statut européen et le droit de tenir une place dans le concert des nations européennes. Certes Louis XVI est revenu là-dessus. Mais cette attitude est confirmée au moment du traité de Paris : la Russie semble sortir du concert européen, elle est rejetée à son sort de pays marginal. Cela encourage le débat en Russie : « *N'avons-nous pas intérêt à nous définir comme une nation spécifique ?* » La défaite, l'humiliation auraient pu en effet avoir cette conséquence de pousser la Russie à l'isolement, à la spécificité. Or l'ironie de l'histoire est que cette défaite a été un miracle pour la Russie, la chance historique que ce pays attendait depuis Pierre le Grand. Car le problème de la transformation de la Russie est un problème posé depuis Pierre le Grand et même avant lui, à l'époque de son père, le tsar Alexis. C'est la question éternelle de la Russie qui va être résolue précisément par le successeur de Nicolas Ier dans le désastre de la défaite, dans l'éloignement de l'Europe et le sentiment que jamais la Russie n'arrivera à se transformer réellement, à se moderniser.

C'est précisément ce choc, un choc salutaire, qui a imposé d'emblée à Alexandre II, qui n'avait pas du tout été élevé par son père pour cela, qui était censé poursuivre l'œuvre de Nicolas Ier, la certitude que ce désastre ne pouvait être réparé que par une modernisation dans laquelle il fallait engager la Russie à marche forcée. Je vais employer un mot contemporain : la perestroïka, la première perestroïka russe est là –1861 à 1868 – c'est-à-dire, cette période extraordinaire où un souverain élevé de façon très conservatrice, relativement timoré de caractère, prend sur lui de briser le conservatisme de la noblesse, qui voulait conserver, garder ce qui était la base du système social russe à savoir le servage. Il commence par l'abolition du servage et continue par la transformation de l'État, puis par la transformation de l'armée et par une série de réformes menées en plusieurs années ; il l'a fait au nom d'une certaine vision de ce qu'est un État moderne, un État européen, transformant ainsi profondément la Russie.

Sans doute objectera-t-on – et c'est l'habitude française de regarder la Russie avec les lunettes de Custine – que la Russie ne va jamais au bout de ses bons efforts et que, naturellement, Alexandre II comme Pierre le Grand, comme Catherine, étaient animés de bonnes intentions, mais que la Russie s'est arrêtée en chemin et à partir de 1870 piétine.

Tout piétine, oui, mais il ne faut pas oublier que la Russie est confrontée à un climat social extraordinaire, que ce pays qui s'est voulu, au temps du conservatisme, la barrière contre tous les mouvements révolutionnaires, devient dès ce moment-là, leur cible. Une course de vitesse est engagée entre le mouvement révolutionnaire et le mouvement réformateur. On peut dire qu'en 1881 les révolutionnaires ont eu raison du réformateur en l'assassinant.

Il faut en effet rappeler que celui qui a aboli le servage a subi le même sort que Lincoln qui abolit l'esclavage au même moment en Amérique. Il y a un parallèle remarquable entre les deux situations.

Peu importe en définitive les premières conséquences de la défaite et l'humiliation du traité de Paris. La Russie est dès 1856 engagée dans une entreprise de modernisation et là, on la regarde à travers le prisme de l'avenir. Cette entreprise de modernisation va être continue, même s'il y a des périodes d'arrêts sur le plan politique, mais elle reprend sur le plan économique car l'économie est fondamentale. Le successeur d'Alexandre II, Alexandre III, s'engagera dans une révolution industrielle, une transformation économique du pays qui fait de la Russie de façon constante jusqu'en 1917, un pays qui galope pour rattraper les pays les plus avancés ; ce qui justifie largement le rêve de ces deux pays, l'Amérique et la Russie, qui seront un jour en tête de la communauté internationale.

C'est la révolution qui va casser cela ! Ce qui est aussi une ironie de l'histoire : le pays qui s'est voulu avec Catherine II et Nicolas Ier barrière contre les révolutions, ce sera le pays où la première révolution européenne éclatera, le pays qui portera des révolutions, certes manipulées mais des révolutions, dans une partie de l'Europe, alors que le reste de l'Europe, là où la Russie avait toujours craint des révolutions, en sera indemne !

Mais la conséquence de cette transformation est que le vieux débat : *Est-ce que la Russie est un pays d'Europe ou ne l'est pas ?* est tranché. La Russie après 1856 évolue selon des normes européennes pendant un demi-siècle jusqu'en 1917, et même si 1917 l'arrache pour un temps à l'Europe civilisée, elle a choisi cette voie. La Russie se sait désormais de façon continue un pays européen, C'est-à-dire que la défaite a eu sur son destin des conséquences incalculables. Elle lui impose d'emprunter la voie de la modernisation dont la Russie n'a plus jamais voulu s'écarter, même s'il y a eu des ruptures, et celle des 75 ans du système soviétique est un autre problème.

Une autre conséquence très intéressante de 1856, car on sort d'une guerre franco-russe et d'un climat franco-russe détestable, est la puissante amitié franco-russe qui naît alors, se développe et durera aussi longtemps que la modernisation russe, c'est-à-dire tout le demi-siècle qui suit le congrès de Paris.

C'est une conséquence intéressante parce que les relations franco-russes ont toujours été extraordinairement compliquées. Elles sont passées par différentes phases. Du côté français, il y a eu alternance de fascination et de répulsions à l'égard de ce pays étrange : il suffit de lire tous les récits de voyageurs. Du côté russe, il y a toujours eu fascination pour la France et frustration devant ce rejet qu'elle lui a souvent imposé. À la veille de la décennie qui précède la guerre de Crimée, l'atmosphère des relations franco-russes n'est pas au beau fixe.

Qu'on en juge : c'est l'époque où le marquis de Custine connaît un succès de librairie fabuleux, c'est le best-seller de l'époque, avec *La Russie en 1839*, qui est un tableau ravageur de la Russie peu propice, à entraîner les sympathies françaises à l'égard de ce pays.

Or que se passe t-il après 1856 ? Après 1856, il y a eu une guerre entre les deux pays, énormément de morts ; et c'est le moment où vont se tisser ces liens qui vont marquer toute la période qui va jusqu'en 1917 et qui sont fondés surtout sur un rapprochement culturel, car l'histoire culturelle est fondamentale. Un rapprochement culturel extraordinairement important. Prosper Mérimée qui était un familier du couple impérial, et peut-être celui qui a été le plus actif à cet égard : c'est lui qui porte la culture russe en France, qui introduit en France Tourgueniev et Gogol et toute la littérature russe. Il traduit l'histoire et les auteurs russes. Il y a alors une mode russe extraordinaire et on s'arrache Tourgueniev dans les salons.

Cette mode dure malgré des signaux d'alarmes très inquiétants. La défaite russe devant le Japon en 1904, la révolution russe de 1905, c'est-à-dire des événements qui signalent que l'œuvre de modernisation a des points extrêmement faibles et menaçants pour l'équilibre de ce pays. Malgré cela, la force de l'amitié des deux côtés est extraordinairement forte et celle de la Russie pour la France est considérable. Il ne faut pas oublier que la révolution russe aurait peut-être été évitée si Nicolas II avait cédé à l'idée qu'il ne fallait pas continuer à rester dans le camp des amis de la France ; et qu'une paix séparée aurait sans doute permis de sauver la monarchie. S'il ne l'a pas fait, ce n'est pas par passion de la guerre, il l'a toujours répété et consigné dans son journal, c'est parce qu'il pensait avoir à l'égard de la France un devoir d'amitié. Donc, il y a après la guerre de Crimée un courant d'opinion qui crée un espace européen nouveau allant de Paris à l'Oural. Autrement dit, il y a véritablement alors un espace européen qui englobe la Russie et qui est fondé sur les relations chaleureuses entre ces deux pays.

En conclusion, outre cette Europe dont on ne changera plus la réalité, c'est-à-dire une Europe dont fait partie la Russie mais une Russie européenne et qui le restera éternellement, et cette relation certainement difficile et inégale mais privilégiée entre la France et la Russie, la guerre de Crimée et le traité de Paris ont dessiné les contours de l'Europe qui est la nôtre : celle que nous défendons et dans laquelle nous vivons. Les contours d'une identité européenne dont la Russie a choisi le modèle en fondant son européanisation sur la modernisation, modernisation politique, modernisation sociale, adhésion à un ensemble d'idées et d'espoirs qui étaient ceux que la France avait toujours portés. Ce sont là des changements tout à fait fondamentaux. Je n'ai pas le temps, j'aurais voulu insister sur le rôle des nationalités, qui est le cheval de bataille de Napoléon III, pour montrer que cela a joué aussi un rôle considérable dans la période qui conduit à l'Europe de l'après première guerre mondiale. Enfin, de ce traité de Paris, tout le monde l'a dit, mais on ne le dira jamais assez, sort le monde dans lequel nous vivons.

Un dernier élément, c'est que ce monde s'était élargi. Dès cette époque, l'Europe regarde vers la Chine qui lui offre des perspectives commerciales extraordinaires. On constate que le Japon s'engage dans la voie qui va le conduire vers les réformes, une modernisation qui est parallèle à la modernisation russe mais beaucoup plus rapide. Dès cette époque, l'Amérique monte à l'horizon politique. Jusqu'en 1856, le jeu international s'était déroulé dans l'espace européen. Dans le demi-siècle qui suit et par la suite, le jeu international est ouvert sur le monde et l'Europe est une partie du monde, mais d'un monde où l'on compte d'autres pays avec lesquels l'Europe devra compter. Ces changements datent de cette période charnière, et dessinent un univers qui est celui dans lequel nous vivons encore aujourd'hui.

ANNEXES

Traité général de paix et d'amitié conclu à Paris, le 30 mars 1856, entre la France, l'Autriche, la Grande-Bretagne, la Prusse, la Russie, la Sardaigne et la Turquie[1]

Au nom de Dieu Tout-Puissant.

Leurs Majestés l'empereur des Français, la reine du Royaume-Uni de la Grande-Bretagne et d'Irlande, l'empereur de toutes les Russies, le roi de Sardaigne et l'empereur des Ottomans, animés du désir de mettre un terme aux calamités de la guerre, et voulant prévenir le retour des complications qui l'ont fait naître, ont résolu de s'entendre avec Sa Majesté l'empereur d'Autriche sur les bases à donner au rétablissement et à la consolidation de la paix, en assurant, par des garanties efficaces et réciproques, l'indépendance et l'intégrité de l'Empire ottoman. À cet effet, Leursdites Majestés ont nommé pour leurs plénipotentiaires, savoir :

S.M. l'empereur des Français : le sieur Alexandre, Comte Colonna *Walewski*, Sénateur de l'Empire, Grand Officier de l'Ordre Impérial de la Légion d'Honneur, Chevalier Grand-Croix de l'Ordre équestre des Séraphins, Grand-Croix de l'Ordre de Saints Maurice et Lazare, décoré de l'Ordre Impérial du Medjidié de première classe, etc., etc., etc., son Ministre et Secrétaire d'État au département des Affaires Étrangères, et le sieur François-Adolphe, Baron de *Bourqueney*,

---

[1] La graphie de l'original (orthographe, majuscules) a été conservée.

Grand-Croix de l'Ordre Impérial de la Légion d'Honneur et de l'Ordre de Léopold d'Autriche, décoré du portrait du sultan en diamants, etc., etc., etc., son Envoyé Extraordinaire et Ministre plénipotentiaire près S. M. I. et R. A. ;

S. M. l'empereur d'Autriche : Le sieur Charles-Ferdinand, Comte de *Buol-Schauenstein*, Grand-Croix de l'Ordre Impérial de Léopold d'Autriche, et Chevalier de l'Ordre de la Couronne de Fer de première classe, Grand-Croix de l'Ordre Impérial de la Légion d'Honneur, Chevalier des Ordres de l'Aigle-Noir et de l'Aigle-Rouge de Prusse, Grand-Croix des Ordres Impériaux d'Alexandre Newski en brillants, et de l'Aigle-Blanc de Russie, Grand-Croix de l'Ordre de Saint-Jean-de-Jérusalem, décoré de l'Ordre Impérial du Medjidié de première classe, etc., etc., etc., son Chambellan et Conseiller intime actuel, son Ministre de la Maison et des Affaires Étrangères, Président de la Conférence des Ministres, et le sieur Joseph-Alexandre, Baron de *Hübner*, Grand-Croix de l'Ordre Impérial de la Couronne de Fer, Grand-Officier de l'Ordre Impérial de la Légion d'Honneur, son Conseiller intime actuel et son Envoyé Extraordinaire et Ministre plénipotentiaire à la Cour de France ;

S. M. la reine du Royaume-Uni de la Grande-Bretagne et d'Irlande : Le très honorable George-Guillaume-Frédéric, Comte de *Clarendon*, Baron Hyde de Hindon, Pair du Royaume-Uni, Conseiller de S. M. B. en son Conseil privé, Chevalier du très-noble Ordre de la Jarretière, Chevalier Grand-Croix du très-honorable Ordre du Bain, Principal Secrétaire d'État de S.M. pour les Affaires Étrangères, et le très-honorable Henri-Richard-Charles, Baron *Cowley*, Pair du Royaume-Uni, Conseiller de S. M. en son Conseil privé, Chevalier Grand-Croix du très honorable Ordre du Bain, et Ambassadeur Extraordinaire et plénipotentiaire de S. M. près S. M. l'empereur des Français ;

S. M. l'empereur de toutes les Russies : Le sieur Alexis, Comte *Orloff*, son Aide de Camp général et Général de cavalerie, Commandant du Quartier général de S. M. Membre du Conseil de l'Empire et du Comité des Ministres, décoré des deux portraits en diamants de Leurs Majestés feu l'empereur Nicolas et l'empereur Alexandre II, Chevalier de l'Ordre de Saint-André en diamants et des Ordres de Russie, Grand-Croix de l'Ordre de Saint-Étienne d'Autriche de première classe, de l'Aigle-Noir de Prusse en diamants, de l'Annonciade de Sardaigne et de plusieurs autres Ordres étrangers, et le sieur Philippe, Baron de *Brunnow*, son Conseiller privé, son Envoyé Extraordinaire et Ministre plénipotentiaire près la Confédération Germanique et près S. A. R. le Grand-Duc de Hesse, Chevalier de l'Ordre de Saint-Wladimir de première classe, de Saint-Alexandre Newski enrichi de diamants, de l'Aigle-Blanc, de Saint-Anne de première classe, de Saint-Stanislas de première classe, Grand-Croix de l'Ordre de l'Aigle-Rouge de Prusse de première classe, Commandeur de l'Ordre de Saint-Étienne d'Autriche, et de plusieurs autres Ordres étrangers ;

S. M. Le roi de Sardaigne : Le sieur Camille Benso, Comte de *Cavour*, Grand-Croix de l'Ordre des Saints Maurice et Lazare, Chevalier de l'Ordre du Mérite civil de Savoie, Grand-Croix de l'Ordre Impérial de la Légion d'Honneur, décoré de l'Ordre Impérial du Medjidié de première classe, Grand-Croix de plusieurs autres Ordres étrangers, Président du Conseil des Ministres, et son Ministre et Secrétaire d'État pour les finances, et le sieur Salvator, Marquis de *Villamarina*, Grand-Croix de l'Ordre des Saints Maurice et Lazare, Grand Officier de l'Ordre Impérial de la Légion d'Honneur, etc., etc., etc., Son Envoyé Extraordinaire et Ministre plénipotentiaire à la Cour de France ;

Et S. M. l'empereur des Ottomans : Mouhammed-Emin-*Aali-Pacha*, Grand Vezir de l'Empire ottoman, décoré des Ordres Impériaux du Medjidié et du Mérite de première classe, Grand-Croix de la Légion d'Honneur, de Saint-Étienne d'Autriche, de l'Aigle-Rouge de Prusse, de Sainte-Anne de Russie, des Saints Maurice et Lazare de Sardaigne, de l'Étoile Polaire de Suède, et de plusieurs autres Ordres Étrangers ; Et *Mehemmed-Djemil*-Bey, décoré de l'Ordre Impérial du Medjidié de seconde classe, et Grand-Croix de l'Ordre des Saints Maurice et Lazare, son Ambassadeur Extraordinaire et plénipotentiaire près S. M. l'empereur des Français, accrédité, en la même qualité, près S. M. le roi de Sardaigne ;

Lesquels se sont réunis en congrès à Paris.

L'entente ayant été heureusement établie entre eux, Leurs Majestés l'empereur des Français, l'empereur d'Autriche, la reine du Royaume-Uni de la Grande-Bretagne et d'Irlande, l'empereur de toutes les Russies, le roi de Sardaigne et l'empereur des Ottomans, considérant que, dans un intérêt européen, Sa Majesté le roi de Prusse, signataire de la convention du treize juillet mil huit cent quarante et un, devait être appelée à participer aux nouveaux arrangements à prendre, et appréciant la valeur qu'ajouterait à une œuvre de pacification générale le concours de Ladite Majesté, l'ont invitée à envoyer des plénipotentiaires au Congrès.

En conséquence, S. M. le roi de Prusse a nommé pour ses plénipotentiaires, savoir : Le sieur Othon-Théodore, Baron de *Manteuffel*, Président de son Conseil et son Ministre des Affaires Étrangères, Chevalier de l'Ordre de l'Aigle-Rouge de Prusse, première classe, avec feuilles de chêne, couronne et sceptre ; Grand Commandeur de l'Ordre de Hohenzollern, Chevalier de l'Ordre de Saint-Jean de Prusse, Grand-Croix de l'Ordre de Saint-Étienne de Hongrie, Chevalier de l'Ordre de Saint-Alexandre Newski, Grand-Croix de l'Ordre des Saints Maurice et Lazare, et de l'Ordre du Nichan-Iftihar de Turquie, etc., etc., etc. Et le sieur Maximilien-Frédéric-Charles-François, Comte de *Hatzfeldt*-Wildenburg-Schoenstein, son Conseiller privé actuel, son Envoyé Extraordinaire et Ministre plénipotentiaire à la Cour de France, Chevalier de l'Ordre de l'Aigle-Rouge de Prusse, seconde classe, avec feuilles de chêne et plaque ; Chevalier de la Croix-d'Honneur de Hohenzollern, première classe, etc., etc., etc.

Les plénipotentiaires, après avoir échangé leur pleins pouvoirs, trouvés en bonne et due forme, sont convenus des articles suivants :

Art. 1er. Il y aura, à dater du jour de l'échange des ratifications du présent traité, paix et amitié entre S. M. l'empereur des Français, S. M. la reine du Royaume-Uni de la Grande-Bretagne et d'Irlande, S. M. le roi de Sardaigne, S. M. I. le sultan, d'une part, et S. M. l'empereur de toutes les Russies, de l'autre part, ainsi qu'entre leurs héritiers et successeurs, leurs États et sujets respectifs, à perpétuité.

Art. 2. La paix étant heureusement établie entre Leursdites Majestés, les territoires conquis ou occupés par leurs armées, pendant la guerre, seront réciproquement évacués. Des arrangements spéciaux régleront le mode de l'évacuation, qui devra être aussi prompte que faire se pourra.

Art. 3. S. M. l'empereur de toutes les Russies s'engage à restituer à S. M. le sultan la ville et citadelle de Kars, aussi bien que les autres parties du territoire Ottoman, dont les troupes Russes se trouvent en possession.

Art. 4. Leurs Majestés l'empereur des Français, la reine du Royaume-Uni de la Grande-Bretagne et d'Irlande, le roi de Sardaigne et le sultan s'engagent à restituer à S. M. l'empereur de toutes les Russies les villes et ports de Sébastopol, Balaklava, Kamiesch, Eupatoria, Kertch, Ieni-Kaleh, Kinburn, ainsi que tous autres territoires occupés par les troupes alliées.

Art. 5. Leurs Majestés l'empereur des Français, la reine du Royaume-Uni de la Grande-Bretagne et d'Irlande, l'empereur de toutes les Russies, le roi de Sardaigne et le sultan accordent une amnistie pleine et entière à ceux de leurs sujets qui auraient été compromis par une participation quelconque aux événements de la guerre, en faveur de la cause ennemie. Il est expressément entendu que cette amnistie s'étendra aux sujets de chacune des parties belligérantes qui auraient continué, pendant la guerre, à être employés dans le service de l'un des autres belligérants.

Art. 6. Les prisonniers de guerre seront immédiatement rendus de part et d'autre.

Art. 7. S. M. l'empereur des Français, S. M. l'empereur d'Autriche, S. M. la reine du Royaume-Uni de la Grande-Bretagne et d'Irlande, S. M. le roi de Prusse, S. M. l'empereur de toutes les Russies et S. M. le roi de Sardaigne déclarent la Sublime Porte admise à participer aux avantages du droit public et du concert européens. Leurs Majestés s'engagent, chacune de son côté, à respecter l'indépendance et l'intégrité territoriale de l'Empire ottoman, garantissent en commun la stricte observation de cet engagement, et considéreront, en conséquence, tout acte de nature à y porter atteinte comme une question d'intérêt général.

Art. 8. S'il survenait, entre la Sublime Porte et l'une ou plusieurs des autres Puissances signataires, un dissentiment qui menaçât le maintien de leurs relations, la Sublime Porte et chacune de ces Puissances, avant de recourir à l'emploi de la force, mettront les autres parties contractantes en mesure de prévenir cette extrémité par leur action médiatrice.

Art. 9. S. M. I. le sultan, dans sa constante sollicitude pour le bien-être de ses sujets, ayant octroyé un firman qui, en améliorant leur sort, sans distinction de religion ni de race, consacre ses généreuses intentions envers les populations chrétiennes de son empire, et voulant donner un nouveau témoignage de ses sentiments à cet égard, a résolu de communiquer aux Puissances contractantes ledit firman, spontanément émané de sa volonté souveraine. Les Puissances contractantes constatent la haute valeur de cette communication. Il est bien entendu qu'elle ne saurait, en aucun cas, donner le droit auxdites Puissances de s'immiscer soit collectivement, soit séparément, dans les rapports de S. M. le sultan avec ses sujets, ni dans l'administration intérieure de son Empire.

Art. 10. La Convention du 13 juillet 1841, qui maintient l'antique règle de l'Empire ottoman relative à la clôture des détroits du Bosphore et des Dardanelles, a été révisée d'un commun accord. L'acte, conclu à cet effet et conformément à ce principe, entre les Hautes Parties Contractantes, est et demeure annexé au présent traité, et aura même force et valeur que s'il en faisait partie intégrante.

Art. 11. La mer Noire est neutralisée : ouverts à la marine marchande de toutes les nations, ses eaux et ses ports sont, formellement et à perpétuité, interdits au pavillon de guerre soit des Puissances riveraines, soit de toute autre Puissance, sauf les exceptions mentionnées aux articles 14 et 19 du présent traité.

Art. 12. Libre de toute entrave, le commerce, dans les ports et dans les eaux de la mer Noire, ne sera assujetti qu'à des règlements de santé, de douane, de police, conçus dans un esprit favorable au développement des transactions commerciales. Pour donner aux intérêts commerciaux et maritimes de toutes les nations la sécurité désirable, la Russie et la Sublime Porte admettront des Consuls dans leurs ports situés sur le littoral de la mer Noire, conformément aux principes du droit international.

Art. 13. La mer Noire étant neutralisée, aux termes de l'article 11, le maintien ou l'établissement sur son littoral d'arsenaux militaires-maritimes devient sans nécessité, comme sans objet. En conséquence, S. M. l'empereur de toutes les Russies et S. M. I. le sultan s'engagent à n'élever et à ne conserver, sur ce littoral, aucun arsenal militaire-maritime.

Art. 14. Leurs Majestés l'empereur de toutes les Russies et le sultan, ayant conclu une convention à l'effet de déterminer la force et le nombre des bâtiments légers, nécessaires au service de leurs côtes, qu'Elles se réservent d'entretenir dans la mer Noire, cette Convention est annexée au présent traité, et aura même force et valeur que si elle en faisait partie intégrante. Elle ne pourra être ni annulée ni modifiée, sans l'assentiment des Puissances signataires du présent traité.

Art. 15. L'acte de Congrès de Vienne ayant établi les principes destinés à régler la navigation des fleuves qui séparent ou traversent plusieurs États, les Puissances contractantes stipulent entre elles, qu'à l'avenir ces principes seront également appliqués au Danube et à ses embouchures. Elles déclarent que cette disposition fait, désormais, partie du droit public de l'Europe, et la prennent sous leur garantie.

La navigation du Danube ne pourra être assujettie à aucune entrave ni redevance qui ne serait pas expressément prévue par les stipulations contenues dans les articles suivants. En conséquence, il ne sera perçu aucun péage basé uniquement sur le fait de la navigation du fleuve, ni aucun droit sur les marchandises qui se trouvent à bord des navires. Les règlements de police et de quarantaine à établir, pour la sûreté des États séparés ou traversés par ce fleuve, seront conçus de manière à favoriser, autant que faire se pourra, la circulation des navires. Sauf ces règlements, il ne sera apporté aucun obstacle, quel qu'il soit, à la libre navigation.

Art. 16. Dans le but de réaliser les dispositions de l'article précédent, une Commission dans laquelle la France, l'Autriche, la Grande-Bretagne, la Prusse, la Russie, la Sardaigne et la Turquie seront, chacune, représentées par un délégué, sera chargée de désigner et de faire exécuter les travaux nécessaires, depuis Isatcha, pour dégager les embouchures du Danube, ainsi que les parties de la mer y avoisinantes, des sables et autres obstacles qui les obstruent, afin de mettre cette partie du fleuve et lesdites parties de la mer dans les meilleures conditions possibles de navigabilité. Pour couvrir les frais de ces travaux, ainsi que des établissements ayant pour objet d'assurer et de faciliter la navigation aux bouches du Danube, des droits fixes, d'un taux convenable, arrêtés par la Commission à la majorité des voix, pourront être prélevés, à la condition expresse que, sous ce rapport comme sous tous les autres, les pavillons de toutes les nations seront traités sur le pied d'une parfaite égalité.

Art. 17. Une Commission sera établie et se composera des délégués de l'Autriche, de la Bavière, de la Sublime Porte et du Wurtemberg (un pour chacune de ces puissances), auxquels se réuniront les Commissaires des trois Principautés Danubiennes, dont la nomination aura été approuvée par la Porte. Cette Commission, qui sera permanente : 1° élaborera les règlements de navigation et de police fluviale ; 2° fera disparaître les entraves, de quelque nature qu'elles puissent être, qui s'opposent encore à l'application au Danube des dispositions du traité de Vienne ; 3° ordonnera et fera exécuter les travaux nécessaires sur tout le parcours du fleuve ; et 4° veillera, après la dissolution de la Commission Européenne, au maintien de la navigabilité des embouchures du Danube et des parties de la mer y avoisinantes.

Art. 18. Il est entendu que la Commission Européenne aura rempli sa tâche, et que la Commission riveraine aura terminé les travaux désignés dans l'article précédent, sous les n°s 1 et 2, dans l'espace de deux ans. Les Puissances signataires réunies en conférence, informées de ce fait, prononceront, après en avoir pris acte, la dissolution de la Commission Européenne, et, dès lors, la Commission riveraine permanente jouira des mêmes pouvoirs que ceux dont la Commission Européenne aura été investie jusqu'alors.

Art. 19. Afin d'assurer l'exécution des règlements qui auront été arrêtés d'un commun accord, d'après les principes ci-dessus énoncés, chacune des Puissances Contractantes aura le droit de faire stationner, en tout temps, deux bâtiments légers aux embouchures du Danube.

Art. 20. En échange des villes, ports et territoires énumérés dans l'article 4 du présent traité, et pour mieux assurer la liberté de la navigation du Danube, S. M. l'empereur de toutes les Russies consent à la rectification de sa frontière en Bessarabie. La nouvelle frontière partira de la mer Noire, à un kilomètre à l'est du lac Bourna-Sola, rejoindra perpendiculairement la route d'Akerman, suivra cette route jusqu'au val de Trajan, passera au sud de Bolgrad, remontera le long de la rivière de Yalpuck jusqu'à la hauteur de Saratsika, et ira aboutir à Katamori sur le Pruth. En amont de ce point, l'ancienne frontière entre les deux empires ne subira aucune modification. Des délégués des Puissances Contractantes fixeront, dans ses détails, le tracé de la nouvelle frontière.

Art. 21. Le territoire, cédé par la Russie, sera annexé à la Principauté de Moldavie, sous la suzeraineté de la Sublime Porte. Les habitants de ce territoire jouiront des droits et privilèges assurés aux Principautés, et, pendant l'espace de trois années, il leur sera permis de transporter ailleurs leur domicile, en disposant librement de leurs propriétés.

Art. 22. Les Principautés de Valachie et de Moldavie continueront à jouir, sous la suzeraineté de la Porte et sous la garantie des Puissances Contractantes, des privilèges et des immunités dont elles sont en possession. Aucune protection exclusive ne sera exercée sur elles par une des Puissances garantes. Il n'y aura aucun droit particulier d'ingérence dans leurs affaires intérieures.

Art. 23. La Sublime Porte s'engage à conserver auxdites Principautés une administration indépendante et nationale, ainsi que la pleine liberté de culte, de législation, de commerce et de navigation. Les lois et statuts aujourd'hui en vigueur seront révisés. Pour établir un complet accord sur cette révision, une Commission spéciale, sur la composition de laquelle les Hautes Puissances Contractantes s'entendront, se réunira sans délai, à Bucharest, avec un Commissaire de la Sublime Porte.

Cette Commission aura pour tâche de s'enquérir de l'état actuel des Principautés et de proposer les bases de leur future organisation.

Art. 24. S. M. le sultan promet de convoquer immédiatement, dans chacune des deux provinces, un Divan *ad hoc*, composé de manière à constituer la représentation la plus exacte des intérêts de toutes les classes de la société. Ces Divans seront appelés à exprimer les vœux des populations relativement à l'organisation définitive des Principautés. Une instruction du Congrès réglera les rapports de la Commission avec ces Divans.

Art. 25. Prenant en considération l'opinion émise par les deux Divans, la Commission transmettra, sans retard, au siège actuel des Conférences, le résultat de son propre travail. L'entente finale avec la Puissance suzeraine sera consacrée par une convention conclue à Paris entre les Hautes Parties Contractantes ; et un hatti-chérif, conforme aux stipulations de la Convention, constituera définitivement l'organisation de ces provinces, placées désormais sous la garantie collective de toutes les Puissances signataires.

Art. 26. Il est convenu qu'il y aura, dans les Principautés, une force armée nationale, organisée dans le but de maintenir la sûreté de l'intérieur et d'assurer celle des frontières. Aucune entrave ne pourra être apportée aux mesures extraordinaires de défense que, d'accord avec la Sublime Porte, elles seraient appelées à prendre pour repousser toute agression étrangère.

Art. 27. Si le repos intérieur des Principautés se trouvait menacé ou compromis, la Sublime Porte s'entendra avec les autres Puissances Contractantes sur les mesures à prendre pour maintenir ou rétablir l'ordre légal. Une intervention armée ne pourra avoir lieu sans un accord préalable entre ces Puissances.

Art. 28. La Principauté de Serbie continuera à relever de la Sublime Porte, conformément aux Hats impériaux qui fixent et déterminent ses droits et immunités, placés désormais sous la garantie collective des Puissances Contractantes. En conséquence, ladite Principauté conservera son administration indépendante et nationale, ainsi que la pleine liberté de culte, de législation, de commerce et de navigation.

Art. 29. Le droit de garnison de la Sublime Porte, tel qu'il se trouve stipulé par les règlements antérieurs, est maintenu. Aucune intervention armée ne pourra avoir lieu en Serbie sans un accord préalable entre les Hautes Puissances Contractantes.

Art. 30. S. M. l'empereur de toutes les Russies et S. M. le sultan maintiennent, dans son intégrité, l'état de leurs possessions en Asie, tel qu'il existait légalement avant la rupture. Pour prévenir toute contestation locale, le tracé de la frontière sera vérifié et, s'il y a lieu, rectifié, sans qu'il puisse en résulter un préjudice territorial pour l'une ou l'autre des deux parties. À cet effet, une commission mixte, composée de deux Commissaires Russes, de deux Commissaires Ottomans, d'un Commissaire Français et d'un Commissaire Anglais, sera envoyée sur les lieux, immédiatement après le rétablissement des relations diplomatiques entre la Cour de Russie et la Sublime Porte. Son travail devra être terminé dans l'espace de huit mois, à dater de l'échange des ratifications du présent traité.

Art. 31. Les territoires occupés pendant la guerre par les troupes de Leurs Majestés l'empereur des Français, l'empereur d'Autriche, la reine du Royaume-Uni de la Grande-Bretagne et d'Irlande et le roi de Sardaigne, aux termes des Conventions signées à Constantinople, le 12 mars 1854, entre la France, la Grande-Bretagne et la Sublime Porte ; le quatorze juin de la même année, entre l'Autriche et la Sublime Porte, et le 15 mars 1855, entre la Sardaigne et la Sublime Porte, seront évacués après l'échange des ratifications du présent traité, aussitôt que faire se pourra. Les délais et les moyens d'exécution feront l'objet d'un arrangement entre la Sublime Porte et les Puissances dont les troupes occupent son territoire.

Art. 32. Jusqu'à ce que les traités ou Conventions, qui existaient avant la guerre entre les Puissances belligérantes, aient été ou renouvelés ou remplacés par des actes nouveaux, le commerce d'importation ou d'exportation aura lieu réciproquement sur le pied des règlements en vigueur avant la guerre ; et leurs sujets, en toute autre matière, seront respectivement traités sur le pied de la nation la plus favorisée.

Art. 33. La Convention conclue, en ce jour, entre Leurs Majestés l'empereur des Français, la reine du Royaume-Uni de la Grande-Bretagne et d'Irlande, d'une part, et S. M. l'empereur de toutes les Russies, de l'autre part, relativement aux Îles d'Aland, est et demeure annexée au présent traité et aura même force et valeur que si elle en faisait partie.

Art. 34. Le présent traité sera ratifié, et les ratifications en seront échangées à Paris, dans l'espace de quatre semaines, ou plus tôt, si faire se peut.

En foi de quoi, les plénipotentiaires respectifs l'ont signé et y ont apposé le sceau de leurs armes.

Fait à Paris, le 30ᵉ jour du mois de mars de l'an 1856.

ARTICLE ADDITIONNEL ET TRANSITOIRE.

Les stipulations de la Convention des détroits, signée en ce jour, ne seront pas applicables aux bâtiments de guerre employés par les Puissances belligérantes pour l'évacuation par mer des territoires occupés par leurs armées ; mais lesdites stipulations reprendront leur entier effet, aussitôt que l'évacuation sera terminée.

Fait à Paris, le 30e jour du mois de mars de l'an 1856.

Convention signée à Paris, le 15 avril 1856, entre la France, l'Autriche et la Grande-Bretagne, pour la garantie de l'indépendance et de l'intégrité de l'Empire ottoman

S. M. l'empereur des Français, S. M. l'empereur d'Autriche, et S. M. la reine du Royaume-Uni de la Grande-Bretagne et d'Irlande, voulant régler entr'elles l'action combinée qu'entraînerait de leur part toute infraction aux stipulations de la paix de Paris, ont nommé, à cet effet, pour leurs plénipotentiaires, savoir :

S. M. l'empereur des Français, le sieur Alexandre, Comte Colonna *Walewski*, Sénateur de l'Empire, son Ministre et Secrétaire d'État au département des Affaires Étrangères, Grand-Croix de l'ordre Impérial de la Légion-d'Honneur, etc., etc. et le sieur François-Adolphe, baron de *Bourqueney*, Grand-Croix de l'Ordre Impérial de la Légion-d'Honneur, etc., etc.

S. M. l'empereur d'Autriche, le sieur Charles-Ferdinand, Comte de *Buol-Schauenstein*, Grand-Croix de l'Ordre Impérial de Léopold d'Autriche, etc. etc., son Ministre de sa Maison et des Affaires Étrangères, Président de la Conférence des Ministres, et le sieur Joseph-Alexandre, Baron de *Hübner*, Grand-Croix de l'Ordre Impérial de la Couronne de Fer, etc. etc., son Envoyé Extraordinaire et Ministre plénipotentiaire à la Cour de France ;

Et S. M. la reine du Royaume-Uni de la Grande-Bretagne et d'Irlande, le très-honorable George-Guillaume-Frédéric, Comte de *Clarendon*, Baron Hyde de Hindon, Pair du Royaume-Uni, etc., etc. Principal Secrétaire d'État de S. M. pour les Affaires Étrangères, et le très honorable Henri-Richard-Charles, Baron *Cowley*, Pair du Royaume-Uni, etc., etc., son Ambassadeur Extraordinaire et plénipotentiaire près S. M. l'empereur des Français ;

Lesquels, après avoir échangé leurs pleins pouvoirs, trouvés en bonne et due forme, sont convenus des articles suivants :

Art. 1ᵉʳ Les Hautes Parties Contractantes garantissent solidairement entr'elles l'indépendance et l'intégrité de l'Empire ottoman, consacrées par le traité conclu à Paris le 30 mars 1856.

Art. 2. Toute infraction aux stipulations dudit traité, sera considérée par les Puissances signataires du présent traité comme *casus belli*. Elles s'entendront avec la Sublime Porte sur les mesures devenues nécessaires, et détermineront sans retard entr'elles l'emploi de leurs forces militaires et navales.

Art. 3. Le présent traité sera ratifié et les ratifications en seront échangées dans l'espace de 15 jours, ou plus tôt si faire se peut.

En foi de quoi, les plénipotentiaires respectifs l'ont signé et y ont apposé le sceau de leur armes.

Fait à Paris, le 15ᵉ jour du mois d'avril de l'an 1856.

Déclaration dressée le 16 avril 1856, par le Congrès de Paris pour régler divers points de droit maritime

Les plénipotentiaires qui ont signé le Traité de Paris du 30 mars 1856, réunis en Conférence, considérant :

Que le droit maritime, en temps de guerre, a été, pendant longtemps, l'objet de contestations regrettables ;

Que l'incertitude du droit et des devoirs en pareille matière donne lieu, entre les neutres et les belligérants, à des divergences d'opinion qui peuvent faire naître des difficultés sérieuses et même des conflits ;

Qu'il y a avantage, par conséquent, à établir une doctrine uniforme sur un point aussi important ;

Que les plénipotentiaires, assemblés au Congrès de Paris, ne sauraient mieux répondre aux intentions dont leurs Gouvernements sont animés, qu'en cherchant à introduire dans les rapports internationaux des principes fixes à cet égard ;

Dûment autorisés, les susdits plénipotentiaires sont convenus de concerter sur les moyens d'atteindre ce but, et, étant tombés d'accord, ont arrêté la déclaration solennelle ci-après :

1° La course est et demeure abolie ;

2° Le pavillon neutre couvre la marchandise ennemie, à l'exception de la contrebande de guerre ;

3° La marchandise neutre, à l'exception de la contrebande de guerre, n'est pas saisissable sous pavillon ennemi ;

4° Les blocus, pour être obligatoires, doivent être effectifs, c'est-à-dire maintenus par une force suffisante pour interdire réellement l'accès du littoral de l'ennemi.

Les Gouvernements des plénipotentiaires soussignés s'engagent à porter cette déclaration à la connaissance des États qui n'ont pas été appelés à participer au Congrès de Paris et à les inviter à y accéder.

Convaincus que les maximes qu'ils viennent de proclamer ne sauraient être accueillies qu'avec gratitude par le monde entier, les plénipotentiaires soussignés ne doutent pas que les efforts de leurs Gouvernements pour en généraliser l'adoption ne soient couronnés d'un Plein succès.

La présente déclaration n'est et ne sera obligatoire qu'entre les puissances qui y ont ou qui y auront accédé.

Fait à Paris, le 16 avril 1856.

Protocole n° 22 de la Conférence tenue à Paris, le 8 avril 1856, au sujet de la question d'Orient, des affaires de Grèce et d'Italie, ainsi que des droits et devoirs des neutres en temps de guerre maritime.

Présents : les Plénipotentionaires (PP.) de l'Autriche, de la France, de la Grande-Bretagne, de la Prusse, de la Russie, de la Sardaigne et de la Turquie.

Le protocole de la précédente séance est lu et approuvé.

M. le comte de Clarendon rappelle que, dans la dernière réunion, et attendu que tous les PP. n'étaient pas encore en mesure d'accéder à d'autres propositions, le congrès s'est borné à convenir de la levée des blocus. Il annonce que les plénipotentiaires de la Grande-Bretagne sont aujourd'hui autorisés à faire savoir que les décisions restrictives imposées, à l'occasion de la guerre, au commerce et à la navigation, sont à la veille d'être rapportées.

MM. les PP. de la Russie ayant renouvelé la déclaration analogue qu'ils ont faite dans la séance du 4 avril, et tous les autres plénipotentiaires ayant émis un avis favorable, le congrès arrête que toutes les mesures, sans distinction, prises à l'origine ou en vue de la guerre, et ayant pour objet de suspendre le commerce et la navigation avec l'État ennemi, sont abrogées, et qu'en tout ce qui concerne soit les transactions commerciales, sans en excepter la contrebande de guerre, soit les expéditions de marchandises et le traitement des bâtiments de commerce, les choses sont rétablies partout, à dater de ce jour, sur le pied où elles se trouvaient avant la guerre.

MM. les PP. de la Russie annoncent qu'ils ont reçu l'ordre de déclarer, en réponse à la demande qui leur en a été faite, que le port de Sébastopol sera ouvert aux bâtiments des puissances alliées, afin d'accélérer l'embarquement de leurs troupes et de leur matériel.

Ils ajoutent que les instructions qui leur sont parvenues leur permettent d'assurer que l'évacuation du territoire Ottoman en Asie, par l'armée Russe, commencera immédiatement après l'échange des ratifications ; qu'il sera procédé, dès que la saison et l'état des routes le permettront, au transport des magasins et du matériel de guerre, et que le mouvement général de l'armée Russe s'opérera simultanément avec celui des Alliés, et se terminera à la même époque, et dans les délais fixés pour l'évacuation des autres territoires.

Au nom de la commission chargée d'en proposer la rédaction, M. le baron de Bourqueney donne lecture d'un projet d'instructions destinées aux commissaires qui devront se rendre dans les Principautés, aux termes de l'article 23 du traité de paix.

M. le comte de Clarendon fait remarquer que le congrès s'est, avant tout, proposé, en s'occupant des provinces Danubiennes, de provoquer l'expression, librement émise, des vœux des populations, et que cet objet pourrait ne pas se réaliser, si le Hospodars restaient en possession des pouvoirs dont ils disposent, et qu'il y aurait lieu peut-être de rechercher une combinaison de nature à assurer une liberté complète aux Divans *ad hoc*.

M le premier plénipotentiaire de l'Autriche répond qu'on ne doit toucher à l'administration, dans un moment de transition comme celui que les principautés vont traverser, qu'avec une extrême réserve, et que ce serait tout compromettre que de mettre fin à tous les pouvoirs avant d'en avoir constitué de nouveaux ; que c'est à la Porte, dans tous les cas, que le congrès devrait laisser le soin de prendre les mesures qui pourraient être jugées nécessaires.

Aali-Pacha expose que l'administration actuelle ne présente pas, peut-être, toutes les garanties que le congrès pourrait désirer ; mais qu'on s'exposerait à tomber dans l'anarchie, si l'on tentait de sortir de l'ordre légal.

Lord Clarendon représente qu'il n'entend nullement proposer le renversement de tous les pouvoirs ; et, avec d'autres plénipotentiaires, il rappelle que l'autorité des Hospodars actuels touche au terme fixé par l'arrangement qui la leur a confiée, et que, pour rester dans les limites de l'ordre légal, il y a précisément lieu d'aviser.

Plusieurs plénipotentiaires rappellent également que la loi organique prévoit l'interruption du pouvoir des Hospodars.

Après ces explications, le congrès décide qu'il s'en réfère à la Sublime Porte pour prendre, s'il y a lieu, à l'expiration des pouvoirs des Hospodars actuels, les mesures nécessaires et propres à remplir les intentions du Congrès en combinant la libre expression des vœux des Divans avec le maintien de l'ordre et le respect de l'état légal.

Sur la proposition de MM. les Premiers plénipotentiaires de la Grande-Bretagne et de la France, pour prévenir tout conflit ou des discussions regrettables, il est également convenu que le Firman qui doit ordonner la convocation des Divans *ad hoc* fixera les règles qui devront être suivies, en ce qui concerne la présidence de ces assemblées et le mode de leurs délibérations.

Après avoir pris ces résolutions, le congrès adopte, sauf quelques modifications qui y sont introduites, les instructions dont M. le baron de Bourqueney a présenté le projet, et qui sont annexées au présent protocole.

M. le comte Walewski dit qu'il est à désirer que les plénipotentiaires, avant de se séparer, échangent leurs idées sur différents sujets qui demandent des solutions, et dont il pourrait être utile de s'occuper afin de prévenir de nouvelles complications. Quoique réuni spécialement pour régler la question d'Orient, le congrès, selon M. le premier plénipotentiaire de la France, pourrait se reprocher de ne pas avoir profité de la circonstance, qui met en présence les représentants des principales puissances de l'Europe, pour élucider certaines questions, poser certains principes, exprimer des intentions, toujours et uniquement dans le but d'assurer, pour l'avenir, le repos du monde, en dissipant, avant qu'ils ne soient devenus menaçants, les nuages que l'on voit encore poindre à l'horizon politique.

« On ne saurait disconvenir, dit-il, que la Grèce ne soit dans une situation anormale. L'anarchie à laquelle a été livré ce pays a obligé la France et l'Angleterre à envoyer des troupes au Pirée, dans un moment où leurs armées ne manquaient cependant pas d'emploi. Le Congrès sait dans quel état était la Grèce ; il n'ignore pas non plus que celui dans lequel elle se trouve aujourd'hui est loin d'être satisfaisant. Ne serait-il pas utile, dès lors, que les puissances représentées au Congrès manifestassent le désir de voir les trois Cours protectrices prendre en mûre considération la situation déplorable du royaume qu'elles ont créé, en avisant aux moyens d'y pourvoir ? »

M. le comte Walewski ne doute pas que Lord Clarendon ne se joigne à lui, pour déclarer que les deux Gouvernements attendent avec impatience le moment, où il leur sera permis de faire cesser une occupation à laquelle, cependant, ils ne sauraient mettre fin sans de très sérieux inconvénients, tant qu'il ne sera pas apporté de modifications réelles à l'état actuel des choses en Grèce.

M. le premier plénipotentiaire de la France rappelle ensuite que les États-Pontificaux sont également dans une situation anormale, que la nécessité de ne pas laisser le pays livré à l'anarchie a déterminé la France, aussi bien que l'Autriche, à répondre à la demande du Saint-Siège, en faisant occuper Rome par ses troupes, tandis que les troupes autrichiennes occupaient les Légations.

Il expose que la France avait un double motif de déférer, sans hésitation, à la demande du Saint-Siège, comme puissance Catholique et comme puissance Européenne. Le titre de Fils aîné de l'Église, dont le Souverain de la France se glorifie, fait un devoir à l'empereur de prêter aide et soutien au Souverain Pontife ; la tranquillité des États-Romains, dont dépend celle de toute l'Italie, touche de trop près au maintien de l'ordre en Europe pour que la France n'ait pas un intérêt majeur à y concourir par tous les moyens en son pouvoir. Mais, d'un autre côté, on ne saurait méconnaître ce qu'il y a d'anormal dans la situation d'une puissance qui, pour se maintenir, a besoin d'être soutenue par des troupes étrangères.

M. le comte Walewski n'hésite pas à déclarer, et il espère que M. le comte de Buol s'associera en ce qui concerne l'Autriche à cette déclaration, que non seulement la France est prête à retirer ses troupes, mais qu'elle appelle de tous ses vœux le moment où elle pourra le faire sans compromettre la tranquillité intérieure du pays et l'autorité du Gouvernement Pontifical, à la prospérité duquel l'empereur, son Auguste Souverain, ne cessera jamais de prendre le plus vif intérêt.

M. le premier plénipotentiaire de la France représente combien il est à désirer, dans l'intérêt de l'équilibre Européen, que le Gouvernement Romain se consolide assez fortement pour que les troupes Françaises et Autrichiennes puissent évacuer, sans inconvénient, les États-Pontificaux, et il croit qu'un vœu exprimé dans ce sens pourrait ne pas être sans utilité. Il ne doute pas, dans tous les cas, que les assurances qui seraient données par la France et par l'Autriche sur leurs intentions à cet égard, ne produisent partout une impression favorable.

Poursuivant le même ordre d'idées, M. le comte Walewski se demande s'il n'est pas à souhaiter que certains Gouvernements de la Péninsule Italique, appelant à eux, par des actes de clémence bien entendus, les esprits égarés et non pervertis, mettent fin à un système qui va directement contre son but, et qui, au lieu d'atteindre les ennemis de l'ordre, a pour effet d'affaiblir les gouvernements et de donner des partisans à la démagogie. Dans son opinion, ce serait rendre un service signalé au Gouvernement des Deux-Siciles, aussi bien qu'à la cause de l'ordre dans la Péninsule Italienne, que d'éclairer ce Gouvernement sur la fausse voie dans laquelle il s'est engagé. Il pense que des avertissements, conçus dans ce sens et provenant des puissances représentées au Congrès, seraient d'autant mieux accueillis que le Cabinet Napolitain ne saurait mettre en doute les motifs qui les auraient dictés.

M. le premier plénipotentiaire de la France appelle ensuite l'attention du Congrès sur un sujet qui, bien que concernant plus particulièrement la France, n'en est pas moins d'un intérêt réel pour toutes les puissances Européennes. Il croit superflu de dire qu'on imprime chaque jour, en Belgique, les publications les plus injurieuses, les plus hostiles contre la France et son Gouvernement ; qu'on y prêche ouvertement la révolte et l'assassinat. Il rappelle que, récemment encore, des journaux belges ont osé préconiser la société dite *la Marianne*, dont on sait les tendances et l'objet ; que toutes ces publications sont autant de machines de guerre dirigées contre le repos et la tranquillité intérieure de la France par les ennemis de l'ordre social, qui, forts de l'impunité qu'ils trouvent à l'abri de la législation belge, nourrissent l'espoir de parvenir à réaliser leurs coupables desseins.

M. le comte Walewski déclare que l'unique désir du Gouvernement de l'empereur est de conserver les meilleurs rapports avec la Belgique. Il se hâte d'ajouter que la France n'a qu'à se louer du Cabinet de Bruxelles et de ses efforts pour atténuer un état de choses qu'il n'est pas à même de changer, sa législation ne lui permettant ni de réprimer les excès de la presse, ni de prendre l'initiative d'une réforme devenue absolument indispensable. « Nous regretterions, dit-il, d'être placés dans l'obligation de faire comprendre nous-mêmes à la Belgique la nécessité rigoureuse de modifier une législation qui ne permet pas à son Gouvernement de remplir le premier des devoirs internationaux, celui de ne pas tolérer chez soi des menées ayant pour but avoué de porter atteinte à la tranquillité des États voisins. Les représentations du plus fort au moins fort ressemblent trop à la menace pour que nous ne cherchions pas à éviter d'y avoir recours. Si les représentants des grandes puissances de l'Europe, appréciant, au même point de vue que nous, cette nécessité, jugeaient opportun d'émettre leur opinion à cet égard, il est probable que le Gouvernement Belge, s'appuyant sur la grande majorité du pays, se trouverait en mesure de mettre fin à un état de choses qui ne peut manquer, tôt ou tard, de faire naître des difficultés et même des dangers, qu'il est de l'intérêt de la Belgique de conjurer d'avance. »

M. le comte Walewski propose au Congrès de terminer son œuvre par une déclaration qui constituerait un progrès notable dans le droit international, et qui serait accueillie par le monde entier avec un sentiment de vive reconnaissance.

« Le Congrès de Westphalie, ajoute-t-il, a consacré la liberté de conscience, le congrès de Vienne l'abolition de la traite des noirs et la liberté de la navigation des fleuves.

« Il serait digne du Congrès de Paris de mettre fin à de trop longues dissidences en posant les bases d'un droit maritime uniforme en temps de guerre. Les quatre principes suivants atteindraient complètement ce but :

«1° Abolition de la course ; 2° le pavillon neutre couvre la marchandise ennemie, excepté la contrebande de guerre ; 3° la marchandise neutre, excepté la contrebande de guerre, n'est pas saisissable même sous pavillon ennemi ; 4° les blocus ne sont obligatoires qu'autant qu'ils sont effectifs.»

M. le comte de Clarendon, partageant les opinions émises par M. le comte Walewski, déclare que, comme la France, l'Angleterre entend rappeler les troupes qu'elle a été dans l'obligation d'envoyer en Grèce, dès qu'elle pourra le faire sans inconvénient pour la tranquillité publique ; mais qu'il faut d'abord combiner des garanties solides pour le maintien d'un ordre de choses satisfaisant. Selon lui, les puissances protectrices pourront s'entendre sur le remède qu'il est indispensable d'apporter à un système préjudiciable au pays, et qui s'est complètement éloigné du but qu'elle s'était proposé en y établissant une monarchie indépendante pour le bien-être et la prospérité du peuple grec.

M. le premier plénipotentiaire de la Grande-Bretagne rappelle que le traité du 30 mars ouvre une ère nouvelle ; ainsi que l'empereur le disait au Congrès, en le recevant après la signature du traité, cette ère est celle de la paix ; mais que, pour être conséquents, on ne devait rien négliger pour rendre cette paix solide et durable ; que, représentant les principales puissances de l'Europe, le congrès manquerait à son devoir, si, en se séparant, il consacrait, par son silence, des situations qui nuisent à l'équilibre politique, et qui sont loin de mettre la paix à l'abri de tout danger dans un des pays les plus intéressants de l'Europe.

« Nous venons, continue M. le comte de Clarendon, de pourvoir à l'évacuation des différents territoires occupés par les armées étrangères pendant la guerre ; nous venons de prendre l'engagement solennel d'effectuer cette évacuation dans le plus bref délai ; comment pourrions-nous ne pas nous occuper des occupations qui ont eu lieu avant la guerre, et nous abstenir de rechercher les moyens d'y mettre fin ?

M. le premier plénipotentiaire de la Grande-Bretagne ne croit pas utile de s'enquérir des causes qui ont amené des armées étrangères sur plusieurs points de l'Italie ; mais il pense qu'en admettant même que ces causes étaient légitimes, il n'est pas moins vrai qu'il en résulte un état anormal, irrégulier, qui ne peut être justifié que par une nécessité extrême, et qui doit cesser dès que cette nécessité ne se fait plus impérieusement sentir ; que, cependant, si on ne travaille pas à mettre un terme à cette nécessité, elle continuera d'exister ; que, si on se contente de s'appuyer sur la force armée, au lieu de chercher à porter remède aux justes causes du mécontentement, il est certain qu'on rendra permanent un système peu honorable pour les Gouvernements et regrettable pour les peuples. Il pense que l'administration des États Romains offre des inconvénients d'où peuvent naître des dangers que le congrès a le droit de chercher à conjurer ; que, les négliger, ce serait s'exposer à travailler au profit de la révolution que tous les Gouvernements condamnent et veulent prévenir. Le problème, qu'il est urgent de résoudre, consiste à combiner, selon lui, la retraite des troupes étrangères avec le maintien de la tranquillité, et cette solution repose dans l'organisation d'une administration qui, en faisant renaître la confiance, rendrait le Gouvernement indépendant de l'appui étranger ; cet appui ne réussissant jamais à maintenir un Gouvernement auquel le sentiment public est hostile, il en résulterait, dans son opinion, un rôle que la France et l'Autriche ne voudraient pas accepter pour leurs armées. Pour le bien-être des États Pontificaux, comme dans l'intérêt de l'autorité souveraine du Pape, il serait donc utile, selon lui, de recommander la sécularisation du Gouvernement et l'organisation d'un système administratif en harmonie avec l'esprit du siècle et ayant pour but le bonheur du peuple. Il admet que cette réforme présenterait peut-être à Rome même, en ce moment, certaines difficultés ; mais il croit qu'elle pourrait s'accomplir facilement dans les Légations.

M. le premier plénipotentiaire de la Grande-Bretagne fait remarquer que, depuis huit ans, Bologne est en état de siège, et que les campagnes sont tourmentées par le brigandage. On peut espérer, pense-t-il, qu'en constituant, dans cette partie des États Romains, un régime administratif et judiciaire à la fois laïque et séparé, et qu'en y organisant une force armée nationale, la sécurité et la confiance s'y rétabliraient rapidement, et que les troupes autrichiennes pourraient se retirer avant peu sans qu'on eût à redouter le retour de nouvelles agitations ; c'est, du moins, une expérience qu'à son sens on devrait tenter, et ce remède, offert à des maux incontestables, devrait être soumis par le congrès à la sérieuse considération du Pape.

En ce qui concerne le Gouvernement Napolitain, M. le premier plénipotentiaire de la Grande-Bretagne désire imiter l'exemple que lui a donné M. le comte Walewski, en passant sous silence des actes qui ont eu un si fâcheux retentissement. Il est d'avis qu'on doit, sans nul doute, reconnaître, en principe, qu'aucun Gouvernement n'a le droit d'intervenir dans les affaires intérieures des autres États ; mais il croit qu'il est des cas où l'exception à cette règle devient également un droit et un devoir. Le Gouvernement Napolitain lui semble avoir conféré ce droit et imposé ce devoir à l'Europe ; et, puisque les Gouvernements représentés au Congrès veulent tous, au même degré, soutenir le principe monarchique et repousser la révolution on doit élever la voix contre un système qui entretient au sein des masses, au lieu de chercher à l'apaiser, l'effervescence révolutionnaire. « Nous ne voulons pas, dit-il, que la paix soit troublée, et il n'y a pas de paix sans justice ; nous devons donc faire parvenir au roi de Naples le vœu du Congrès pour l'amélioration de son système de Gouvernement, vœu qui ne saurait rester stérile, et lui demander une amnistie en faveur des personnes qui ont été condamnées, ou qui sont détenues, sans jugement, pour délits politiques. »

Quant aux observations présentées par M. le comte Walewski sur les excès de la presse belge, et les dangers qui en résultent pour les pays limitrophes, les PP. de l'Angleterre en reconnaissent l'importance ; mais, représentants d'un pays où une presse libre et indépendante est, pour ainsi dire, une des institutions fondamentales, ils ne sauraient s'associer à des mesures de coercition contre la presse d'un autre État. M. le premier plénipotentiaire de la Grande-Bretagne, en déplorant la violence à laquelle se livrent certains organes de la presse belge, n'hésite pas à déclarer que les auteurs des exécrables doctrines auxquelles faisait allusion M. le comte Walewski, que les hommes qui prêchent l'assassinat comme le moyen d'atteindre un but politique, sont indignes de la protection qui garantit à la presse sa liberté et son indépendance.

En terminant, M. le comte de Clarendon rappelle qu'ainsi que la France, l'Angleterre, au commencement de la guerre, a cherché, par tous les moyens, à en atténuer les effets, et que, dans ce but, elle a renoncé, au profit des neutres, durant la lutte qui vient de cesser, à des principes qu'elle avait, jusque-là, invariablement maintenus. Il ajoute que l'Angleterre est disposée à y renoncer définitivement, pourvu que la course soit également abolie pour toujours ; que la course n'est autre chose qu'une piraterie organisée et légale, et que les corsaires sont un des plus grands fléaux de la guerre, et que notre état de civilisation et d'humanité exige qu'il soit mis fin à un système qui n'est plus de notre temps. Si le congrès tout entier se ralliait à la proposition de M. le comte Walewski, il serait bien entendu qu'elle n'engagerait qu'à l'égard des puissances qui y auraient accédé, et qu'elle ne pourrait être invoquée par les Gouvernements qui auraient refusé de s'y associer.

M. le comte Orloff fait observer que les pouvoirs dont il a été muni ayant pour objet unique le rétablissement de la paix, il ne se croit pas autorisé à prendre part à une discussion que ses instructions n'ont pas pu prévoir.

M. le comte de Buol se félicite de voir les Gouvernements de France et d'Angleterre disposés à mettre fin aussi promptement que possible à l'occupation de la Grèce. L'Autriche, assure-t-il, forme les vœux les plus sincères pour la prospérité de ce royaume, et elle désire également, comme la France, que tous les pays de l'Europe jouissent, sous la protection du droit public, de leur indépendance politique et d'une complète prospérité. Il ne doute pas qu'une des conditions essentielles d'un état de choses aussi désirable ne réside dans la sagesse d'une législation combinée de manière à prévenir ou à réprimer les excès de la presse que M. le comte Walewski a blâmés avec tant de raison, en parlant d'un État voisin, et dont la répression doit être considérée comme un besoin Européen. Il espère que, dans tous les États continentaux où la presse offre les mêmes dangers, les Gouvernements sauront trouver dans leur législation les moyens de la contenir dans de justes limites, et qu'ils parviendront ainsi à mettre la paix à l'abri de nouvelles complications internationales.

En ce qui concerne les principes de droit maritime, dont M. le premier plénipotentiaire de la France a proposé l'adoption, M. le comte de Buol déclare qu'il en apprécie l'esprit et la portée, mais que, n'étant pas autorisé par ses instructions à donner un avis sur une matière aussi importante, il doit se borner, pour le moment, à annoncer au Congrès qu'il est prêt à solliciter les ordres de son Souverain.

Mais ici, dit-il, sa tâche doit finir. Il lui serait impossible, en effet, de s'entretenir de la situation intérieure d'États indépendants qui ne se trouvent pas représentés au Congrès. Les plénipotentiaires n'ont reçu d'autre mission que celle de s'occuper des affaires du Levant, et n'ont pas été convoqués pour faire connaître à des souverains indépendants des vœux relatifs à l'organisation intérieure de leur pays : les pleins pouvoirs déposés aux actes du Congrès en font foi. Les instructions des plénipotentiaires Autrichiens, dans tous les cas, ayant défini l'objet de la mission qui leur a été confiée, il ne leur serait pas permis de prendre part à une discussion qu'elles n'ont pas prévue.

Pour les mêmes motifs, M. le comte de Buol croit devoir s'abstenir d'entrer dans l'ordre d'idées abordé par M. le premier plénipotentiaire de la Grande-Bretagne et de donner des explications sur la durée de l'occupation des États-Romains par les troupes autrichiennes, tout en s'associant cependant et complètement aux paroles prononcées par le premier plénipotentiaire de la France à ce sujet.

M. le comte Walewski fait remarquer qu'il ne s'agit ni d'arrêter des résolutions définitives, ni de prendre des engagements, encore moins de s'immiscer directement dans les affaires intérieures des Gouvernements représentés ou non représentés au Congrès, mais uniquement de consolider, de compléter l'œuvre de la paix en se préoccupant d'avance des nouvelles complications qui pourraient surgir, soit de la prolongation indéfinie ou non justifiée de certaines occupations étrangères, soit d'un système de rigueurs inopportun et impolitique, soit d'une licence perturbatrice, contraire aux devoirs internationaux.

M. le baron de Hübner répond que les plénipotentiaires de l'Autriche ne sont autorisés ni à donner une assurance, ni à exprimer des vœux. La réduction de l'armée Autrichienne dans les Légations dit assez, selon lui, que le Cabinet Impérial a l'intention de rappeler ses troupes dès qu'une semblable mesure sera jugée opportune.

M. le baron de Manteuffel déclare connaître assez les intentions du roi, son Auguste Maître, pour ne pas hésiter à exprimer son opinion, quoiqu'il n'ait pas d'instructions à ce sujet, sur les questions dont le congrès a été saisi.

Les principes maritimes, dit M. le premier plénipotentiaire de la Prusse, que le congrès est invité à s'approprier, ont toujours été professés par la Prusse, qui s'est constamment appliquée à les faire prévaloir, et il se considère comme autorisé à prendre part à la signature de tout acte ayant pour objet de les faire admettre définitivement dans le droit public Européen. Il exprime la conviction que son Souverain ne refuserait pas son approbation à l'accord qui s'établirait dans ce sens entre les plénipotentiaires.

M. le baron de Manteuffel ne méconnaît nullement la haute importance des autres questions qui ont été débattues ; mais il fait observer qu'on a passé sous silence une affaire d'un intérêt majeur pour sa Cour et pour l'Europe : il veut parler de la situation actuelle de Neufchâtel. Il fait remarquer que cette Principauté est peut-être le seul point en Europe où, contrairement aux traités et à ce qui a été formellement reconnu par toutes les grandes puissances, domine un pouvoir révolutionnaire qui méconnaît les droits du Souverain. M. le baron de Manteuffel demande que cette question soit comprise au nombre de celles qui devraient être examinées. Il ajoute que le roi, son Souverain, appelle de tous ses vœux la prospérité du royaume de Grèce, et qu'il désire ardemment voir disparaître les causes qui ont amené la situation anormale créée par la présence des troupes étrangères ; il admet, toutefois, qu'il pourrait y avoir lieu d'examiner les faits de nature à présenter cette affaire sous son véritable jour.

Quant aux démarches qu'on jugerait utile de faire en ce qui concerne l'état des choses dans le Royaume des Deux-Siciles, M. le baron de Manteuffel fait observer que ces démarches pourraient offrir des inconvénients divers. Il dit qu'il serait bon de se demander si des avis de la nature de ceux qui ont été proposés ne susciteraient pas dans le pays un esprit d'opposition et des mouvements révolutionnaires, au lieu de répondre aux idées qu'on aurait eu en vue de réaliser dans une intention certainement bienveillante. Il ne croit pas devoir entrer dans l'examen de la situation actuelle des États-Pontificaux. Il se borne à exprimer le désir qu'il soit possible de placer ce Gouvernement dans des conditions qui rendraient désormais superflue l'occupation par des troupes étrangères. M. le baron de Manteuffel termine en déclarant que le cabinet Prussien reconnaît parfaitement la funeste influence qu'exerce la presse subversive de tout ordre régulier, et les dangers qu'elle sème en prêchant le régicide et la révolte ; il ajoute que la Prusse participerait volontiers à l'examen des mesures qu'on jugerait convenables pour mettre un terme à ces menées.

M. le comte de Cavour n'entend pas contester le droit qu'a tout plénipotentiaire de ne pas prendre part à la discussion d'une question qui n'est pas prévue par ses instructions : il est cependant, croit-il, de la plus haute importance que l'opinion, manifestée par certaines puissances sur l'occupation des États-Romains, soit constatée au protocole.

M. le premier plénipotentiaire de la Sardaigne expose que l'occupation des États-Romains par les troupes autrichiennes prend tous les jours davantage un caractère permanent ; qu'elle dure depuis sept ans, et que, cependant, on n'aperçoit aucun indice qui puisse faire supposer qu'elle cessera dans un avenir plus ou moins prochain ; que les causes qui y ont donné lieu subsistent toujours ; que l'état du pays qu'elles occupent ne s'est certes pas amélioré, et que, pour s'en convaincre, il suffit de remarquer que l'Autriche se croit dans la nécessité de maintenir, dans toute sa rigueur, l'état de siège à Bologne, bien qu'il date de l'occupation elle-même. Il fait remarquer que la présence des troupes autrichiennes dans les Légations et dans le duché de Parme détruit l'équilibre politique en Italie, et constitue pour la Sardaigne un véritable danger. Les plénipotentiaires de la Sardaigne, dit-il, croient donc devoir signaler à l'attention de l'Europe un état de choses aussi anormal que celui qui résulte de l'occupation indéfinie d'une grande partie de l'Italie par les troupes autrichiennes.

Quant à la question de Naples, M. de Cavour partage entièrement les opinions énoncées par M. le comte Walewski et par M. le comte de Clarendon, et il pense qu'il importe au plus haut degré de suggérer des tempéraments qui, en apaisant les passions, rendraient moins difficile la marche régulière des choses dans les autres États de la Péninsule.

M. le baron de Hübner dit, de son côté, que M. le premier plénipotentiaire de la Sardaigne a parlé seulement de l'occupation autrichienne et gardé le silence sur celle de la France ; que les deux occupations ont, cependant, eu lieu à la même époque et dans le même but ; qu'on ne saurait admettre l'argument que M. le comte de Cavour a tiré de la permanence de l'état de siège à Bologne ; que, si un état exceptionnel est encore nécessaire dans cette ville, tandis qu'il a cessé depuis longtemps à Rome et à Ancône, cela semble tout au plus prouver que les dispositions des populations de Rome et d'Ancône sont plus satisfaisantes que celles de la ville de Bologne. Il rappelle qu'il n'y a pas seulement que les États-Romains, en Italie, qui soient occupés par des troupes étrangères ; que les communes de Menton et de Roquebrune, faisant partie de la Principauté de Monaco, sont, depuis huit ans, occupées par la Sardaigne, et que la seule différence qu'il y a entre les deux occupations, c'est que les Autrichiens et les Français ont été appelés par le Souverain du pays, tandis que les troupes Sardes ont pénétré sur le territoire du Prince de Monaco, contrairement à ses vœux, et qu'elles s'y maintiennent malgré les réclamations du Souverain de ce pays.

Répondant à M. le baron de Hübner, M. le comte de Cavour dit qu'il désire voir cesser l'occupation française aussi bien que l'occupation autrichienne, mais qu'il ne peut s'empêcher de considérer l'une comme bien autrement dangereuse que l'autre pour les États indépendants de l'Italie. Il ajoute qu'un faible corps d'armée, a une grande distance de la France, n'est menaçant pour personne, tandis qu'il est fort inquiétant de voir l'Autriche, appuyée sur Ferrare et sur Plaisance, dont elle étend les fortifications contrairement à l'esprit, sinon à la lettre, des traités de Vienne, s'étendre le long de l'Adriatique jusqu'à Ancône.

Quant à Monaco, M. le comte de Cavour déclare que la Sardaigne est prête à faire retirer les cinquante hommes qui occupent Menton, si le Prince est en état de rentrer dans ce pays sans s'exposer aux plus graves dangers. Au reste, il ne croit pas qu'on puisse accuser la Sardaigne d'avoir contribué au renversement de l'ancien Gouvernement afin d'occuper ces états, puisque le Prince n'a pu conserver son autorité que dans la seule ville de Monaco, que la Sardaigne occupait, en 1848, en vertu des traités.

M. le baron de Brunnow croit devoir signaler une circonstance particulière, c'est que l'occupation de la Grèce par les troupes alliées a eu lieu pendant la guerre, et que les relations se trouvant heureusement rétablies entre les trois Cours Protectrices, le moment est venu de se concerter sur les moyens de revenir à une situation conforme à l'intérêt commun. Il assure que les plénipotentiaires de la Russie ont recueilli avec satisfaction et qu'ils transmettront avec empressement à leur Gouvernement les dispositions qui ont été manifestées, à cet égard, par Messieurs les plénipotentiaires de la France et de la Grande-Bretagne, et que la Russie s'associera volontiers, dans un but de conservation et en vue d'améliorer l'état de choses existant en Grèce, à toutes les mesures qui sembleraient propres à réaliser l'objet qu'on s'est proposé en fondant le Royaume Hellénique.

MM. les PP. de la Russie ajoutent qu'ils prendront les ordres de leur Cour sur la proposition soumise au Congrès, relativement au droit maritime.

M. le comte Walewski se félicite d'avoir engagé les plénipotentiaires à échanger leurs idées sur les questions qui ont été discutées. Il avait pensé qu'on aurait pu, utilement peut-être, se prononcer d'une manière plus complète sur quelques-uns des sujets qui ont fixé l'attention du Congrès. Mais tel quel, dit-il, l'échange d'idées qui a eu lieu n'est pas sans utilité.

M. le premier plénipotentiaire de la France établit qu'il en ressort en effet :

1° Que personne n'a contesté la nécessité de se préoccuper mûrement d'améliorer la situation de la Grèce, et que les trois Cours protectrices ont reconnu l'importance de s'entendre entre elles à cet égard ;

2° Que les PP. de l'Autriche se sont associés au vœu exprimé par les PP. de la France de voir les États-Pontificaux évacués par les troupes françaises et autrichiennes, aussitôt que faire se pourra sans inconvénient pour la tranquillité du pays et pour la consolidation de l'autorité du Saint-Siège ;

3° Que la plupart des PP. n'ont pas contesté l'efficacité qu'auraient des mesures de clémence prises, d'une manière opportune, par les Gouvernements de la Péninsule Italienne et surtout par celui des Deux-Siciles ;

4° Que tous les PP. et même ceux qui ont cru devoir réserver le principe de la liberté de la presse, n'ont pas hésité à flétrir hautement les excès auxquels les journaux belges se livrent impunément, en reconnaissant la nécessité de remédier aux inconvénients réels qui résultent de la licence effrénée dont il est fait un si grand abus en Belgique ;

5° Qu'enfin l'accueil fait par les plénipotentiaires à l'idée de clore leurs travaux par une déclaration de principes en matière de droit maritime, doit faire espérer qu'à la prochaine séance ils auront reçu de leurs Gouvernements respectifs l'autorisation d'adhérer à un acte qui, en couronnant l'œuvre du Congrès de Paris, réaliserait un progrès digne de notre époque.

TABLE DES MATIÈRES

Jean-Pierre Lafon
    Allocution d'ouverture.................... 1

Mireille Musso
    Avant-propos : Le quai d'Orsay 5

Georges-Henri Soutou
    Le système européen au XIXe siècle.............. 13

Alain Gouttman
    De la guerre de Crimée au congrès de Paris 27

Yves Bruley
    L'organisation et le déroulement du congrès 33

John Rogister
    Le traité de Paris et la Grande-Bretagne 45

Vadim Roginsky
    La Russie et les résultats du traité de Paris 51

Klaus Koch
    L'Autriche au congrès de Paris 61

Winfried Baumgart
    Le rôle de la Prusse au congrès de Paris 67

Gianni Oliva
    Le point de vue italien 71

JACQUES-ALAIN DE SÉDOUY
  Les chrétiens d'Orient et le congrès de Paris 77

MICHÈLE BATTESTI
  L'abolition de la course : un acte fondateur
     du droit international 83

FRÉDÉRIC BALEINE DU LAURENS
  La Commission du Danube. 107

JEAN-PAUL BLED
  Napoléon III et les Balkans. 115

FLORIN PLATON
  Le congrès de Paris et le début de la modernité
     politique roumaine. 123

DUSAN T. BATAKOVIC
  La Serbie au temps du traité de Paris :
     un pas vers l'Europe. 133

EMRE ÖKTEM
  Le traité de Paris de 1856 revisité à son 150ᵉ anniversaire :
     quelques aspects juridiques internationaux 151

JEAN-CLAUDE YON
  En marge des négociations :
     mondanités et spectacles pendant le congrès de Paris 171

HÉLÈNE CARRÈRE D'ENCAUSSE
  Conclusion 185

ANNEXES
  Traité général de paix et d'amitié conclu à Paris,
     le 30 mars 1856, entre la France, l'Autriche,
     la Grande-Bretagne, la Prusse, la Russie,
     la Sardaigne et la Turquie 193
  Convention signée à Paris, le 15 avril 1856,
     entre la France, l'Autriche et la Grande-Bretagne,
     pour la garantie de l'indépendance
     et de l'intégrité de l'Empire ottoman 204

Déclaration dressée le 16 avril 1856,
   par le congrès de Paris pour régler divers points
   de droit maritime 206
Protocole n° 22 de la Conférence tenue à Paris,
   le 8 avril 1856, au sujet de la question d'Orient,
   des affaires de Grèce et d'Italie,
   ainsi que des droits et devoirs des neutres
   en temps de guerre maritime 208

La liste des ouvrages disponibles dans cette collection
peut être consultée sur le site Internet
www.peterlang.com